Ralf Hutter

Der Hausherr gibt es, der Hausherr nimmt es

Ralf Hutter

Der Hausherr gibt es, der Hausherr nimmt es

Alibri Verlag
Aschaffenburg

2023

Ralf Hutter arbeitet in Berlin als Freier Journalist fürs Öffentlich-Rechtliche Radio sowie für diverse Zeitschriften, Zeitungen und Online-Medien.

Alibri Verlag
www.alibri.de
Mitglied in der Assoziation Linker Verlage (aLiVe)

1. Auflage 2023

Umschlaggestaltung: Claus Sterneck unter Verwendung von einer Abbildung von © Lenanet (dreamstime.com)
Druck und Verarbeitung: druk-24h, Białystok

ISBN 978-3-86569-389-1

Inhaltsverzeichnis

Vorwort

Es ist relativ bekannt, dass die beiden großen Kirchen zu den größten privaten Grundeigentümerinnen in Deutschland zählen, vielleicht sind sie sogar die größten. Das bezieht sich aber vor allem auf Ländereien, also einschließlich Äckern und Wäldern. Während es dazu nur Schätzungen gibt, weil die Fakten nicht zentral erfasst werden, veröffentlichen die katholische und die evangelische Kirche immerhin Zahlen zu kirchlichen Gebäuden: Wie viele Kirchen und Gemeindezentren ihr Eigen sind, wie viele davon denkmalgeschützt sind, und zum Teil auch, wie viele weitere Immobilien ihnen gehören – damit halten sie nicht unbedingt hinterm Berg.

Es gibt aber einen kirchlichen Immobilienbereich, zu dem nicht viel bekannt ist: die Wohnungsvermietung. Das liegt wohl vor allem an einem Mangel an journalistischer Recherche. Zur Vermietungspraxis kirchlicher Institutionen und Unternehmen gibt es offenbar auf überregionaler Ebene keine Veröffentlichungen. Das könnte bedeuten, dass es da nichts zu berichten gibt, weil alles in Ordnung ist. Die Eingabe der Wörter „Kritik kirchliche Immobilienfirma" in zwei Internetsuchmaschinen erbringt im September 2023 kaum ein brauchbares Ergebnis. Die verlinkten Texte handeln vor allem vom Verkauf von Kirchen, die nicht oder kaum mehr genutzt werden.

Bei beiden Suchmaschinen ganz oben landet ein 2020 gesendeter 20-minütiger Beitrag des *Deutschlandfunk*. Diese Sendung ist von mir. Ich habe ab 2019 in ein paar Radiobeiträgen über Immobilienkonflikte mit kirchlichem Bezug berichtet. Ich danke der Redakteurin Christiane Florin dafür, dass sie diesem Thema wiederholt nachgehen wollte. Da ich dort nicht mein ganzes Material veröffentlichen konnte, und weitere Rechercheansätze hatte, beschloss ich, dieses Buch zu schreiben. Ein paar der hier versammelten Geschichten wurzeln also in Recherchen für den *Deutschlandfunk*, sind aber nun ausführlicher und aktualisiert dargestellt.

Ich musste im Lauf der Jahre feststellen, dass es anderweitige solche Recherchen zumindest in der jüngeren Vergangenheit nicht gegeben hat. In einschlägig bekannten Büchern zu den Kirchenfinanzen finden sich zwar

Ausführungen zu dem einen oder anderen kirchlichen Wohnungsunternehmen, aber keine konkreten Konflikte mit der Mieterschaft. Letzteres ist mein thematischer Zugang.

Mittlerweile kenne ich Berichte aus den frühen 1980ern über kritikable Aktivitäten einer in Stuttgart ansässigen, aber in mehreren Regionen der Republik aktiven Firma namens *Gemeinnützige Siedlungsgesellschaft des Evangelischen Siedlungswerks*, an der auch der Zentralverband *Evangelische Kirche in Deutschland* Anteile hielt. Die Firma wandelte Miet- in Eigentumswohnungen um und wollte sogar mal staatlich subventionierte Wohnungen erwerben, um sie mit Aufpreis weiterzuverkaufen, was spätestens langfristig eine Bedrohung für die Mieterschaft gewesen wäre und deshalb auch Kritik seitens Abgeordneter der damals sehr großen Parteien CDU und SPD hervorrief. Das gemeinnützige Unternehmen – bis Ende 1989 konnten deutsche Immobilienfirmen gemeinnützig sein –, das offen mit Immobilienspekulanten zusammenarbeitete, wurde ein paar Jahre später aufgelöst.

So dreist und peinlich verhalten sich kirchliche Firmen heute wohl nicht. Aber Anlass für kritische Berichte bieten zumindest ein paar von ihnen sehr wohl. Dieses Buch bietet dazu keinen systematischen Überblick, behandelt aber verschiedenste Bereiche der christlichen Immobilienwirtschaft. Dadurch ist es einerseits ein bisschen ungerecht: Wie gesagt, wo alles gut läuft, gibt es keine Medienberichte, zumindest nicht auf überregionaler Ebene. Skandale werden leichter bekannt. Andererseits ist es schon bemerkenswert, dass eklatante Widersprüche zur Dauerpropaganda vom sozialen Christentum bei so verschiedenen Akteuren vorkommen: Das größte Wohnungsunternehmen der katholischen Kirche, eines der beiden größten der evangelischen Kirche, ein Mönchs- und ein Nonnenorden, evangelische Stiftungen – sie alle haben sich Dinge zu Schulden kommen lassen, die auch bei nicht-christlichen Firmen Grund zur Skandalisierung wären. Es gibt offenbar keinen Bereich der im weitesten Sinne kirchlichen Immobilienwirtschaft, wo alles in Ordnung ist. Mein sozusagen kursorischer Blick über das weite Feld der christlichen Immobilienakteure stieß auf Missstände in verschiedenen Segmenten. Ich sehe keinen Grund für die Annahme, ich hätte mit meiner unsystematischen Herangehensweise schon alle kritikablen Akteure gefunden.

Genau genommen habe ich in den meisten Fällen natürlich nicht meinen Blick über dieses Feld schweifen lassen und dabei Missstände erspäht. Das ist bei meinem thematischen Zugang unmöglich, denn ich interessiere mich für Konflikte in konkreten Immobilien, und ich kann nicht bei hunderttausenden Häusern klingeln, um zu hören, ob es da welche gibt. Dieses Buch ist in diesem Umfang nur möglich, weil sich Betroffene an mich gewandt haben, nachdem sie einen meiner Radioberichte zur Kenntnis genommen hatten. Ein paar von ihnen haben dann selbst viel recherchiert und mir zugearbeitet. Auch das war eine Voraussetzung für den Materialreichtum und die Schlagkraft dieses Buches. Diesen Menschen, die nicht alle im Buch namentlich vorkommen, ist zu danken, denn was sie getan haben, ist nicht selbstverständlich. Viele andere wollen sogar bei Problemen, unter denen sie in ihrem Zuhause immer wieder, eventuell sogar täglich leiden, nicht an die Öffentlichkeit gehen. Das ist mir bei diesen Recherchen mehrmals begegnet, und wer sich mit sozialer, beziehungsweise kultureller Unterdrückung auskennt und sich die Sensibilität wohnraumbezogener Konflikte bewusst macht, bei denen die Betroffenen negative Konsequenzen für ihr Mietverhältnis befürchten, weiß allgemein um dieses Problem. Die hier behandelten Missstände reichen viel weiter, es könnte noch viel mehr erzählt werden. Das zeigt sich auch daran, dass bei den dargestellten Fällen immer wieder allgemeine Probleme des Wohnungsmarktes kapitalistischer Gesellschaften eine Rolle spielen: energetische Modernisierungen, schlechte Instandhaltung, arrogante Vermieterinnen, Veränderungen der Bevölkerungsstruktur einer bestimmten Gegend (bekannt als Gentrifizierung), überhöhte Mieten, komplizenhafte oder machtlose Stadtverwaltungen, kritikable Gerichtsurteile.

Wenn Sie von weiteren solchen Fällen bei im weitesten Sinne kirchlichen Immobilienakteuren wissen, können Sie sich vertrauensvoll per E-Mail an mich wenden: hutter@posteo.de. Der Kontakt zu mir ist auch im Internet zu finden.

Der Vorteil bei christlichen Immobilienakteuren ist immerhin, dass sie nicht wie normale kapitalistische Unternehmen nur Sachzwängen und etwa Aktionärsvorgaben ausgesetzt sind. Über sie bestimmen vielmehr konkrete Menschen, die einen hohen moralischen Anspruch haben und deswegen empfänglicher für Kritik sind als Firmen, die nur einen kommerziellen Anspruch haben. Der Druck auf die verlogenen christlichen Führungskräfte muss steigen, denn das kann positive Auswirkungen auf das grassierende und sich wohl weiter verschärfende Elend bei der Versorgung der Bevölkerung mit Wohnraum haben (siehe etwa die weiterhin massiv sinkende Zahl der sogenannten Sozialwohnungen). Dieses Buch bietet einen ersten großen Einblick in ein weitgehend unbekanntes Thema, aber es soll nicht der letzte sein.

1. Die Gewinne fließen aufs Sparkonto

Es gibt eine kirchliche und eine quasi-kirchliche Immobilienwirtschaft, und zum Teil ist sie sehr profitabel

Das Themenfeld Kirche und Immobilien hat viele Facetten. Zum einen gibt es viele Gebäude für Gottesdienste und Kirchenverwaltung, die für dieses Buch keine Rolle spielen. Für Klöster gilt dasselbe. Diese Gebäude haben zwar einen Wert und erhöhen so letztendlich die Finanzkraft der beiden großen Kirchen, und sei es nur durch die Möglichkeit, sie mit Hypotheken zu belasten. Und bei manchen von ihnen ließe sich kritisieren, dass sie, anstatt leerzustehen, einem sinnvolleren Zweck zugeführt werden könnten. Diese Kritik äußerte Franz-Xaver Corneth als Vorsitzender des Mietervereins Köln 2019 und 2020 bezüglich seines Erzbistums, was insoweit pikant war, als Corneth nicht nur bekennender Katholik ist, sondern auch bis Ende 2018 Landes- und Bundesvorstandsmitglied der Christlich-Demokratischen Arbeitnehmerschaft war, die sich selbst als sozialpolitischen Flügel der CDU bezeichnet. Aber solche Spezialfälle sind nicht Gegenstand dieses Buches, ebensowenig Immobilien, die religiösen Zwecken dienen.

Zum anderen ist das Thema besonders umfassend, weil es diverse kirchliche und sogar quasi-kirchliche Akteure gibt. Wenn eine Kirchengemeinde ein paar Wohnungen vermietet oder sogar neu baut, dann hängt ihr Umgang damit wohl vor allem vom örtlichen Kirchenpersonal ab. Ob die Miete hoch oder niedrig ist, die Reaktion auf Beschwerden prompt oder verspätet erfolgt, die Instandhaltung gut erledigt oder vernachlässigt wird – solche Dinge lassen sich wohl nicht sinnvoll auf überregionaler Ebene analysieren, ganz zu schweigen davon, dass es eine kaum leistbare Recherchearbeit bedeuten würde. Und dann gibt es noch den Bereich der Immobilienwirtschaft, der nicht direkt kirchlich ist. Das können Stiftungen sein, die ihre Satzung an die Kirche bindet, und die sich christliche Ideale auf die Fahnen schreiben. Und es können Firmen sein, die, wie das in diesem

Buch behandelte Petruswerk, katholischen Orden gehören. Diese Orden unterstehen oft dem Papst und sind dann bei ihrer Vermögensverwaltung bistumsunabhängig. Als ich das Erzbistum Köln 2020 auf Corneths Kritik bezüglich leerstehender Klöster ansprach, teilte es mir jedenfalls mit, dass es auf die Klöster keinen Einfluss habe, da die von den entsprechenden Orden in Eigenverantwortung betrieben würden. Ich spreche wegen dieser Akteursvielfalt von christlicher Immobilienwirtschaft.

Der wichtigste Bereich der christlichen Immobilienwirtschaft ist immerhin klar: Einige Bistümer, Bischöfe (sie haben jeweils einen eigenen Finanzhaushalt neben dem des Bistums) und Landeskirchen betreiben entsprechende Firmen, und die haben sich in einem katholischen und einem evangelischen Verband zusammengeschlossen, wo auch kirchennahe Firmen Mitglieder sein können. In diesem Buch spielen die meisten von ihnen keine Rolle, aber als Hintergrund ist es doch ganz gut, etwas über diese Akteure zu wissen.

Der Katholische Siedlungsdienst

Im 1930 von der Deutschen Bischofskonferenz gegründeten *Katholischen Siedlungsdienst* (KSD) sind 45 Immobilienunternehmen organisiert, die entweder zumindest überwiegend der katholischen Kirche gehören oder dieser nahestehen. Auch die 27 deutschen Bistümer sind da Mitglieder, zudem überregionale katholische Einrichtungen und Verbände. Die Firmen bauen und verwalten Immobilien, einige helfen darüber hinaus kirchlichen Einrichtungen bei der Projektentwicklung. Manche widmen sich nur der Wohnungsverwaltung. Wichtig ist laut Selbstdarstellung auch die „Realisierung von Wohneigentum für Familien". Das war bei den katholischen „Siedlungswerken", wie sie sich nennen, ziemlich schnell ein Schwerpunkt, nachdem sie Ende der 1940er-Jahre gegründet worden waren, um der kriegsbedingten Wohnungsnot entgegenzutreten. Seitdem haben sie viele Eigenheime und Eigentumswohnungen gebaut und verkauft. Zusammengenommen vereinten die Firmen Ende 2022 rund 90.000 Mietwohnungen auf sich. Dazu verwalteten sie 35.000 Wohnungen und Wohnheimplätze anderer Akteure.

Die KSD-Mitglieder orientieren sich an der sogenannten katholischen Soziallehre. So bieten sie etwa Wohngemeinschaften für Menschen, die eine Suchtkrankheit überwunden haben, und für Demente an. Wenn solche Immobilienprojekte nur mit Verlust umgesetzt werden können, müssen sie aber die Ausnahme sein, wie mir KSD-Geschäftsführer Ulrich Müller im Dezember 2019 schrieb:

> „Bei den defizitären Projekten kann es sich nur um nicht verallgemeinerungsfähige Ausnahmen und Einzelfälle handeln, die nur mit Zustimmung des Aufsichtsgremiums und des Gesellschafters erfolgen können. Andernfalls würden Geschäftsführung und Aufsichtsgremien gegen ihre Pflichten verstoßen und sich der Gefahr der Untreue und der Verletzung der Aufsichtspflicht aussetzen. Zudem würden die Wirtschaftsprüfer dies mit einem negativen Prüfungsvermerk versehen."

Die KSD-Unternehmen sind also keine karitativen Einrichtungen, sondern müssen soziale Projekte gegenfinanzieren. Relativ teure Wohnungen und der Verkauf von Eigenheimen sowie Eigentumswohnungen dienen dazu, woanders günstige Mieten anbieten zu können. Sozial sind sie laut Müller immerhin dadurch, dass sie bei Modernisierungen normalerweise weniger Kosten auf die Mieten umlegten, als erlaubt wäre, und bei den Bestandsmieten „in der Regel im unteren Bereich des Mietspiegels" lägen. Zudem führten die meisten KSD-Firmen keine Gewinne an die kirchlichen Institutionen ab, denen sie gehören. Im Internetauftritt des KSD ist es so formuliert:

> „Die kirchlichen Wohnungsunternehmen wollen sich sichtbar abheben von anderen Akteuren auf dem Wohnungsmarkt – auch wenn sie dabei natürlich Unternehmen bleiben, die das Geschäftsjahr mit einer schwarzen Null beenden wollen. Zwar streben die KSD-Mitglieder nicht nach Rendite, dennoch sind sie keine Charity-Veranstaltungen."

Bezüglich des größten dieser Unternehmen, der *Aachener Siedlungs- und Wohnungsgesellschaft*, sind das Falschaussagen, denn das schüttet jedes Jahr Millionen Euro an seine Bischöfe aus, wie das folgende Kapitel zeigt.

Da die katholischen Immobilienfirmen ziemlich normale Marktakteure sind, können auch sie der seit Jahren grassierenden Wohnungskrise in den Großstädten kaum etwas entgegensetzen, wie Müller auf meine Frage zugab: „Uns fehlt schlicht und ergreifend bezahlbares Bauland." Dieses Problem dürfte sich seitdem angesichts der noch verschärften Immobilienkrise verstärkt haben.

Der KSD teilt seine unternehmerischen Mitglieder in zwei Kategorien ein: Diözesan-Siedlungswerke, die also normalerweise ganz oder überwiegend der Kirche gehören, und „örtlich bauende Unternehmen". Letztere Kategorie stimmt nicht ganz, denn zumindest die *Gemeinnützige Wohnungsbau-Genossenschaft Schönere Zukunft e.G.* in Bremen gibt in ihrem Internetauftritt als Dienstleistungen nur Vermietung, Verwaltung und Mieterbetreuung an. Sie nennt nur 75 Wohnungen und 32 Garagen ihr Eigen, schüttet laut ihrem Internetauftritt aber dennoch eine jährliche Dividende von mindestens vier Prozent an ihre 250 Mitglieder aus.

Gemeinnützig in juristischer Hinsicht sind die Firmen, die dieses Wort im Namen tragen (siehe unten), übrigens nicht unbedingt. Es kann sich auch um ein Relikt aus der Zeit bis 1989 handeln, als es in Deutschland den steuerlich privilegierten Sektor der gemeinnützigen Wohnungsunternehmen gab. Die nach einem Bischof aus dem 19. Jahrhundert benannte *Gemeinnützige Ketteler Baugenossenschaft e.G.* in Offenbach, der 300 Wohnungen gehören, antwortet auf meine Frage, inwieweit sie denn als gemeinnützig anerkannt ist:

> „Das Vorstandsgremium hat Ihre Anfrage erhalten, möchte aber in dieser Angelegenheit keine Auskunft an Sie weitergeben. Wir bitten Sie auch in Zukunft keine weiteren Anfragen an uns zu richten."

Das wird in diesem Buch nicht die einzige peinliche Antwort eines verschlossen auftretenden kirchlichen oder quasi-kirchlichen Immobilienakteurs an mich bleiben.

Ich liste die KSD-Firmen Stand Sommer 2023 alphabetisch nach ihrem Sitz auf.

Diözesan-Siedlungswerke:

- St. Ulrichswerk der Diözese Augsburg GmbH, Augsburg
- Joseph-Stiftung Kirchliches Wohnungsunternehmen, Bamberg (Stiftung bürgerlichen Rechts)
- basis|d GmbH, Dresden
- St. Gundekar-Werk Eichstätt Wohnungs- und Städtebaugesellschaft mbH (Hauptsitz in Schwabach)
- Gemeinnütziges Siedlungswerk GmbH, Frankfurt/Main
- Siedlungswerk Baden e.V., Karlsruhe (bestehend aus 24 unabhängigen Genossenschaften)
- Aachener Siedlungs- und Wohnungsgesellschaft mbH, Köln
- SIT Immobilien Besitz- und Verwaltungs KG, Magdeburg
- Katholisches Siedlungswerk München GmbH, München
- Stephanswerk Wohnungsbaugesellschaft mbH, Osnabrück

- Katholisches Wohnbauwerk für die Diözese Passau GmbH, Passau
- Katholisches Wohnungsbau- und Siedlungswerk der Diözese Regensburg GmbH, Regensburg
- Gemeinnütziges Siedlungswerk GmbH, Speyer
- Siedlungswerk GmbH Wohnungs- und Städtebau, Stuttgart
- St. Bruno-Werk e.G., Würzburg

„Örtlich bauende Unternehmen“:
- Gemeinnützige Wohnungsbau-Genossenschaft Schönere Zukunft e.G., Bremen
- Rheinwohnungsbau GmbH, Düsseldorf
- Heimatwerk Hannover e.G., Hannover
- Aachener Grundvermögen Kapitalverwaltungsgesellschaft mbH, Köln
- Bauverein Ketteler e.G., Münster
- FWR Immobilien GmbH & Co. KG, Münster
- Gemeinnützige Ketteler Baugenossenschaft e.G., Offenbach/Main

Der Evangelische Immobilienverband Deutschland

Dem 1952 gegründeten *Evangelischen Immobilienverband Deutschland* (EID) gehören neben insgesamt 16 Unternehmen und kirchlichen Einrichtungen auch 16 Einzelpersonen an. Sogar einen wissenschaftlichen Beirat hat der Verband, denn er setzt sich laut Selbstdarstellung nicht nur für „eine sozialraumorientierte und bedarfsgerechte Baukultur“ sowie eine „werteorientierte Wohnungs- und Stadtentwicklungspolitik“ ein, sondern auch für Bildung und Wissenschaft. Unter den institutionellen Mitgliedern sind nur fünf klassische Immobilienunternehmen:

- *Evangelisches Siedlungswerk in Bayern GmbH*, ein kleiner Konzern in Nürnberg mit bayernweit rund 5000 eigenen Wohn- und 100 Gewerbeeinheiten, der fast komplett der Landeskirche und ihrer „Pfründestiftung“ gehört
- *Hilfswerk-Siedlung GmbH*, das Wohnungsunternehmen vor allem der Evangelischen Kirche Berlin, Brandenburg, schlesische Oberlausitz mit rund 5000 eigenen Wohnungen vor allem in Berlin
- *Aufbaugemeinschaft Espelkamp GmbH*, laut Selbstdarstellung „mit einem Bestand von rund 3000 eigenen Wohnungen der größte Wohnraumanbieter im Kreis Minden-Lübbecke“

- *Wichern Baugesellschaft mbH* mit rund 2000 Wohnungen und 24 Gewerbeobjekten in Hamburg.
- *Antoniter Siedlungsgesellschaft mbH* im evangelischen Kirchenverband Köln und Region mit rund 1600 eigenen Wohnungen

Zumindest die beiden Erstgenannten verwalten zusätzlich Tausende Wohnungen anderer evangelischer Einrichtungen. Darüber hinaus ist der EID eine ziemlich bunte Mischung aus vor allem ein paar Kirchenkreisen und Landeskirchen, beziehungsweise jeweils deren Wohnungsunternehmen, und Sozialunternehmen der Diakonie. Ein spezielles Mitglied ist die Klosterkammer in Hannover, eine „Sonderbehörde des Landes Niedersachsen", die in vier öffentlich-rechtlichen Stiftungen ehemals klösterliches und kirchliches Vermögen verwaltet und dabei neben der Wohnungsvermietung Flächen und Gewässer verpachtet sowie Erbbaurechte vergibt. Alles in allem spricht der EID von „evangelischen Wohnungsunternehmen und Stiftungen mit rund 40.000 Wohnungen". Doch das ist bei weitem nicht alles:

> „Zudem werden bundesweit mehr als 30.000 Erbbaurechte vergeben, die als Bauland für bezahlbaren Mietwohnungsbau bereitstehen. Das evangelische Portfolio umfasst zudem einen kaum zu beziffernden Bestand an Gewerbe- und Sonderimmobilien im urbanen und ländlichen Raum."

Als der *Evangelische Pressedienst* 2018 einen Artikel veröffentlichte, um die sozialen Immobilienprojekte der EID-Unternehmen zu bejubeln, schrieb er unter Bezug auf das geschäftsführende Verbandsvorstandsmitglied Dennis Beyer: „Was an den Unternehmen ist evangelisch? Es sei die Gemeinschaft, die in den Wohnhäusern und Siedlungen entsteht." Doch schon damals gab es dasselbe Problem wie bei den katholischen Immobilienfirmen: „‚Neu bauen können wir so gut wie vergessen', sagt Beyer. Das sei viel zu teuer, zumindest in der Stadt."

Gewinne auf der hohen Kante

Für betriebswirtschaftliche Laien klingt es gut, wenn die Kirchen sagen, dass ihre Immobilienunternehmen – oder zumindest die meisten von ihnen – keine Gewinne ausschütten. Das klingt, als ob die Gewinne in den Bau von Häusern, oder zumindest deren Verbesserung gesteckt werden. Das ist aber falsch. Das Geld im Unternehmen zu lassen, bedeutet nicht, es für die Versorgung der Bevölkerung mit Wohnraum einzusetzen. Ein Unternehmen kann nämlich Geld einfach ansparen. Das heißt dann in seiner Bilanz Gewinnrücklage.

Eine Stichprobe zeigt, dass das bei den kirchlichen Immobilienfirmen eine normale Praxis ist. So schüttet die größte der katholischen Kirche zwar jedes Jahr nur einige Millionen Euro, und damit grob gesagt ein Viertel oder Fünftel seines jeweiligen Jahresgewinns an die Bischöfe aus, denen es gehört. Die *Aachener Siedlungs- und Wohnungsgesellschaft* (ASW) vergrößert aber Jahr um Jahr ihr Erspartes. Die Firma verbucht jedes Jahr aufs Neue zweistellige Millionenbeträge als Gewinnrücklagen. Neben dem Grundkapital von 37 Millionen Euro kam sie so im Jahr 2020 auf ein Eigenkapital in Höhe von 512 Millionen Euro, 534,5 Millionen Ende 2021, und 551,5 Millionen Ende 2022. 2017 waren es noch 432 Millionen Euro gewesen. Die darin enthaltene von der Firmensatzung vorgeschriebene Rücklage betrug all die Zeit nur 18,5 Millionen Euro. Der ständige Zuwachs geschieht also freiwillig. Gewinnrücklagen können prinzipiell jederzeit aufgelöst werden. Es schadet der Firmentätigkeit nicht, wenn dieses Geld ausgezahlt wird, außer vielleicht, dass durch das sinkende Eigenkapital schlechtere Bedingungen bei der Aufnahme von Krediten drohen. Die Eigenkapitalquote ist bei der ASW aber bemerkenswert hoch. Sie liegt seit 2017 zwischen 64 und 67,5 Prozent, und damit mehr als doppelt so hoch wie bei ein paar der im Folgenden erwähnten anderen Unternehmen der Stichprobe.

Die *Gemeinnütziges Siedlungswerk GmbH* in Frankfurt, die den Bistümern Limburg und Erfurt sowie den Bischöfen von Fulda und Mainz gehört, schüttet keinen Gewinn aus, vergrößerte aber durch die Jahresüberschüsse ihr Eigenkapital von knapp 97 Millionen Euro 2020 auf 106,7 Millionen Euro 2022. Die gleichnamige Firma mit Sitz in Speyer, die der dortigen Diözese gehört, musste vom Gewinn des Jahres 2021 laut Satzung nur 80.000 Euro in die Gewinnrücklage einstellen, fügte dem aber weitere 650.000 Euro hinzu. So floss fast der komplette Jahresüberschuss sozusagen aufs Sparkonto, und der ausgewiesene Bilanzgewinn betrug nur noch knapp 14.000 Euro.

Die *Evangelisches Siedlungswerk in Bayern GmbH*, die durch die vielen für andere evangelische Institutionen vewalteten Häuser als größtes evangelisches Immobilienunternehmen gilt, schüttet ihre Gewinne ebenfalls nicht aus und erhöhte dadurch ihr Eigenkapital von 104 Millionen Euro 2019 auf 107,4 Millionen 2020. Darin sind nur 3,3 Millionen Euro gezeichnetes Kapital (also die Firmenanteile) und 6,6 Millionen an „satzungsmäßiger Rücklage“ enthalten. Seit 2020 veröffentlicht das Unternehmen solche Jahresberichte nicht mehr.

Beim anderen großen Immobilienunternehmen der evangelischen Kirche, der *Hilfswerk-Siedlung GmbH* in Berlin, sieht es ähnlich aus. Sie gehört weit überwiegend der Evangelischen Kirche Berlin, Brandenburg, schlesische Oberlausitz und nennt ähnlich viele Wohnungen ihr Eigen wie ihr bayrisches Pendant, verwaltet aber ein paar Tausend Wohnungen weniger. Hier ist ein besonders starkes Anwachsen des Eigenkapitals festzustellen. Das gezeichnete Kapital blieb zwischen 2015 und 2022 mit 6,5 Millionen Euro gleich, die „gesellschaftsvertragliche Rücklage“ wuchs nur minimal von rund 3,2 auf rund 3,3 Millionen an, aber durch das Verbuchen der jährlichen Jahresüberschüsse in Millionenhöhe als Gewinnrücklagen wuchs das gesamte Eigenkapital von 38,6 Millionen Euro 2016 auf 71,5 Millionen Euro 2022 an. Die Rückstellung für die Instandhaltung der Gebäude in Höhe von 2,2 Millionen Euro ist da nicht eingerechnet, sie zählt nicht zum Eigenkapital (was für alle Firmen gilt). Von letzterem sind also nur 9,8 (6,5+3,3) Millionen Euro gebunden, beziehungsweise verpflichtend. Der Rest ist Geld, das auf der hohen Kante liegt und prinzipiell irgendwann mal ausgezahlt werden kann, jedenfalls den Unternehmenswert und damit den Reichtum der kirchlichen Eigentümer erhöht.

Der Unterschied zwischen Gewinnausschüttung und Gewinnrücklage ist wie der zwischen Giro- und Sparkonto. Wenn die Kirchen behaupten, ihre Immobilienunternehmen brächten ihnen keinen Gewinn, ist das zumindest eine Vernebelung der Tatsachen. Wenn sie behaupten, diese Unternehmen arbeiteten nicht gewinnorientiert, dann ist das eine Unwahrheit.

2. Die Aachener Siedlungs- und Wohnungsgesellschaft mbH

2.1 Soziale Rhetorik, marktorientiertes Handeln

Wie das größte deutsche katholische Immobilienunternehmen parallel zum Anwachsen der Wohnungskrise seinen Bischöfen immer mehr Millionen überweist

Der Geschäftsbericht 2021 der *Aachener Siedlungs- und Wohnungsgesellschaft mbH* (ASW) umfasst über 200 Seiten. In den Jahren davor und danach waren es zwar nur etwas mehr als halb so viele, der Aufbau ist aber gleich. In der ersten Hälfte werden lang und breit sowie mit vielen Fotos Firmenprojekte und interne Strukturen dargestellt. Allein der zweiköpfige Vorstand erhält zehn Seiten. Danach kommen die Zahlen, die Geschäftsgrundlagen. Ohne Hintergrundwissen zu einigen Wohnhäusern der Firma fällt der Gegensatz zwischen der Außendarstellung und der Geschäftsgrundlage nicht unbedingt stark auf. Er ist aber da, und er ist symptomatisch für das Wesen dieses Unternehmens: Mehr oder weniger soziale Projekte werden in den Vordergrund gestellt, aber das mitunter dreckige und vor allem auf finanziellen Profit ausgerichtete Hauptgeschäft wird munter weiterbetrieben.

Im ersten Teil des Jahresberichts 2021 mangelt es nicht an Ansagen fürs Image: „Wohnen ist ein Grundbedürfnis und muss bezahlbar bleiben."

> „Die Aachener hat als Unternehmen mit katholischem Hintergrund ihr Leitbild und die katholische Soziallehre fest in ihrer Strategie verankert. Menschen, Menschlichkeit und das Miteinander stehen im Mittelpunkt."

Auch das „Ziel der 'günstigen Miete für breite Bevölkerungsschichten', welches die Aachener in ihren Statuten hat", wird erwähnt. Im online präsentierten Firmenleitbild ist zudem ständig die Rede von sozialer Verantwortung, sozial-christlicher Ausrichtung, christlich-sozialen Grundwerten, katholischer Soziallehre und ähnlichem. All das stehe „im Vordergrund unserer Immobilienleistungen". Eine zentrale Aufgabe sei es, Wohnungsangebote für breite Bevölkerungskreise zu schaffen. Aufgezählt werden da betreutes Wohnen, barrierefreier Wohnraum, Flüchtlingsunterkünfte und Demenzwohngemeinschaften. Zudem gebe es „einen großen Bestand an öffentlich geförderten Wohnungen für Menschen mit geringem Einkommen".

Starkes Engagement für Wohneigentum

Bei der Darstellung der Geschäftstätigkeit entsteht in den Jahresberichten ein etwas anderes Bild. Für 2021 wurde festgehalten:

> „Im Bau befanden sich 216 (Vorjahr: 278) Eigenheime und Eigentumswohnungen sowie 185 (Vorjahr: 55) Mietwohnungen und sechs (Vorjahr: sechs) sonstige Einheiten. Fertiggestellt wurden zehn Eigenheime und 93 Eigentumswohnungen."

185 im Bau befindliche Mietwohnungen waren eine Ausnahme, denn 2019 lag dieser Wert nur bei 24, gegenüber 226 Eigenheimen und Eigentumswohnungen. 2020 stellte die ASW 50 Eigenheime und 30 Eigentumswohnungen fertig, also offenbar keine Mietwohnungen. Für 2022 wurde vermeldet: „Fertig gestellt wurden 48 Eigenheime, 17 Eigentumswohnungen sowie 25 Mietwohnungen."

Bauen um zu verkaufen, anstatt zu vermieten, war zumindest bis 2021 nun mal profitträchtiger, denn, wie es im Jahresbericht hieß:

> „Infolge einer Präferenz für Sachwertanlagen, niedriger Zinsen für Baukredite und dank einer guten Beschäftigungslage ist weiterhin ein starkes Interesse am Immobilienerwerb vorhanden."

Ab 2022, als die Baubranche in eine Krise geriet, war das freilich anders. Früher war das Missverhältnis aber noch größer gewesen. Laut dem Jahresbericht 2020 war die Zahl der gebauten Eigentumswohnungen und Eigenheime auch in den Vorjahren bis 2017 zwischen fünf und sechzehn Mal größer als die der Mietwohnungen.

Katholische Immobilienunternehmen engagieren sich seit ihrer Gründung in den frühen Jahren der Bundesrepublik besonders stark für Wohneigentum. Während andere Bevölkerungskreise den Mietwohnungsbau wichtiger für die Gewährleistung von bezahlbarem Wohnraum für die breite Masse finden und Wohneigentum als eher etwas für Gutbetuchte ansehen, gehört es zur katholischen Ideologie, neben der Rede vom Wohnen als Grundbedürfnis und von Soziallehre die Eigentumsbildung stark in den Vordergrund zu rücken. Die ASW hatte laut Selbstdarstellung im Internet von Beginn an „die Aufgabe, das Wohneigentum zu fördern“ und „breite Bevölkerungsschichten“ damit zu versorgen. Dort ist auch zu lesen:

> „Seit 1949 baute die Aachener im Verbund mit anderen Unternehmen über 80.000 Wohnungen, davon über 80 Prozent als Eigentumsmaßnahmen für Privatpersonen.“

1949 wurde die ASW in Aachen von vor allem vier nordrhein-westfälischen Bistümern gegründet, schon seit 1950 aber ist der Firmensitz Köln. Mittlerweile gehört die Firma sechs Bistümern: Köln, Aachen, Essen, Münster, Paderborn und Trier. Genau genommen sind es außer in Essen nicht die Bistümer, sondern die jeweiligen sogenannten Bischöflichen Stühle, die die Anteile halten, also die Bischöfe selbst. Den mit Abstand größten Anteil hat der Kölner Erzbischof, denn ihm gehören 41,5 Prozent. Von den neun Aufsichtsratsmitgliedern sind sechs leitende Angestellte der Bistümer, und der Leiter des Kommissariats der deutschen Bischöfe in Berlin (das sogenannte „Katholische Büro“), also der oberste katholische Hauptstadtlobbyist, ist auch dabei.

Das ursprünglich eingezahlte Grundkapital der ASW beträgt 37 Millionen Euro, aber zusammen mit den Rücklagen belief sich das handelsrechtliche Eigenkapital Ende 2022 auf rund 597 Millionen Euro. Die Summe wächst Jahr für Jahr. So waren es 2018 nur 501 Millionen Euro. Der Wert der Immobilien ist da nicht eingerechnet, und der ist beträchtlich, denn die Häuser stehen laut den Jahresberichten überwiegend in stark nachgefragten Ballungsräumen.

Vor allem in Nordrhein-Westfalen, Rheinland-Pfalz und Berlin vermietet die ASW knapp über 12.000 eigene Wohnungen, rund 30 Prozent davon staatlich gefördert. Hinzu kommen Stand Ende 2022 rund 230 Gewerbeeinheiten sowie rund 3150 Garagen und Stellplätze. „Darüber hinaus werden für Dritte 6162 Wohnungen und 117 Gewerbeeinheiten sowie 2466 Garagen und Stellplätze bewirtschaftet“, heißt es im Geschäftsbericht für 2022. Und dann sind da noch die vier Tochterunternehmen: „Zusammen mit den verbundenen Unternehmen“ verwaltet die Gesellschaft fast 27.000 Wohnungen und rund 2850 Gewerbeeinheiten.

Zu den letzten beiden Zahlen, vor allem der allerletzten, gibt es einen bemerkenswerten Sprung, der in den Jahresberichten nicht erklärt wird.

Durch die „verbundenen Unternehmen“ verachtfacht sich die Zahl der verwalteten Gewerbeeinheiten.

Kapitalanlagen in Immobilienbestlagen

Das liegt unter anderem an der *Aachener Grundvermögen GmbH.* Das Kapitalanlageunternehmen ist spezialisiert auf „erstklassige Einzelhandelsimmobilien in innerstädtischen Top-Lagen“, wie es in seiner Selbstdarstellung schreibt. Es führt weiter aus:

> „1973 gegründet, um zunächst ausschließlich institutionellen Anlegern der katholischen Kirche in Deutschland eine Alternative zum eigenen Immobilienerwerb zu bieten, richten sich unsere hochwertigen Anlagemöglichkeiten heute neben institutionellen Anlegern aus dem Bereich der evangelischen und katholischen Kirche speziell auch an gemeinnützige Stiftungen in Deutschland.“

Die *Aachener Grund,* wie sie sich selbst auch abkürzt, hat unter anderem den Zweck der „Verwaltung von Immobilien-Sondervermögen“. Sie bietet verschiedene Fonds an. Auch bei ihr mangelt es nicht an hehren Worten. Sie will „Heimat und Identität“ bewahren und bezeichnet die „urbane Stadt“ als „Kulturraum“. Deshalb investiert sie nicht in „Shopping-Center auf der grünen Wiese mit ihrem überflüssigen Flächenverbrauch“. Ihr „Aachener Grund-Fonds 1“ zum Beispiel steckt sein Geld in:

> „hauptsächlich gewerblich genutzte Immobilien, wie Geschäfts- und Bürogebäude für Handel, Dienstleistungen und Verwaltung. Anlageschwerpunkt ist die gewachsene innerstädtische 1a-Einzelhandelslage an ausgewählten Standorten in Deutschland.“

Darunter ist das „Geschäftshaus mit dem bundesweit größten Zara-Store in der ältesten Einkaufsstraße Deutschlands und Kölner Bestlage“.

In „Berlins Bestlage“ in der für Luxusgeschäfte berühmten Straße Kurfürstendamm hat das Unternehmen ebenso Häuser wie in „Hamburgs teuerster Einkaufsstraße“, wo die *Aachener Grund* die Luxusmarke *Louis Vuitton* beherbergt (die sie in ihrem Internetauftritt „Luis Vuitton“ schreibt). Das Foto von einem Haus in Amsterdamer „Einzelhandelsluxuslage“ zeigt ein Geschäft der Schmuck- und Uhrenfirma *Cartier*. Auch in anderen Ländern gehören der Firma Häuser. Daneben kauft sie „Sozial- und Gesundheitsimmobilien“, und auch in einen „Wohnimmo-Fonds“ kann investiert werden. Aber auch staatlich geförderte Sozialwohnungen hält die *Aachener Grund.*

Das kann sie sich leisten, denn generell scheinen die Geschäfte gut zu laufen. Sie verwaltet immer mehr Milliarden Euro und verdoppelte 2015 ihr Grundkapital. Im Geschäftsjahr 2014 hatte sie nämlich einen Gewinn von fast 6,5 Millionen Euro erzielt, und dazu einen Gewinnvortrag – also einen Teil des Vorjahresgewinns – in Höhe von 4,9 Millionen Euro mitgebracht. So schüttete sie an die ASW 10 Millionen Euro aus, von denen die Hälfte sofort wieder ins Grundkapital zurückfloss, das damit auf 10 Millionen Euro anstieg.

Hohe und immer höhere Gewinnausschüttungen

Die anderen drei ASW-Tochterfirmen sind die *Deutsche Wohnungsgesellschaft mit beschränkter Haftung* (Dewog) und deren Treuhandunternehmen (auf das ich nicht eingehen werde) sowie die *Siedlungsgemeinschaft am Bilderstöckchen* (SAB). Die 1932 gegründete SAB nennt rund 1150 Wohnungen im Großraum Köln ihr Eigen. Benannt ist sie nach dem Kölner Stadtteil Bilderstöckchen, wo ihr 18 Wohnblöcke mit 410 Wohnungen gehören. Angestellte hat sie keine, denn alle nötigen Aufgaben werden vom ASW-Konzern (der sich übrigens selbst auch so nennt) erledigt. Allein die ASW war Ende 2022 auf 200 Angestellte angewachsen. 2022 erzielte die SAB einen Gewinn von 2,15 Millionen Euro, der direkt in die Bilanz der ASW einfloss.

Größer ist die *Dewog*. Und auch interessanter. An ihr zerfließt die soziale Schminke der ASW wohl am deutlichsten. Auch die 1950 gegründete *Dewog* tut fast nichts anderes, als ihre rund 4400 Wohnungen und 38 Gewerbeeinheiten (sowie Autostellplätze) im Großraum Köln zu verwalten. Sie tut das sehr profitträchtig, wie ihre Gewinnzahlen der letzten Jahre zeigen:

Gewinnzahlen der Dewog in Millionen Euro:

	Jahresergebnis	Bilanzgewinn	An die ASW ausgeschüttet
2020	9,75	9,78	4
2021	8,27	8,36	4
2022	8,75	8,8	5

Zum Jahresergebnis kommt immer ein Gewinnvortrag aus dem vorhergehenden Jahr dazu, das Ergebnis ist der Bilanzgewinn. Von dem wird ein Millionenbetrag in die sogenannte Bauerneuerungsrücklage gesteckt, und ein fünfstelliger Betrag als Gewinnvortrag ins Folgejahr geschoben, der Rest geht an die ASW. Bei der ASW sehen die Zahlen folgendermaßen aus:

Gewinnzahlen der ASW in Millionen Euro:

	Jahresergebnis	Bilanzgewinn	An Gesellschafter ausgeschüttet
2020	31,5	8,91	6,65
2021	28,8	8,6	6,9
2022	23,6	8,26	7,18

Der Trend, immer mehr Gewinn an die Bischöfe zu überweisen, besteht seit langem. So teilt die ASW auf Anfrage mit, dass sie in den Jahren 2010 bis 2012 jeweils „knapp 3 Millionen Euro" ausgeschüttet habe, und 2013 bis 2019 waren es jeweils 4,4 Millionen Euro. Dieser Trend war unabhängig vom schwankenden, jahrelang aber tendenziell ebenfalls wachsenden Jahresergebnis, das in den 2010er-Jahren bei jährlich über 30, drei Mal sogar über 40 Millionen Euro lag.

Dass der Bilanzgewinn immer im einstelligen Millionenbereich liegt, kommt daher, dass der Großteil des Jahresgewinns in Gewinnrücklagen fließt. In welchem Ausmaß das geschieht, kann die Firma weitgehend frei entscheiden, sie kann den Bilanzgewinn also gemäß ihren Interessen größer oder kleiner ausfallen lassen, wodurch er generell nicht sehr aussagekräftig hinsichtlich des Firmenerfolgs ist.

Der größte Teil der Gewinnrücklage heißt in der Firmenbilanz Bauerneuerungsrücklage. Das klingt so, als ob daraus die Gebäudeinstandhaltung finanziert würde. Die ASW dementiert das aber: Die Instandhaltung werde „aus den laufenden Einnahmen bezahlt". Somit sind die Jahresergebnisse, nicht die ausgewiesenen Bilanzgewinne maßgeblich für die Beurteilung der Profitabilität des Unternehmens. Sie erhöhen, wie gesagt, Jahr um Jahr das Eigenkapital.

Bei der *Dewog* sieht es ganz ähnlich aus: Bei einem Stammkapital von 16 Millionen Euro betrug das gesamte Eigenkapital im Jahr 2019 noch 78,2 Millionen Euro, um dann anzusteigen auf 93 Millionen Euro 2022. Die Eigenkapitalquote stieg im selben Zeitraum von 40 auf 48 Prozent.

Die Geschäfte laufen also bei Mutter- und Tochterfirma gut, und im Fall der *Dewog* steht eine Erklärung dafür dankenswerterweise im sogenannten Prognosebericht von 2021, der Teil des Jahresberichts ist:

> „Seit Jahren entwickelt sich der Großraum Köln aufgrund der steigenden Zahl der Einwohner und Haushalte zu einem Vermietermarkt. (…) Es wird weiterhin für den Raum Köln von einer stabilen und positiven Vermietungssituation ausgegangen. Mietanhebungen

> werden modernisierungsbedingt und zur Anpassung an die Marktmiete möglich sein, begünstigt durch die moderaten Durchschnittsmieten der Gesellschaft [gemeint ist die *Dewog*]. Infolgedessen wird auch für das folgende Jahr von Steigerungspotenzial im Mietenbereich ausgegangen."

Diese Passage steht fast wortgleich auch im Jahresbericht für 2020. Die Mieten bei der *Dewog* waren also vergleichsweise niedrig, das Ziel war aber, rauszuholen, was der Markt hergab. Der sah nach Darstellung der ASW so aus, dass jahrelang zu wenig gebaut worden war, und die aktuellen Bautätigkeiten nicht ausreichen würden, um den lange aufgebauten so genannten Nachfrageüberhang zu decken. Davon sollte nicht nur die *Dewog* profitieren. Im Konzernjahresbericht 2022 steht sowohl im Teil zur ASW als auch in dem zur *Siedlungsgemeinschaft am Bilderstöckchen* jeweils im Abschnitt „Risiko- und Chancenbericht":

> „Wir erwarten deutliche Mietsteigerungspotenziale durch den Nachfrageüberhang in Verbindung mit dem nicht ausreichenden Neubau im Bestand."

Im erwähnten *Dewog*-Zitat steht, dass die Mieterhöhungen auch durch Modernisierungen erzielt werden. Dabei geht es besonders um energetische Modernisierungen, laut ASW-Jahresbericht 2022 ein zukünftiger Schwerpunkt der Firmentätigkeit. Dieses Thema ist zentral für die Wohnungswirtschaft geworden, wie auch die ASW immer wieder betont. Zum einen verbindet sie das mit der üblichen sozialen und christlichen Rhetorik über die Wichtigkeit von Klimaschutz, zum anderen verschweigt sie aber auch nicht, dass es hier staatliche Zwänge gibt. Das Unternehmen spricht in seinen Jahresberichten viel darüber, dass es mit großen Anstrengungen seiner Verantwortung gerecht werden wolle. Wer sich mit dem Thema nicht auskennt, findet das alles eventuell löblich, gar christlich. Allerdings profitiert die gesamte Wohnungswirtschaft langfristig unmittelbar von energetischen Modernisierungen.

Zum einen liegt das daran, dass es die Mietenden sind, die die Kosten für energetische Modernisierungen tragen. Seit 2019 dürfen nach einer Modernisierung acht Prozent der Kosten auf die Jahresmiete draufgeschlagen werden, vorher waren es sogar elf Prozent. Ein Rechenbeispiel: Wenn die energetische Modernisierung eines Mietshauses 100.000 Euro gekostet hat, dürfen die Mieten in den betroffenen Wohnungen so stark erhöht werden, dass alle zusammen pro Jahr 8000 Euro höher liegen. So hat sich die Investition nach zwölfeinhalb Jahren ammortisiert. Es kann ein paar Jahre länger dauern, denn die Erhöhung ist die ersten sechs Jahre lang gesetzlich gedeckelt, aber das ändert nichts am Prinzip. Nach der Ammortisation müssen die Mieten nicht auf das alte Niveau zurücksinken. Langfristig bedeutet so eine Modernisierung also eine Einnahmenerhöhung für die Vermieterin, und (die meisten) Immobilienunternehmen sind es gewohnt, langfristig zu denken. Ihnen macht es auch wenig aus, Kredite für solche Modernisierungen aufzunehmen, denn Kredite nehmen sie sowieso ständig auf.

Den zweiten Grund, warum die Wohnungswirtschaft sich heimlich über die energetischen Modernisierungen freut, über die sie öffentlich bisweilen ächzt, benennt die ASW in ihrem Jahresbericht 2022 selbst. Im Ausblick schreibt sie, dass in ihren Großsiedlungen in Düsseldorf-Garath 243 Wohnungen „grundlegend modernisiert“ werden sollen. Weiter heißt es:

> „Durch diese Maßnahmen wird der CO2-Ausstoß erheblich reduziert. Die Bauvorhaben dienen ebenfalls der nachhaltigen Wertsteigerung unserer Immobilien.“

Dieselbe Formulierung steht auch jeweils in den Kapiteln zur *Dewog* und zur SAB an den Stellen, wo deren Modernisierungsprojekte aufgezählt werden. Modernisierte Häuser haben einen höheren Wert, was die für Immobilienunternehmen essenzielle Kreditwürdigkeit erhöht.

Reiche Bischöfe erhalten immer höhere Gewinnausschüttungen

An mehreren Stellen in den Jahresberichten wird deutlich, dass die Firmen des ASW-Konzerns nicht nur bei Neuvermietungen Mieten erhöhen, sondern auch nach Modernisierungen. Aus diesem und anderen Gründen konnte der Konzern seine Gewinnausschüttungen, wie gesehen, immer weiter erhöhen, von rund drei Millionen Euro 2010 bis 2012 auf rund 7,2 Millionen Euro 2022. Parallel zum Anwachsen der deutschen Wohnungskrise mit Demonstrationen und Debatten allerorten haben katholische Bischöfe also immer mehr Millionen aus ihrem Immobiliengeschäft erhalten, das erklärtermaßen vor allem in Ballungsgebieten stattfindet, wo die Wohnungsprobleme bekanntlich besonders groß sind.

Das ist besonders eklatant angesichts der Tatsache, dass diese Bischöfe zum Teil über einen großen Reichtum verfügen. Das Erzbistum Köln, dessen Bischof der mit Abstand größte Anteilseigner am ASW-Konzern ist, galt bis 2014 mit einem Vermögen von 3,4 Milliarden Euro als reichstes Bistum Deutschlands und eines der reichsten der ganzen Welt. Die Tageszeitung *Kölner Stadt-Anzeiger* kolportierte noch 2016 folgende Redensart aus Kirchenkreisen: „Das meiste Geld in der katholischen Welt hat nicht der Papst, sondern der Erzbischof von Köln."

Im September 2015 schrieb das *Handelsblatt*: „Über Jahrzehnte galt es als gesetzt: Das Erzbistum Köln ist die reichste Diözese Deutschlands, wenn nicht gar der Welt."

Die Unklarheit bezüglich der weltweiten Rangliste ergibt sich aus der traditionellen finanziellen Intransparenz der katholischen Kirche. Der Artikel legte dann aber dar, dass nun das Erzbistum Paderborn nach Vorlage eines „Finanzberichts" mit einem Vermögen von vier Milliarden Euro als am reichsten galt. Im Lauf der Jahre haben Medien Ranglisten veröffentlicht, die nicht ganz zueinander zu passen scheinen, aber Paderborn ist immer ganz vorne mit dabei. Im September 2020 wurde berichtet, dass der Erzbischöfliche Stuhl Paderborn erstmals einen Finanzüberblick vorgelegt habe. Demnach kam alleine er auf 2,7 Milliarden Euro, zusätzlich zu den 4,5 Milliarden des dazugehörigen Bistums. Dieser Erzbischöfliche Stuhl ist mit 16 Prozent zweitgrößter Anteilseigner der ASW.

Inwieweit der Unternehmenswert in Bistumsfinanzberichte eingeht, scheint unklar zu sein. Das gemeinnützige Recherchebüro *Correctiv* wollte mal den Reichtum des Erzbistums Köln ergründen und ging dafür sogar vor Gericht, weil es fand, dass die Bistümer aufgrund ihrer Kirchensteuereinnahmen wie der Staat zu Transparenz verpflichtet seien. Es unterlag im Januar 2021 auch in zweiter Instanz. Im Bericht dazu hielt das Online-Magazin fest:

> „Seit einigen Jahren veröffentlichen die Bistümer Geschäftsberichte, aber darin sind verschiedene Gewinne, etwa von Immobilien, nicht ausgewiesen."

Schon 2019 hatte *Correctiv* folgende Rechnung angestellt: Der ASW gehörten 800.000 Quadratmeter Wohnraum. Wenn die mit 3000 Euro multipliziert werden, was ein Durchschnittswert für den Quadratmeterpreis in Berlin gewesen sei, ergibt das einen Immobilienwert von 2,4 Milliarden Euro, wovon dem Kölner Bischof ungefähr eine Milliarde zuzurechnen wäre. Das Eigenkapital ist da nicht eingerechnet.

Im Dezember 2019 nahm die ASW dazu auf meine Anfrage Stellung:

> „Als bestandshaltendes Unternehmen, das nicht mit seinen Immobilien spekuliert und handelt, berechnen wir nicht den Wert unseres Portfolios."

Dass das Unternehmen nicht mit seinen Immobilien handele, ist eine Falschaussage, denn ausweislich seiner Jahresberichte verkauft es nicht nur neugebaute Wohnungen und Häuser, sondern auch „Bestandsimmobilien“. In Berlin-Wedding überließ die ASW 2017 sogar ein Mietshaus einer Tochterfirma der später berühmt-berüchtigten Aktiengesellschaft *Deutsche Wohnen*. Die ASW verwies jedenfalls in ihrer Antwort auf meine Anfrage auf ihr Eigenkapital – Ende 2022 fast 600 Millionen Euro – als Berechnungsgrundlage für den Wert der Firmenanteile, gab aber zu, dass das nicht alles ist: „Hinzu kommen die stillen Bewertungsreserven durch die Preisentwicklungen am Wohnungsmarkt.“

Diese Entwicklungen sind für die ASW mit ihren Schwerpunkten in Ballungsgebieten finanziell positiv, wie in den Jahresberichten vermerkt ist. Aber unabhängig von der genauen Höhe der bischöflichen Profite ergibt sich bei der ASW ein struktureller Konflikt zwischen Arm und Reich. Besonders deutlich wird das bei den beiden Tochterfirmen *Siedlungsgemeinschaft am Bilderstöckchen* (SAB) und *Dewog*, die verwalten nämlich ganze Siedlungen, die mal für ärmere Menschen errichtet worden sind.

2022 erzielte die SAB einen Jahresüberschuss von 2,15 Millionen Euro. 2021 waren es 2,29 Millionen, 2020 sogar 2,56 Millionen, denn da hatte die Firma Grundstücke verkauft (also von wegen „Wir handeln nicht mit unseren Immobilien“). Anders als ASW und *Dewog* steckt die SAB nichts von ihrem Jahresgewinn in eine Bauerneuerungsrücklage und weist auch nicht explizit den Bilanzgewinn aus. Der Überschuss wird stattdessen „in den Konzernabschluss der Aachener Siedlungs- und Wohnungsgesellschaft mbH einbezogen“, wie es in den Jahresberichten heißt. Wenn wir den vergleichsweise niedrigen Gewinn von 2022 durch die 1150 Wohnungen der SAB teilen, ergibt sich ein Wert von über 1870 Euro pro Wohnung. Die tendenziell eher wenig betuchten Mietenden der SAB zahlten also jeweils im Durchschnitt pro Monat 156 Euro in den Topf, aus dem sich das immer größer werdende Eigenkapital und die jährlichen Ausschüttungen wohlhabender bis reicher Bischöfe speisen.

Bei der *Dewog* lauteten die Zahlen 2022: 8,8 Millionen Euro Bilanzgewinn, rund 4400 Wohnungen, 38 Gewerbe (die Stellplätze lassen wir der Einfachheit halber weg). Auch hier sind es fast 2000 Euro pro Wohnung und Jahr, die die Bischöfe durchschnittlich von den Mietenden erhalten haben. Davon wurden rund 57 Prozent als Gewinn ausgeschüttet, der Rest floss fast komplett in die Gewinnrücklagen, also das Ersparte, das das Eigenkapital vergrößert.

Im Jahresbericht 2022 verzeichnete die Dewog einen neuen Höchststand bei den Sollmieten, also das, was die Haushalte zahlen müssen: 198.000 Euro mehr als im Vorjahr. Die Erklärung:

> „Der Anstieg resultierte aus Anpassungen an die ortsübliche Vergleichsmiete bei Neuvermietungen von Bestandswohnungen sowie aus den ganzjährigen Auswirkungen der Vorjahresveränderungen."

Anpassungen der Miete bedeutet Mieterhöhungen. Die Vorjahresveränderungen sind offenbar Mieterhöhungen im Lauf des Vorjahres. Diese Mieterhöhungen aus dem aktuellen und dem Vorjahr waren der Hauptgrund für den Gewinnanstieg gegenüber 2021, wie der Bericht festhält.

Laut dem Jahresbericht für 2020 erzielte die *Dewog* da „ihr bisher bestes Ergebnis": einen Überschuss von 9,75 Millionen Euro. Die Erklärung:

> „Grund hierfür waren in der Hauptsache die im Vergleich zum Vorjahr gestiegenen Sollmieten. Durch Anpassungen an die ortsübliche Vergleichsmiete bei Neuvermietungen von Bestandswohnungen, Mieterhöhungen nach Modernisierung und ganzjährige Auswirkungen der Vorjahresveränderungen stiegen die Sollmieten um 464.000 Euro auf 24,875 Millionen Euro."

2020 Rekordgewinn, 2022 höchste Mieteinnahmen – alles dank Mieterhöhungen, weil bei der *Dewog* da noch Luft nach oben war.

Mehr als ein Drittel aller Wohnungen der *Dewog* stehen in der Kölner Stegerwaldsiedlung. Dabei handelt es sich um eine der ärmsten, wenn nicht sogar die ärmste Wohngegend der Stadt. Diese Durchschnittszahlen zum permanenten Geldtransfer von Arm zu Reich dürften dort etliche Leute wütend machen, wie die folgenden Kapitel zeigen.

2.2 Arm, aber smart

Wie die ASW die Kölner Stegerwaldsiedlung finanziell aufgewertet hat, aber nicht im Sinne der ansässigen Bevölkerung

Berlin sei arm, aber sexy – der Ausspruch des damaligen Regierenden Bürgermeisters Klaus Wowereit ist seit 2003 legendär. Damals wurde die Welt noch nicht vom Modewort „smart" geplagt, sonst wäre das bestimmt auch mal in so einem Zusammenhang verwendet worden. Vielleicht steht uns das noch bevor. Ob etwas „smart" ist, ist heutzutage oft wichtiger als die soziale Frage. Das Online-Portal *www.smartcity-cologne.de*, das vom Kölner Rathaus zusammen mit dem örtlichen Energieversorger *Rheinenergie* betrieben wird, nennt die Stegerwaldsiedlung das „smarteste" Viertel Kölns. Dass das vor Ort nennenswert viele Menschen freut, steht zu bezweifeln. In einer der ärmsten Gegenden der Stadt wurde mit Hilfe von Fördermitteln und neuen Technologien eine Aufwertung herbeigeführt, die hier und da einem Teil der Bevölkerung geholfen haben mag, den Haushalten aber auch steigende Kosten zumutet und sogar in die Richtung eines organisierten teilweisen Bevölkerungsaustausches geht. Bis dahin ist die Stegerwaldsiedlung immer noch arm, aber wenigstens schon mal „smarter".

Die Siedlung im Stadtteil Mülheim liegt abgeschlossen zwischen ehemaligem Industriegelände und großen Straßen, aber zentrumsnah. Die Bebauung besteht vor allem aus langen, überwiegend viergeschossigen Gebäuderiegeln. Insgesamt sind es wohl rund 1600 Wohnungen, von denen der *Dewog* nach eigener Auskunft 1510 gehören. Dazwischen gibt es viele Grünflächen und soziale Infrastruktur wie (leerstehende) Läden und Kindertagesstätten.

Errichtet wurde das Ganze von der *Dewog*, heute eine Tochterfirma der ASW. Die beiden Firmen haben dieselbe Adresse und denselben Geschäftsführer, die *Dewog* bezahlt auch nur zwei Angestellte. Es gibt sogar ein paar alte Internetseiten über die Siedlung, die so alt sind, dass sie ein Gästebuch, aber kein Impressum haben. Dort steht jedenfalls:

> „Die Stegerwaldsiedlung war das erste große geschlossene Bauvorhaben der Dewog und ist die frühste Großsiedlung Kölns nach dem Zweiten Weltkrieg. Sie entstand im Zeitraum von 1951 bis 1956."

Demzufolge war die nach einem 1945 gestorbenen christlichen Gewerkschaftsführer und Politiker benannte Siedlung für breite Bevölkerungsschichten und alle Generationen konzipiert. Die Wohnzufriedenheit habe noch in den 1990ern als hoch angesehen werden können.

Umfassende energetische Modernisierung

Nachdem die *Dewog* hier schon jahrelang andere Baumaßnahmen umgesetzt hatte, führte sie von 2015 bis 2019 mit einer EU-Förderung in Höhe von 7,3 Millionen Euro und Partnern wie der Stadtverwaltung und *Rheinenergie* ein großes Projekt unter der Überschrift „Smart City" durch. 16 der Gebäuderiegel wurden energetisch umfassend modernisiert und mit digitaler Technik ausgestattet. Über 90 der 687 beteiligten Wohnungen entstanden durch den parallelen Dachausbau in elf der sechzehn Gebäuderiegel. Grow Smarter hieß das EU-Programm, das in mehreren Ländern Infrastrukturmaßnahmen förderte. Köln war da eine „Leuchtturmstadt".

Rheinenergie installierte auf rund 6000 Quadratmetern Dachfotovoltaik, 41 Luft-Wasser-Wärmepumpen für die ökologische Wärmeversorgung, Fernwärmeanschlüsse und Lade- sowie Leihstationen für elektrische Autos und Fahrräder. Dazu dämmte die *Dewog* Wände und Decken, tauschte Fenster aus, installierte Fahrstühle und machte die Beleuchtung energieeffizienter. Das Ganze ging mit einer digitalen und selbstlernenden Steuerung einher und hat Modellcharakter. „Anhand der Ergebnisse soll geprüft werden, inwiefern sich zukunftsweisende Geschäftsmodelle generieren lassen", schreibt *Rheinenergie* in seinem Internetauftritt. Das Land Nordrhein-Westfalen zeichnete die Siedlung mittlerweile als „Klimaschutzsiedlung" aus, laut *Rheinenergie* ist sie die größte des Landes.

Allerdings halten die von Grow Smarter veröffentlichten Ergebnisberichte auch fest, dass die betroffenen Haushalte die Maßnahmen eventuell erst gut finden, wenn sie eine Energiekostensenkung sehen, die größer ist als die mit den Modernisierungen einhergehende Mieterhöhung. Gute Kommunikation sei da unabdingbar. Wie gut die Kommunikation gelang, und wie die Energieeinsparungen sich für die Haushalte bemerkbar machten, erwähnen die Berichte nicht. Ein Flop scheinen die „Smart Home Systems" gewesen zu sein, die auf Wohnungsebene installiert werden konnten.

Dabei handelte es sich um eine Kombination aus digitalen Steuerungen für die Heizung und anderen Geräten und Sensoren, die etwa die Luftfeuchtigkeit messen und bemerken, ob ein Fenster offen oder geschlossen ist. Dieses Paket wurde allen Haushalten angeboten, aber nur in fünfen angewendet. Die Nutzenden hätten sie immerhin positiv bewertet, wird vermerkt.

Die Berichterstattung zu Grow Smarter scheint allgemein positiv zu sein. Das Projekt gilt nun als Leuchtturm dafür, wie die Energiewende in bestehenden Großsiedlungen gelingen kann. Die veröffentlichten Zahlen klingen gut: Der Kohlendioxidausstoß wurde um über 70 Prozent gesenkt, und der Primärenergieverbrauch in ähnlichem Ausmaß, nämlich von 130 bis 180 Kilowattstunden pro Quadratmeter und Jahr auf 30 bis 40. Die Idee ist ja auch sinnvoll: Durch die Wärmepumpen und Warmwasserspeicher ist die Wärmeversorgung weitgehend auf Strom umgestellt, und der wird zu einem großen Teil auf den Häusern selbst erzeugt, was den Preis senkt. Sogar einen sogenannten Mieterstromtarif bot *Rheinenergie* an, bei dem der unschlagbar billige Strom vom eigenen Dach den Preis senkt. „Partizipation und Nachfrage danach hielten sich in Grenzen, obwohl der Tarif gegenüber den Normaltarifen der Rheinenergie vergünstigt war“, teilt die Firma im Juli 2023 auf die Frage mit, wie die Haushalte eigentlich von den ganzen Maßnahmen finanziell profitiert haben.

Im Juli 2022 war in einem Artikel des Zeitungsnetzwerks *Redaktionsnetzwerk Deutschland* von einer „hohen Akzeptanz des Projekts“ bei den Betroffenen zu lesen. Weiter wurde gelobt:

> „Die Mieten konnten trotz der Aufwertungen der Gebäude auf einem niedrigen Niveau gehalten werden: Sie betragen aktuell 9 Euro pro Quadratmeter, bei Neuvermietung werden 10 Euro genommen.“

Das ist aber nicht die ganze Wahrheit, sondern nur die Nettokaltmiete. Sämtliche Nebenkosten kommen noch drauf. Zudem ist die Bezeichnung „niedriges Niveau“ unangemessen, doch dazu später mehr.

Von hoher Akzeptanz war im November 2019 – also zum Projektende – wenig zu spüren, als die Bewohnerschaft laut der Tageszeitung *Kölner Stadt-Anzeiger* zu einer „Dankeschön-Veranstaltung“ im Bezirksrathaus Mülheim geladen war. Demnach kamen nur 20 Leute. Die hielten der Behauptung der Klimaschutz-Leiterin der Stadtverwaltung, die Mehrheit in der Siedlung sei mit den Modernisierungen zufrieden, Kritik entgegen. Der Eine sagte, er wohne immer noch auf einer Baustelle und könne seinen Heizungsthermostat nicht mehr selbst einstellen. Ein Anderer berichtete, er müsse nun doppelt so viel für die Heizung bezahlen, wohl weil der neue

Zähler noch immer nicht richtig eingestellt sei. Er bemängelte nebenbei, dass die Siedlung keine Apotheke mehr habe.

Protest gegen die Modernisierungen

Schon im Sommer 2019 besuche ich für den *Deutschlandfunk* die Siedlung. Herumgeführt werde ich von Tolga A., der nicht hier wohnt, sich aber für die Mieterschaft engagiert. Der 23-Jährige gehört der politischen Gruppe *Solidaritätsnetzwerk Köln* an, die Angestellte, Erwerbslose und auch Studierende zusammenbringen will, um gemeinsam gegen individuelle und kollektive soziale Probleme kämpfen zu können. Es ist Samstag, dennoch sind Bauarbeiter an einem Haus beschäftigt. Seit 2010 litten die Menschen hier A. zufolge beispielsweise unter Baulärm, zum Teil wegen Gebäudeabrissen, sowie unter Baugerüsten, die sehr lange die Fenster verdeckten und das Lüften stark erschwerten, wobei in manchen Fällen lange Zeit gar nicht auf diesen Gerüsten gearbeitet worden sei. Auch Schimmel soll es häufig gegeben haben, was einer der wenigen Passanten bestätigt. „Bei mehreren Häusern wurden die Haustüren ausgetauscht, es gab dann aber monatelang keine Schlüssel für die neuen" – von solchen und anderen baubedingten Unannehmlichkeiten berichtet A. Die verbaute Elektronik interessiere manche Leute nicht, merkt er an: „Die sagen halt: Wir wollen lieber günstig wohnen, wir wollen diese Umbaumaßnahmen nicht."

Nachdem Betroffene das *Solidaritätsnetzwerk* auf die Probleme aufmerksam gemacht hätten, habe die Gruppe Stammtische vor Ort organisiert, zu denen bis zu 15 Leute gekommen seien, erklärt er. Im April 2018 machten sie eine Kundgebung beim Kölner Rathaus, um gegen Grow Smarter zu protestieren. Ein Video mit Ausschnitten davon steht im Internet. In einer Rede wurde Folgendes gesagt:

> „Ich kann von einer Ford-Arbeiterin erzählen, die 2016 von der Mietsteigerung betroffen war und jetzt in Rente ging. Die hat 30 Jahre dort gelebt. Sie konnte sich ausrechnen, dass sie als Rentnerin die kommende Miete nicht bezahlen kann. Sie hat gebettelt und gebeten, dass man eine Ausnahme macht – dem wurde nicht stattgegeben. Ihr wurde Angst gemacht, dass, wenn sie jetzt nicht geht, sie niemals eine preiswerte Wohnung findet. Die Dewog hat sich da wohl in Einzelfällen auch engagiert, damit das schneller über die Bühne geht, dass die Leute da verschwinden. Aus lauter Angst

und Depression hat sie dem dann doch zugestimmt. Aber für eine Rentnerin ist es nie gut, so weit wegzugehen von ihrem Zuhause."

Energetische Modernisierungen haben den Anspruch, den Energieverbrauch für Heizung und Warmwasser zu senken. Sie sind gesetzlich privilegiert, unter anderem muss während der Umsetzung drei Monate lang keine Mietminderung gewährt werden wie bei anderen Bauarbeiten, die eine Belästigung darstellen. Andere Maßnahmen dürfen ebenfalls auf die Mieten umgelegt werden, wenn sie (zumindest theoretisch) den Wohnkomfort erhöhen. In der Stegerwaldsiedlung wurden beide Varianten gleichzeitig umgesetzt. Aber selbst wenn die energetischen Maßnahmen erfolgreich sind und für einen geringeren Verbrauch sorgen – dass dadurch auch die monatlichen Kosten für die Haushalte sinken, ist nicht gesagt. Die Mieterhöhung wird eventuell nicht wettgemacht, wenn, wie bei Grow Smarter, eine neue Technologie installiert wird, die zwar effizienter und klimafreundlicher, aber pro Energieeinheit teurer im Betrieb ist. Und selbst wenn die Kosten beim Punkt Energie nicht steigen, oder gar sinken – die Kostensteigerungen der anderen Grow-Smarter-Modernisierungen werden durch einen geringeren Energieverbrauch bei weitem nicht ausgeglichen.

Das zeigt sich im Fall einer Wohnung in der Siedlung, wo solche Modernisierungen schon ab 2011, also vor Grow Smarter durchgeführt worden sind. Mir liegt die 2014 von der *Dewog* verschickte Mieterhöhung vor. Da werden vier Posten berechnet: Einbau einer Zentralheizung mit Wärmepumpe, Fassaden- und Kellerdeckendämmung, „Elektro-Teilmodernisierung" und Anbau eines Aufzugs. Es werden auch statistische Werte zur Energieeinsparung genannt. Die Veränderungen an der Elektrik und der neue Aufzug werden damit gerechtfertigt, dass sie angeblich zu einer „Gebrauchswerterhöhung" führen.

Die *Dewog* rechnet dann vor, dass sich die Miete eigentlich um rund 4,30 Euro pro Quadratmeter erhöhen würde, sie verlange aber nur 2 Euro mehr. Die Nebenkostenvorauszahlungen wurden nicht verändert. Die Nebenkosten sanken auch später nicht, oder stiegen sogar an, wie die Abrechnung für 2018 zeigt, die mir vorliegt. Im Sommer 2023 teilt mir der Haushalt die aktuellen Beträge mit. Die Betriebskosten haben sich gegenüber 2014 nur minimal erhöht – was angesichts der nicht unwesentlichen Zusatzkosten durch den Aufzug eher eine gute Nachricht ist –, und die Heizkosten beträchtlich, aber auch das ist nachvollziehbar angesichts der allgemeinen Energieverteuerungen von 2022. Eine nennenswerte Minderung hat es aber auch davor nie gegeben, die 120 Euro Erhöhung der Grundmiete wurden also nicht einmal im Ansatz wettgemacht.

War Grow Smarter da erfolgreicher? Auf meine Anfrage teilt die Pressestelle der Kölner Oberbürgermeisterin im Juli 2023 mit: „Dem Amt für Wohnungswesen liegen dazu keine Erkenntnisse vor." Das Rathaus hat sich gerne im In- und Ausland mit dem Projekt gebrüstet, aber offenbar keine Daten erhoben, inwieweit die betroffene Bevölkerung davon profitiert hat.

Rheinenergie teilt mir mit, dass die *Dewog* bei Grow Smarter die „Kostenneutralität für den Mieter" gewährleisten wollte. Die Heiz- und Warmwasserkosten in den drei Jahren vor Projektbeginn bezifferte die Firma mit 86 Cent pro Quadratmeter und Monat. Diesen Wert hatte sie auf Basis des Gasverbrauchs der Haushalte in der Siedlung ermittelt, die von ihr beliefert wurden. Das waren 70 Prozent aller Haushalte, also eine große Datenbasis. Die so ermittelten Kosten pro Haushalt wurden theoretisch durch die energetischen Modernisierungen nicht erhöht. *Rheinenergie* schreibt mir dazu:

> „Das Thema wurde sehr ernst genommen, und es ist sichergestellt worden, dass die vorgegebene Grenze der 86 Cent pro Quadratmeter eingehalten wurde. Selbst heute, vier Jahre nach Projektende, liegen die Energiepreise noch deutlich unterhalb Marktniveau."

Die ASW schreibt mir dazu: „Als Referenzwert für eine Kostenneutralität galt 0,86 €/pro m². Aktuell liegt der Durchschnitt bei 0,90 €/pro m² in der Siedlung." Was auch immer „aktuell" bedeutet – die Kosten sind demnach nur ein bisschen gestiegen, vielleicht sogar trotz der Energiepreissteigerungen der letzten Zeit.

Ich habe mit zwei Haushalten in einem Gebäuderiegel, der im Zuge von Grow Smarter bearbeitet worden war, gesprochen, die keinen nennenswerten Rückgang der Heiz- und Warmwasserkosten bemerkt haben, seit die Arbeiten an ihrem Haus 2018 endeten. In einem Fall werden mir die Zahlen aus den folgenden Jahresabrechnungen genannt. Die Energie wurde anscheinend nicht teurer, die Modernisierungen haben aber offenbar auch keine finanzielle Ersparnis beim Verbrauch gebracht. Zu einer Mieterhöhung dürfen sie trotzdem führen. Wer Klimaschutz auf diese Weise politisch reguliert, braucht sich nicht zu wundern, wenn das bei Leuten auf Widerstand stößt, für die das Ende des Monats ein drängenderes Problem darstellt als das Ende der Welt.

Ein Milieuschutzgebiet, das nicht nennenswert schützt

Wie im vorangehenden Kapitel gesehen, erzielte die *Dewog* 2020 einen Rekordgewinn, und zwar vor allem erstens wegen Mieterhöhungen bei Neuvermietungen, zweitens wegen Mieterhöhungen nach Modernisierungen und drittens wegen ganzjähriger Auswirkungen von solchen Erhöhungen des Vorjahres. Dass zumindest die Mieterhöhungen nach Modernisierungen (auch aus dem Vorjahr) zum allergrößten Teil auf die Stegerwaldsiedlung entfielen, legt folgender Umstand nahe: Die Summe aller Mietminderungen in Wohnungen der *Dewog* hatte 2019 noch 105.000 Euro betragen, 2020 aber nur noch 11.000 Euro. Die Erklärung:

> „Dies ist in der Hauptsache darauf zurückzuführen, dass aufgrund der abgeschlossenen Modernisierungsarbeiten in der Stegerwaldsiedlung keine Mietminderungen mehr gewährt werden mussten."

Wegen der Modernisierung erlaubte die Stadt Köln eine Mietsteigerung auf knapp zehn Euro nettokalt pro Quadratmeter. Die *Dewog* erhöhte aber nur auf maximal neun Euro und legte zudem fest, dass die Mieterhöhung bei keiner Wohnung mehr als 120 Euro pro Monat betragen durfte. Tolga A. gesteht das der Firma zu. „Aber wir können die Preise hier nicht mit dem allgemeinen Kölner Mietniveau vergleichen", hält er fest. „Man muss die Preise mit den Einkommen der Menschen vergleichen, die hier wohnen."

Ein Großteil der Stegerwaldsiedlung war ab 1996 das einzige sogenannte Milieuschutzgebiet Kölns, erst 2019 wurde ein zweites ausgerufen. Das bedeutet, dass die Bevölkerungsstruktur als besonders angreifbar gilt. Hier wohnen überdurchschnittlich viele arme (und alte) Menschen. Wegen der anstehenden gesetzlich vorgeschriebenen Überprüfung der Notwendigkeit des Milieuschutzes legte die Stadtverwaltung dem Stadtrat im Jahr 2022 sozialstrukturelle Zahlen vor. Demnach leben im Milieuschutzgebiet etwas über 3000 Betroffene in knapp 1500 Wohnungen. Die ASW schreibt auf meine Anfrage, es seien einschließlich der neuen fast 100 Dachwohnungen rund 1370 Wohnungen.

Laut der Vorlage der Stadtverwaltungt liegt der Anteil der Menschen mit Migrationshintergrund im geschützten Teil der Siedlung über 71 Prozent. Der Kölner Durchschnitt beträgt demzufolge etwas über 40 Prozent, im Bezirk Mülheim knapp 45 Prozent. In den Kategorien Grundsicherung im Alter und Sozialhilfe für Menschen vor dem Rentenalter lagen keine Werte für das Milieuschutzgebiet vor, weshalb die Werte des Stadtteils angesetzt wurden. Sie liegen ebenfalls jeweils mehr als 60 Prozent über dem

Kölner Durchschnitt, und auch weit über dem Wert im gesamten Bezirk Mülheim.

Wie wurden die Bedürftigen bei Grow Smarter geschützt? Die Stadtverwaltung begrenzte die neue Höchstmiete auf knapp zehn Euro nettokalt pro Quadratmeter, allerdings nur für fünf Jahre, wie sie mir mitteilt. Warum wurde so eine hohe Miete erlaubt? Die erste Antwort darauf lautet:

> „Orientierungspunkt war die durchschnittliche Miete von 7,00 €/m² (der Mietzins lag nach Auskunft der *Dewog* bei den beantragten Gebäuden zwischen 6,532-7,339 €/m²) vor der Modernisierung."

Das ist keine Erklärung. Auf mein Nachhaken heißt es wieder:

> „Im Rahmen der vertieften Untersuchung wurde die durchschnittliche Wohnungsgröße ermittelt sowie die durchschnittliche Mietbelastung. Dem folgend wurde im Rahmen des Projekts Grow Smarter 9,97 €/m² als zumutbare Mietbelastung errechnet."

Auch das ist keine Erklärung. Die 9,97 Euro sind dabei nur ein Durchschnittswert, wie die Pressestelle des Rathauses erläutert. Gegenüber dem Ausgangsdurchschnittswert von 7 Euro wurde also eine Mieterhöhung von fast 3 Euro für in Ordnung befunden – ein Anstieg um 42 Prozent, bezogen auf die Nettokaltmiete.

Für das Führungspersonal im Kölner Rathaus ist das also „zumutbar". Die dem zugrundeliegende Mentalität drückt sich auch in einem Brief aus, den die Stadtverwaltung im August 2023 an Haushalte in der Siedlung schickte, um zur Mitarbeit an der Befragung aufzurufen, die für die Verlängerung des sogenannten Milieuschutzes durchgeführt werden muss. Ein solches Schreiben liegt mir vor. Da ist zu den Zielen der sogenannten Erhaltungssatzung zu lesen:

> „Damit sollen insbesondere Luxussanierungen und Modernisierungen verhindert werden, die zu erheblichen Mietsteigerungen führen können. Das gilt auch für Vorhaben, die gemäß der Bauordnung Nordrhein-Westfalen genehmigungsfrei sind. Die Stadt prüft, ob durch die beabsichtigten Maßnahmen nachteilige Auswirkungen auf die Zusammensetzung der Bevölkerung zu befürchten sind."

Demzufolge ist der Anstieg von 7 auf fast 10 Euro Quadratmetermiete keine „erhebliche Mietsteigerung".

Anfang 2019 führte die Bundesregierung durch das sogenannte Mietanpassungsgesetz einen Schutzmechanismus in Paragraf 559 des Bürgerlichen Gesetzbuches ein. Seitdem darf eine Modernisierung in den folgenden 6 Jahren zu einer Mieterhöhung von maximal 3 Euro pro Quadratmeter führen. Bei einer Ausgangsmiete von unter 7 Euro sind es 2 Euro. Die Stadt Köln hatte offenbar auch bei Quadratmetermieten unter 7 Euro einen Anstieg um 3 Euro erlaubt, denn von zwei unterschiedlichen Deckeln ist nirgendwo die Rede. Zudem deckelte sie die Mieten nur für fünf Jahre, eines weniger als im späteren Gesetz. Zu berücksichtigen ist dabei, dass aufgrund der ständigen und politisch erwünschten Geldentwertung (weil das so ein hässliches Wort ist, benutzen die Diskursherrschenden lieber das Fremdwort Inflation) 3 Euro im Jahr 2014, als wohl die Bedingungen für Grow Smarter festgelegt wurden, mehr Wert waren als 2018, als das neue Gesetz gemacht wurde. Das Kölner Rathaus agierte also weniger sozial als die generell eher dem Immobilienkapital zugeneigte Merkel-Regierung.

Nach welchen Gesichtspunkten und rechtlichen Bestimmungen entschied die Stadtverwaltung all das? Warum genehmigte sie überhaupt sämtliche Maßnahmen? Auch dazu erhalte ich zwei Mal nicht ganz klare Antworten. Zunächst listet die Pressestelle die Maßnahmen der „gebrauchswerterhöhenden Modernisierung“ auf: „Anbau von Balkonen und Aufzügen, Elektromodernisierung, Herstellung von Rampen in Eingangsbereichen.“

Die seien milieuschutzrechtlich bedenklich, da sie „zur Gefahr der Verdrängung der ansässigen Bevölkerung führen können“ und „über die zeitgemäße Ausstattung durchschnittlicher Wohnungen hinausgehen“. Die Aufzüge waren trotz des Dachgeschossausbaus nicht vorgeschrieben. Um der Verdrängungsgefahr entgegenzuwirken, wurde laut Pressestelle die temporäre Mieterhöhungsbegrenzung verordnet – die Nettokaltmiete durfte ‘nur’ um 42 Prozent steigen. Die Mietobergrenze gilt übrigens nicht, wenn eine der modernisierten Wohnungen neu vermietet wird, und auch nicht für die über 90 neuen Dachgeschosswohnungen, die im Zuge der Arbeiten errichtet wurden. Das ist relevant angesichts der Aussage der Stadtverwaltung, dass es nicht darum gehe, ob die „von einer konkreten Baumaßnahme betroffenen Bewohner*innen tatsächlich verdrängt werden“, sondern die Verdrängungsgefahr bestehe „insbesondere im Hinblick auf eine Vorbildwirkung, die sich durch die Modernisierung von baulichen Anlagen im Erhaltungsgebiet einstellen kann“. Die Stadt genehmigte also Maßnahmen, die sie nicht genehmigen musste, die aber die Häuser aufwerten, und sie akzeptierte sofortige beträchtliche Mieterhöhungen. Langfristig erhöhen höhere Mieten und attraktivere Häuser die ortsübliche Vergleichsmiete und damit auch die bestehenden Mieten. Das gilt umso mehr, als erstens in der Siedlung ein hoher Prozentsatz der Häuser betroffen ist, was die ortsübliche Vergleichsmiete also relativ stark beeinflusst, und zweitens nach fünf Jahren die von der Stadt installierte Preisbremse in den modernisierten Häusern wegfällt. Der schleichende Wandel der Bevölkerungsstruktur zumindest in ökonomischer Hinsicht ist damit vorprogrammiert, und genau dem soll ein Milieuschutzgebiet eigentlich entgegenwirken.

Panikmache in der Armensiedlung

Gerade im einzigen Milieuschutzgebiet der Stadt Modernisierungen und ein Smart-City-Leuchtturmprojekt durchzuführen, was unweigerlich beträchtliche Mietsteigerungen nach sich zieht, mag überraschen – umso mehr bei einer Hauseigentümerin mit hohem sozialem Anspruch. Die ASW deckelte die Mieten zwar zunächst bei 9 statt 9,97 Euro pro Quadratmeter, doch sie wollte die Siedlung systematisch finanziell aufwerten. Das zeigt schon eine Bachelorarbeit, die 2016 an der Universität Bonn im Fach Geografie vorgelegt wurde und die sich mit dem kurz zuvor erfolgten Bau von 14 Reihenhäusern in der Stegerwaldsiedlung beschäftigt. Darin wird auch der Kölner Immobilienmarkt betrachtet und etwa festgehalten:

> „Die Verkaufspreise für Baugrundstücke im Ein- und Zweifamilienhaus-Segment sind seit dem Jahr 2000 von durchschnittlich 256 €/m² auf 400 €/m² im Jahr 2015 angestiegen."

Der Stadtteil Mülheim stelle aber trotz seiner zentralen Lage eine Ausnahme dar. Zur Stegerwaldsiedlung wird angemerkt: „Durch die Veränderungen in der Umgebung besteht ein hohes Aufwertungspotenzial." Zusammengenommen bedeutet das: Der Baugrund in guter Lage ist billig, die Gegend dürfte aber an Attraktivität gewinnen – also eine verlockende Investitionsmöglichkeit. Die ASW baute und vermarktete die neuen Reihenhäuser dann als „Stadthäuser" in einem „PionierQuartier". Die Bachelorarbeit hält fest:

> „Der Name 'PionierQuartier' sollte auf die Aufwertungsprozesse in und um die Siedlung verweisen. Da es sich um eine einfache Lage handelt, in der momentan Aufwertungsprozesse stattfinden und die Entwicklungen noch nicht genau absehbar sind, sollten mit dem Namen explizit Pioniere angesprochen werden."

Diese Erläuterung basiert auf einem für die Bachelorarbeit geführten Interview mit einem leitenden Angestellten der ASW. Er sagte darin auch, die Firma habe hier nicht weitere Mietwohnungen bauen wollen, um in die

Siedlung, die früher einen schlechten Ruf gehabt habe („wo die Mülltonnen in Anführungszeichen brannten"), andere Bevölkerungsgruppen zu bringen.

Das scheint ein Auftrag, oder zumindest im Sinne des Erzbistums Köln gewesen zu sein. Im April 2018 fand eine der Protestkundgebungen gegen die Erhöhung der Mieten durch die Modernisierungen statt. Der Ortsverband Köln der Kommunistischen Partei veröffentlichte bei seinem Online-Bericht davon ein Foto, auf dem ein Protestbanner zu sehen ist, das eine Passage aus dem Internetauftritt des Erzbistums Köln dokumentiert. Sie lautet:

> „Von Seiten der Wohnungsbaugenossenschaft wird die Bevölkerungsstruktur der Stegerwaldsiedlung als problematisch angesehen. Daher sind 2010 erste Sanierungsmaßnahmen getroffen worden, die einer Aufwertung der Gebäude dienen und eine differenzierte Sozialstruktur der Wohnbevölkerung fördern sollen."

Die Gruppe *Solidaritätsnetzwerk Köln* stellte mir einen Screenshot dieser Passage im Internetauftritt des Bistums zur Verfügung. Der Online-Text, der mit „Baugenossenschaft" wohl die *Dewog* meint, ist seitdem verändert worden. Bei Abfassen dieses Buches ist die Seite nur mit Passwort zugänglich, aber 2019 war an selber Stelle lesbar:

> „Aufgrund der Sanierungsmaßnahmen und Aufstockungen vieler Häuser seitens der Wohnungsbaugenossenschaft und der damit verbundenen Aufwertung der Gebäude verändert sich die Bevölkerungsstruktur der Stegerwaldsiedlung. Die neuen Mieter/innen sind häufig in Wohngemeinschaften lebende Student/innen und finanziell gut gestellte Familien."

Mission erfolgreich, lässt sich da sagen. Die noch im Vorjahr gewünschte Aufwertung und die „differenzierte Sozialstruktur", also ein teilweiser Bevölkerungsaustausch, wurden erreicht. Auch ein Bericht der Friedrich-Ebert-Stiftung, der Parteistiftung der SPD, von einer Exkursion in die Siedlung hält im Juni 2023 fest: „Die soziale Durchmischung des Wohnviertels soll durch die Verbindung aus Sozial-, Miet- und Eigentumswohnungen erreicht werden."

In diesem Bericht wird, wie schon im erwähnten Artikel vom *Redaktionsnetzwerk Deutschland*, behauptet, die Betroffenen seien mit Grow Smarter zufrieden gewesen, und die Mieten hätten niedrig gehalten werden können. Auch sonst klingt er wie von der *Dewog* verfasst, und tatsächlich teilt mir eine Projektverantwortliche bei der Stiftung mit: „Wir hatten über unsere Exkursion hinaus keinen intensiven Einblick in das Projekt.“

Erläuterungen der im Text aufgestellten Behauptungen liefert sie auch auf Nachfrage nicht. Stiftung und Zeitungen haben also die *Dewog*-Propaganda übernommen.

Zurück zu den Online-Texten zur Sozialstruktur der Stegerwaldsiedlung: Das örtliche sogenannte Familienzentrum des Bistums, bei dessen Online-Profil sie erschienen sind, bezog sich in der Textversion von 2018 auch noch ausführlich auf eine soziologische Großstudie. Dabei wurde ausgeführt:

> „Unter dem Stichwort der Sozialraumanalyse soll hier nicht verschwiegen werden, dass die Kriminalstatistik laut Auskunft der Polizei hier stark unterdurchschnittliche Fallzahlen aufweist. Dies widerspricht der oft geäußerten Einschätzung der älteren Mitbürger.“

Kaum Kriminalität, aber die Bevölkerungsstruktur wurde dennoch als problematisch angesehen? Warum? Das Erzbistum Köln antwortete mir dazu 2019 schriftlich:

> „Die Seiten der Katholischen Familienzentren werden nicht von uns redaktionell gepflegt. Daher können wir zu den dort veröffentlichten Online-Inhalten nichts sagen.“

Das ist eine sehr seltsame Aussage, schließlich untersteht das Familienzentrum dem Erzbistum. Dass die Stegerwaldsiedlung unter einem schlechten Image stärker leidet als unter Kriminalität, legt auch die erwähnte Bachelorarbeit nahe. Da wurden sechs Haushalte interviewt, die in die neuen Reihenhäuser gezogen waren. Eines der Paare berichtete,

> „dass sie sich vor der Kaufentscheidung mit dem schlechten Image der Siedlung auseinandergesetzt und mit Freunden gesprochen haben, die ihnen vom Kauf des Reihenhauses in der Siedlung abgeraten hätten. Nach mehrmaligen Begehungen konnten sie sich jedoch ein eigenes Bild machen und empfanden die Umgebung als sicher und angenehm.“

Erwähnt wird dabei übrigens auch:

> „Besonders häufig wurden auch die Aufwertungsprozesse im Umfeld und in der Stegerwald-Siedlung angesprochen. Alle Gesprächspartner/innen gaben an, dass die Entwicklungen rund um die Siedlung die Kaufentscheidung begünstigt haben. Dabei ging es vor allem um den zukünftigen Wert des Gebäudes. Die verschiedenen

> Aufwertungsprozesse, die bereits in und um die Siedlung durchgeführt wurden, sowie die geplanten Maßnahmen und städtebaulichen Entwicklungen trugen zur Kaufentscheidung eines Reihenhauses bei.“

Eine Bewohnerin wird mit den Worten zitiert: „Uns war grundsätzlich klar, das hat uns die Aachener auch so vermittelt, dass hier ein großer Wandel stattfinden wird in den nächsten Jahren.“

Bauarbeiten, Mietminderungen, Rauswurf

Problematisch waren in der Stegerwaldsiedlung nicht nur die vielen Modernisierungen und der erwünschte direkte (siehe die in der Kundgebungsrede erwähnte Neu-Rentnerin) oder indirekte Bevölkerungsaustausch. Auch der Umgang der *Dewog* mit einer Mieterin, die schon vor Grow Smarter für größere Mietminderungen wegen Bauarbeiten kämpfte, nahm hässliche Züge an. Tolga A. erzählt:

> „Roswitha M. wurde ein bisschen mehr belastet, als andere, weil ihre Wohnung saniert wurde, gegenüber erst der Penny-Markt abgerissen wurde und dann Neubauten hingepflanzt wurden, und auf der Rückseite das Gleiche. Sie hat den Lärm von vorne, von hinten und in ihrer eigenen Wohnung mitbekommen.“

Die Genannte bestätigt mir das. Drei Jahre lang sei ihr Alltag immer wieder von zum Teil sehr lauten Baumaßnahmen beeinträchtigt worden.

Tolga A. berichtet zudem, dass in vielen Wohnungen die neuen Stromleitungen und Wasserrohre nicht in den Wänden eingelassen wurden, sondern in einer Ecke über Putz verlegt und dann mit Trockenbau ummantelt wurden. Dadurch ging Platz verloren. „Die Wohnungen hier sind wirklich klein“, führt er aus. „Roswitha musste ihre Garderobe wegschmeißen, weil die eine Maßanfertigung war und dann im kleinen Flur keinen Platz mehr hatte.“

Wegen diverser Unannehmlichkeiten verringerte M. eigenmächtig die Mietzahlungen immer wieder um mehr als die 20 Prozent, die die *Dewog* allen Haushalten grundsätzlich für die Dauer der Bauarbeiten zugestanden hatte. Als der Fehlbetrag so hoch war wie zwei Monatsmieten, kündigte die *Dewog* aus diesem Grund das Mietverhältnis. Das ist in Deutschland legal. Die Mieterin erhielt vor Gericht dann zwar teilweise Recht. Die Berufungsinstanz rechtfertigte im November 2018 einen Teil der von ihr gemachten

Mietminderungen, und legte in den restlichen Fällen fast immer höhere Minderungen fest, als die *Dewog* zugestanden hatte. Doch an der Rechtskraft der Kündigung änderte das nichts. Die Mieterin verlor ihre Wohnung, weil sie – wie viele Menschen – nicht wusste, wie eine Mietminderung juristisch korrekt zu erfolgen hat.

Noch hässlicher wurde der Fall, weil die *Dewog* die Frau gegenüber dem Gericht als aufrührerisch darstellte. Das Landgericht Köln schrieb ihr dann in seinem Urteil eine „in querulatorischer Art durchgeführte Interessenverfolgung" zu, mit der sie die Nachbarschaft „aufwiegeln" wollte, und weigerte sich deshalb, eine Räumungsfrist zu gewähren. Meiner Frage, was da vorgefallen war, wich die ASW 2019 aus.

Roswitha M. musste im Alter von 66 Jahren die Wohnung verlassen, in der sie 15 Jahre lang gewohnt hatte. Da sie in Köln nach eigener Aussage keine Wohnung fand, zog sie ins Umland.

Aufwertung für den Markt, nicht für die Mietenden

Vielleicht wäre M. weniger in Sachen Protest engagiert gewesen, wenn der erwähnte Supermarkt Penny gegenüber ihres Hauses einen anderen Nachfolger gehabt hätte. Das zentral in der Siedlung gelegene Geschäft war gerade für ältere Menschen wichtig, wie aus einem Artikel des *Kölner Stadt-Anzeigers* von Oktober 2012 über die Schließung hervorgeht. Darin bezeichnet ein Passant den Supermarkt sogar als einzigen Treffpunkt in der Siedlung. Penny schloss den Laden, weil er sich wegen eines billigeren Supermarktes gleich neben der Stegerwaldsiedlung nicht mehr rentiert habe. Laut *Dewog* wollte keine andere Kette da einziehen, weil 600 Quadratmeter Ladenfläche mittlerweile als zu klein gälten. Dann zählt im Artikel ein 77-jähriger ehemaliger Ladenbetreiber die Geschäfte auf, die es früher in der Siedlung gegeben habe. Bis in die 1980er-Jahre sei die Versorgungslage gut gewesen. Nun waren einige Ladenlokale verwaist, auch die Sparkasse war weg. „Eine Apotheke, eine halbtags geöffnete Bäckerei und der Discounter – das sei alles, was die Stegerwaldsiedlung noch zu bieten habe", zitierte die Zeitung den Rentner. Und das bei einer Wohnbevölkerung von mehr als 3000 Menschen in einem Gebiet in Insellage. Die Diagnose auch des damaligen Bezirksbürgermeisters: zu geringe Kaufkraft.

Was macht nun ein soziales Wohnungsunternehmen in so einer Situation mit einem leeren Supermarkt, der ihm wahrscheinlich seit Jahrzehnten gehört, also seine Baukosten eingespielt haben dürfte? In diesem Fall lautet die Antwort: Es reißt ihn ab und errichtet Reihenhäuser, um eine neue Klientel anzuziehen. Die in der Bachelorarbeit von 2016 analysierten 14 Reihenhäuser wurden genau hier gebaut. Schon in der Beschreibung der Siedlung, die der Analyse vorangeht, ist festgehalten: „Die Nahversorgung ist relativ gering. Es befinden sich lediglich ein Discounter, ein Kiosk und eine Bäckerei in der Siedlung."

Bei der Auswertung der sechs Interviews mit in den Reihenhäusern lebenden Menschen wurde ebenfalls angemerkt:

> „Kompromisse wurden bei der Wohnstandortentscheidung für die Reihenhäuser in der Siedlung hinsichtlich der Nahversorgungssituation gemacht."

Wie erwähnt, kritisierte bei der Abschlussveranstaltung zu Grow Smarter 2019 ein Bewohner, dass die Siedlung über keine Apotheke mehr verfügt. Und im Bericht der Friedrich-Ebert-Stiftung zur erwähnten Exkursion 2023 wird ein gern hier lebender Bewohner mit den Worten zitiert: „Es fehlt an Basics wie Cafés oder einer Bäckerei."

Der erwähnte sogenannte Zwischenbericht der Stadtverwaltung von 2022 zur Überprüfung der Notwendigkeit der Erhaltungssatzung beginnt mit historischen Ausführungen zur Ausrufung des Milieuschutzgebiets. Demnach wurde 1994 „eine umfangreiche Haushaltsbefragung" durchgeführt. Ein Ergebnis:

> „Bei der Umfrage wurde festgestellt, dass insbesondere die vielen dort lebenden älteren Menschen mit langer Wohndauer auf die Siedlung und ihre Infrastruktur angewiesen sind."

Unter der Überschrift: „Bestandsaufnahme" heißt es später im Dokument:

> „Das Angebot zur Versorgung der Bevölkerung mit Waren des täglichen Bedarfs ist in den vergangenen Jahren durch die Aufgabe verschiedener Nutzungen im Bereich des Nahversorgungszentrums Stegerwaldsiedlung an der Adam-Stegerwald-Straße und der Deutz-Mülheimer Straße gesunken. Im Süden des Nahversorgungszentrums befindet sich inzwischen stattdessen ein großflächiger Lebensmitteldiscounter."

Bei der konkreteren Beschreibung des Gebiets lautet einer der Stichpunkte:

> „Nahversorgung der Bevölkerung mit Waren und Dienstleistungen in kurzer Entfernung von der Wohnung nur durch einen Lebensmitteldiscounter, Kiosk, Zahnarzt und Geldautomat gegeben, qualitative Defizite."

Nun können wir ein Gedankenexperiment machen. Die ASW schüttete in den Jahren 2010 bis 2012 – also in der Zeit, als der Supermarkt kündigte und schon Ladenlokale leerstanden – nach eigener Aussage „jährlich knapp drei Millionen Euro" Gewinn an ihre Gesellschafter aus. Da dem Kölner Erzbischof 41,5 Prozent der Firma gehören, erhielt er demnach rund 1,2 Millionen Euro pro Jahr. Die durchschnittliche Wohnungsmiete betrug wenige Jahre später 7 Euro pro Quadratmeter. Gewerbemieten sind oft teurer als Wohnungsmieten, nehmen wir in diesem Fall der Einfachheit halber einen Wert von um die 10 Euro pro Quadratmeter an. Dann hätte der Supermarkt mit 600 Quadratmetern rund 6000 Euro Miete pro Monat gezahlt. Wenn die *Dewog* nun nur noch einen Euro pro Quadratmeter genommen hätte, hätte sich mutmaßlich der Betrieb eines Supermarktes oder anderer Gewerbe in der Siedlung gelohnt, schließlich wohnen da über 3000 Menschen. Damit hätte die Vermieterin in diesem einen großen Gebäude – wo statt eines Supermarkts auch mehrere kleinere Gewerbe hätten unterkommen können – 5400 Euro pro Monat weniger Einnahmen erzielt, pro Jahr also rund 65.000 Euro. Dem Bischof hätte es wohl nicht weh getan, wenn sein Millionengewinn um diese Summe gemindert worden wäre – umso weniger, wenn dadurch in einer mit christlichen Grundgedanken für ärmere Leute errichteten Siedlung die Nahversorgung mit Dingen des täglichen Bedarfs ermöglicht worden wäre, zumal die mieterhöhende Errichtung von Aufzügen mit dem zunehmenden Alter der Bevölkerung gerechtfertigt wurde und kurze Wege für alte Menschen essenziell sind.

Dewog und ASW legten sich nicht für eine Aufwertung des Viertels im Sinne der dort schon lebenden Menschen ins Zeug. Sie freuen sich stattdessen – offenbar gestützt vom Erzbistum und der Stadtverwaltung – in Kölns lange Zeit einzigem Milieuschutzgebiet über eine finanzielle Aufwertung in Form von steigenden Boden- und Mietpreisen und nehmen eine Vertreibung von Haushalten zumindest billigend in Kauf.

2.3 Die Aachener Schimmelwohnungsgesellschaft

2.3.1 Eine Mieterin, die partout nicht lüften will

Der jahrelange Kampf der Kölnerin Aysel Alkan Walter
für ein Wohnen in Würde

Aysel Alkan Walter hat bis 2023 jahrelang immer mal wieder Fotos von etlichen Stellen in ihrer Kölner Wohnung gemacht. Sie klebte dabei DIN-A-4-Blätter an die Wände, auf die sie handschriftlich das jeweilige Datum geschrieben hatte, um den Zeitpunkt zu dokumentieren. Die alleinerziehende Mutter frönt aber nicht dem grassierenden Online-Exhibitionismus. Im Gegenteil – für ihre Wohnung hat sie sich all die Jahre geschämt. Die Fotos zeigen immer wieder, wie sich an den immer gleichen Stellen Schimmel entwickelte. Die *Dewog*, der die Wohnung gehört, hat das nie sonderlich beeindruckt. Der Streit um den Schimmel und die von ihm verursachten Schäden ist mehrmals juristisch eskaliert.

2021 kommt Aysel Alkan Walter (AAW) durchaus erfolgreich in die Medien. In einem Video, das die Gruppe *Solidaritätsnetzwerk Köln* für sie produziert hat, führt sie nach dem Zeigen schwarzer Streifen und Flecken in Flur, Badezimmer und Küche in ihr „Schmuckstück", wie sie zynisch sagt: das eigentliche Kinderzimmer. Sofort ist eine schwarzgrün eingefärbte obere Zimmerecke zu sehen, von der sich die unansehnlichen Schlieren sowohl nach unten als auch an der Decke die Kanten entlang ziehen. „Hier unten schön an den Leisten: schwarz, grün, gelb", führt AAW aus. „Das ist normalerweise das Zimmer von meinem Sohn, aber wie man sehen kann, kann er hier drin nicht leben."

Kurz darauf ist auch das Regionalfernsehen des Westdeutschen Rundfunks in der Wohnung. „In der Küche: ein langer Schimmelstreifen", hält die Reporterin zum Bild vom senkrechten Streifen fest, der genau da ist, wo auf der anderen Seite der Wand im Badezimmer ein ähnlicher Streifen zu sehen ist. „Laut Dewog heize und lüfte sie auch hier nicht richtig." AAW ist erbost: „Wie kann es sein, dass ich hier falsch lüfte, und der Schimmel kommt von oben nach unten? Weder hier in der Ecke, noch da in der Ecke, noch da in der Ecke ist Schimmel." Die Vermutung: ein defektes Rohr. Das bestätigt dem WDR auch die Vertreterin der Wohnungsaufsicht der Stadt Köln, die sich die Wohnung kurz vorher angeschaut und die Feuchtigkeit in den Wänden gemessen hatte. Die *Dewog* will kein Interview geben und wiederholt ihre Position schriftlich: AAW heize und lüfte falsch. „Ich höre auch von anderen Mietern in der Stegerwaldsiedlung, dass sie Schimmel in der Wohnung haben", hält die Reporterin fest. „Niemand möchte vor die Kamera."

Auch Zeitungen berichten 2021 über den Konflikt, der vor Gericht verhandelt wird, weil die *Dewog* AAW mal wieder gekündigt hat. „Insbesondere im Kinderzimmer wird die Schimmelbildung durch den nicht funktionierenden Heizkörper begünstigt", zitiert der *Kölner Stadt-Anzeiger* im Mai die Pressesprecherin der Stadtverwaltung.

Obwohl die *Dewog* während der WDR-Recherchen schrieb, sie sei „an einer einvernehmlichen Lösung interessiert und gesprächsbereit", klagte sie weiter, und es dauerte nochmal über ein Jahr, bis es zu einer Lösung kam. Der Konflikt war da schon über sieben Jahre alt, und er endete mit Aysel Alkan Walters Auszug.

Immer wieder Schimmel

Im Dezember 2013 zog die damals 30-jährige AAW mit ihrem Sohn im Kindergartenalter in die 51-Quadratmeter-Wohnung in der Stegerwaldsiedlung. Nach eigener Darstellung meldete sie 2015 Schimmel.

> „In den folgenden zwei Jahren hat die *Dewog* mehrfach den von mir gemeldeten Schimmel von Malern überstreichen lassen", erzählte sie laut Redemanuskript bei einer Kundgebung 2021. „Der Schimmel ist immer wieder an den gleichen Stellen ausgebrochen. Mein Sohn ist zwischen 2015 und Mitte 2019 immer wieder von mir über einen längeren Zeitraum zu meiner Mutter gebracht worden. Seit 2019 ist mein Sohn dauerhaft dort. Auch ich bin mehr bei meinen Eltern als zu Hause."

2016 hätten an ihrem Haus die Modernisierungsarbeiten wegen Grow Smarter begonnen. Als das Haus eingerüstet war, sei der Schimmel stärker und in mehreren Zimmern aufgetreten. Fotos davon habe die *Dewog* mit der Aussage quittiert, AAW solle besser lüften. Sie selbst habe die Flecken mit Schimmelreiniger behandelt und der *Dewog* zur Vermeidung langer Streitigkeiten angeboten, in eine andere Wohnung zu ziehen.

Im Januar 2018 bezahlte AAW die Firma *Baupartner GmbH* für ein Feststellungsgutachten. Das Gutachten sprach von erheblicher Feuchtigkeitsbildung (40 bis 50 Prozent) sowie teilweise zersetztem Putz im Kinderzimmer, und erörterte als Ursache Kältebrücken an der „Außenecke", die immer so stark befallen war. Bloßes Überstreichen helfe da nicht. Inwieweit AAWs Lüftungsverhalten dazu beigetragen hatte, sei unklar, festzuhalten sei aber, „dass der Objektzustand für die Mängel kausal ist". Der Raum könne jedenfalls „nicht als Wohn- oder Schlafraum genutzt werden", schreibt der berichtende Ingenieur mit Ausrufezeichen. Auch im Küchenbereich bestehe „erhebliche Gesundheitsgefahr". Am Ende des Gutachtens folgen Empfehlungen – Dämmung von Treppenhauswand und Keller, Erneuerung des Putzes an mehreren Stellen –, ohne die „eine Sanierung im Inneren zwecklos" sei. Der letzte Satz lautet: „Mietkürzungen bis hin zur vollständigen Aufgabe der Wohnung sind anzuraten."

Der Hinweis zur Sanierung im Inneren bezog sich vielleicht darauf, dass AAW wegen Grow Smarter kurz darauf in eine Ersatzwohnung ziehen musste. Erst nach einem halben Jahr konnte sie wieder in die modernisierte Wohnung zurückziehen. Die *Dewog* behauptete, der Schimmel sei nun nachhaltig beseitigt worden, ein unabhängiger Sachverständiger habe das überprüft.

Doch schon kurz nach dem Wiedereinzug stellte die Mieterin nach eigener Aussage im September 2018 wieder Schimmel in der Küche fest. Wieder habe ein Maler ihn überstrichen. Nun minderte AAW eigenmächtig die Miete. Ein wichtiger Grund dafür war auch, dass die Heizung im Kinderzimmer immer noch nicht richtig warm wurde. In diesem Herbst und Winter habe ihr Kind im Wohnzimmer oder in ihrem Schlafzimmer geschlafen, 2019 sei es ganz zu seinen in der Nähe wohnenden Großeltern gezogen.

Im März 2019 folgte ein Streit über ein tropfendes Rohr im Keller. AAW schüttete nach eigener Aussage drei Mal innerhalb von zwei Monaten einen Fünf-Liter-Eimer aus. Sie kritisiert, dass ihr der Keller wegen der Modernisierungsarbeiten zeitweise gekündigt worden sei, und dass zwar neue Rohre zu sehen, aber nicht alle alten ausgetauscht worden seien. Ab Dezember 2019 minderte AAW wieder die Miete, denn die Heizung im Kinderzimmer wurde immer noch kaum warm, und der Schimmel sei wieder sichtbar geworden.

Im Frühjahr 2020 hängte ein von der *Dewog* beauftragter Gutachter Messkästen in der Wohnung auf, laut AAW auch draußen am Kinderzimmerfenster. Er kam laut der Mieterin zu dem Schluss, dass der Schimmel von schlechtem Lüften und Heizen bedingt sei. Sie weist demgegenüber darauf hin, dass die Heizung im am stärksten belasteten Raum nicht wirklich funktionierte, und dass sie zudem an den Wochenenden, wo die Feuchtigkeitsmesswerte am höchsten ausgefallen seien, meistens gar nicht zu Hause gewesen sei. Ein Grund dafür war, dass sie eine Ausbildung zur Krankenpflegerin begonnen hatte und schon Wochenenddienste hatte. Diese Ausbildung führt die dauererzürnte Mutter auch immer wieder als Gegenargument zu den ständigen Vorwürfen seitens der *Dewog* an, sie könne nicht richtig lüften: Ihr werde im Krankenhaus eingeschärft, wie wichtig Lüften sei, schließlich arbeite sie auch auf der Sonderstation mit Opfern des neuartigen Coronavirus, das besonders stark über die Atemluft übertragen wird.

Im November 2020 kam es im Badezimmer zu einem Wasserschaden, wegen dem AAW nach eigener Aussage im darunterliegenden Keller Eigentum verlor, das ihr nie ersetzt worden sei. Dabei hielt die *Dewog* sogar selbst fest, dass im Keller unter der Wohnung „große Mengen Wasser" festgestellt wurden. AAW legt Fotos von Wasser auf dem Kellerboden vor, in einem Kellerverschlag ist zwischen Gegenständen sogar Schimmel auf den Boden zu sehen. Der von der *Dewog* geschickte Handwerker sagte, am Abfluss der Badewanne seien Schrauben gelockert worden, wodurch er undicht gewesen sei. AAWs ehemaliger Schwiegervater, der Wasserinstallationsmeister ist und den porösen Dichtungsring beim Termin mit dem *Dewog*-Handwerker sehen konnte, bestreitet das. Laut einer schriftlichen Stellungnahme von ihm kaufte er anderthalb Wochen nach der Schadensmeldung selbst ein Ersatzteil und baute es ein.

Im Januar 2021 besuchte ein leitender Angestellter der ASW zusammen mit einem Anwalt die Wohnung, nachdem AAW wieder Fotos von Schimmel geschickt hatte. Ans Gericht, das mit der auf verschiedenen Vorwürfen beruhenden Kündigungsklage befasst war, schrieb der Anwalt im Februar, der Schimmel sei nicht gebäudebedingt. Im selben Monat besuchte er mit zwei Handwerkern wieder die Wohnung. Im März schrieb er ans Gericht, der Heizungstechniker habe festgestellt, „dass der Heizkörper im Kinderzimmer keinen Defekt aufweist". Bis er wirklich warm wird, dauere es eben „eine gewisse Zeit". Sprich: AAW heizt nicht richtig, weil sie zu blöd ist, zu warten bis die Heizung warm wird. Der Anwalt fügte eine Übersicht über die Messwerte des Heizungsverbrauchs in jedem Raum aus den

Jahren 2018 und 2019 bei. Demzufolge waren die Werte im Wohnzimmer oder dem mütterlichen Schlafzimmer mindestens sieben Mal so hoch wie in Küche oder Badezimmer, und immer noch mindestens drei Mal so hoch wie im Kinderzimmer. Das beweise, dass die Mieterin diese drei immer wieder schimmelbelasteten Räume zu wenig beheize. Allerdings ist das überhaupt kein Beweis, denn das Badezimmer ist nur drei, die Küche nicht mal sechs Quadratmeter groß – da wird also logischerweise kaum geheizt, es handelt sich um keine Aufenthaltsräume. Und dass im Kinderzimmer nur geringe Heizwerte auftraten, passte zum einen zum immer wieder erhobenen Vorwurf, die Heizung funktioniere kaum, und zum anderen zum Umstand, dass das Kind sich wegen des Schimmels kaum oder gar nicht mehr dort aufhielt.

Doch schon im Juni 2019 hatte die *Dewog* gegenüber dem Gericht – da hatte AAW eine Klage eingereicht – bestritten, dass die Heizung im Kinderzimmer im Oktober 2018 ausgefallen und das Zimmer dadurch unbenutzbar geworden sei. Sie bestritt auch, dass das Kind wegen einer Gesundheitsgefahr woanders wohnen musste. Zu all dem lieferte sie aber keine Erläuterungen.

Die Fronten verhärteten sich immer mehr. Die *Dewog* kündigte zum wiederholten Mal das Mietverhältnis und lehnte auch weiterhin Vergleichsvorschläge zur Beendingung der juristischen Auseinandersetzungen ab. Im April 2021 erhielt AAW ein ärztliches Attest, demzufolge sie eine „psychosomatische Störung“ habe und auf Schimmel „allergisch mit Atembeschwerden“ reagiere. Zur Zuspitzung des Konflikts trug bei, dass sich die Wohnungsaufsicht des Kölner Rathauses jahrelang nicht eingeschaltet hatte.

Endlich wird die Wohnungsaufsicht aktiv

AAW wandte sich nach eigener Aussage spätestens 2018 an die Stadtverwaltung. Bevor sich jemand zuständig fühlte, sei sie von städtischen und Landesbehörden hin- und herverwiesen worden, berichtet sie. Doch erst im Januar 2021, einen Monat nach neuerlicher Kontaktaufnahme per E-Mail (die mir vorliegt), ging die Wohnungsaufsicht auf das Thema ein und meldete sich zwecks Terminvereinbarung. Und erst Mitte April kam jemand sich die Wohnung anschauen. Auf meine Fragen, wann die Stadtverwaltung in den Vorjahren welche Meldung von AAW erhalten hatte, und warum die schimmelgeplagte Wohnung nicht vor April 2021 – also fünf Monate nach der neuerlichen Meldung – in Augenschein genommen wurde, antwortet mir die Pressestelle des Rathauses zum einen, sie nenne mir wegen des Datenschutzes keine Daten (was Unfug ist), und zum anderen:

> „Solche Ermittlungen nehmen eine gewisse Zeit in Anspruch. Diese Ermittlungen konnten zunächst mittels technischer Einschätzung aufgrund von vorgelegtem Fotomaterial durchgeführt werden. “

Logisch: Ermittlungen und technische Einschätzungen zu Schimmel in einer Wohnung nehmen eine gewisse Zeit in Anspruch, wenn man nicht zu dieser Wohnung geht. Diese schwache Antwort und die teilweise Auskunftsverweigerung legen den Verdacht nahe, dass die Wohnungsaufsicht ihrer Aufgabe nicht gerecht geworden war.

Anfang Mai 2021 legte das Amt für Wohnungswesen eine „technische Stellungnahme“ auf Basis der Wohnungsbesichtigung vor. Neben Fotos wurden dafür mit einem elektrischen Gerät Feuchtigkeitsmessungen an Wänden und Decken gemacht. Auch diese Fotos zeigen schwarzen Schimmel, der sich schon im Flur in streckenweise vielen Zentimetern Breite die Eckkanten entlang zieht. Der senkrechte Schimmelstreifen im Bad wird ebenso dokumentiert, zusammen mit der abblätternden Farbe an der Decke. „Analog“ dazu der Schimmelstreifen in der Küche an derselben Wand. Im Kinderzimmer dann „massive Schimmelbildung“ vor allem in den Kanten, die Fotos zeigen eine von verschiedenfarbigem Befall fast schon eingerahmte Längswand. Zur Heizung hält der Bericht fest:

> „Während der Ortsbesichtigung, die 50 Minuten dauerte, waren alle Heizkörperventile ganz aufgedreht. Der Heizkörper im Kinderzimmer blieb vollkommen kalt, während die anderen Heizkörper der Wohnung heiß wurden.“

Keine zwei Monate vorher hatten der *Dewog*-Anwalt und sein Techniker hingegen behauptet, die Heizung funktioniere nach einer gewissen Wartezeit. Die ASW teilte mir noch im Juni, anderthalb Monate nach Erstellung der städtischen technischen Stellungnahme mit:

> „Mehrere Funktionsprüfungen durch ein Handwerksunternehmen ergaben, dass die Heizung einwandfrei funktioniert.“

Das Fazit der Wohnungsaufsicht: Der Schimmelstreifen in Bad und Küche „könnte auf eine undichte Rohrleitung hinweisen“, der Schimmel in Kinderzimmer und Flur an den Wänden zum Treppenhaus lasse auf „eine großflächige Wärmebrücke“ schließen, und der „nicht funktionierende Heizkörper begünstigt“ die Schimmelbildung. Zum Schluss wird „dringend empfohlen“, all diesen Vermutungen durch Untersuchungen der Bausubstanz nachzugehen, was zum Teil mit „zerstörenden Maßnahmen“ einhergehen müsste.

Marode Rohre auch nach der Modernisierung

Zwei Tage nach der Besichtigung durch die Wohnungsaufsicht kam es zu einem neuen Zwischenfall. Unter anderem Tolga A. von der Gruppe *Solidaritätsnetzwerk* war dabei, als AAW beim Nachhausekommen feststellte, dass das Küchenwaschbecken übergelaufen war, und im Badezimmerwaschbecken das Wasser nicht ablief. AAW rief den im Hausflur angegebenen Notdienst, und ein Klempner kam. Was er berichtete, soll sehr aufschlussreich gewesen sein und wird von AAWs Lebensgefährten, der einen anderen Wohnsitz hat, bezeugt.

Demzufolge wies der Klempner, der die Siedlung von anderen Einsätzen kenne, darauf hin, dass unter AAWs Wohnung Abwasserrohre aus den anderen Teilen des Gebäuderiegels zusammenkommen. Das Gebäude hat fünf Eingänge, und AAW wohnte in der Mitte. Anscheinend fließt das Abwasser von beiden Seiten in die Mitte.

„Bei Grow Smarter wurde das Rohr aus dem benachbarten Gebäudeteil in meinen erneuert“, erläutert AAW mit einem entsprechenden Foto aus dem Keller. „In meinem Keller allerdings, unter meiner Wohnung, ist ein Rohr, das direkt unter meinem Badezimmer verläuft und nicht erneuert wurde.“ Und dieses Rohr sei es gewesen, das im März 2019 so stark getropft hatte, dass AAW eine ganze Weile lang einen Eimer darunterstellte, was sie der *Dewog* meldete. Dasselbe Rohr sei betroffen gewesen, als im November 2020 der Wasserschaden von ihrem Badewannenabfluss ausging, wobei ein Handwerker unterstellte, AAW habe am Abfluss Schrauben gelöst.

AAW zeigt Fotos aus dem Keller, die offenbar am späten Abend des 18. April 2021 aufgenommen worden sind, also im Anschluss an den Einsatz des Notfallklempners wegen der Überschwemmung in der Küche. Zu sehen sind lange, offenbar neue rote Rohre entlang von Wänden, aber auch ein altes braunes, wo nicht nur hier und da die Beschichtung abgeplatzt ist, sondern offenbar auch Rost vorliegt. So ein altes braunes Rohr ist an einer anderen Stelle sogar mit einem neuen roten verbunden.

„Der Klempner sagte, dass von diesem alten Rohr die Verstopfung ausging“, erzählt AAW. „Sie war so fest, dass das Wasser in Küche und Bad nicht ablief, beziehungsweise nach oben kam. Als er den starken Schimmelbefall unter der Küchenspüle sah, führte er ihn auf dieses Abwasserrohr zurück."

Unter dem Küchenwaschbecken, verdeckt von einem Schränkchen, war der Schimmel besonders stark, wie Fotos zeigen. Da blühten zeitweise neben dem schwarzen Streifen grüngelbe Kulturen. Es war das untere Ende des Streifens, der sich senkrecht bis an die Decke zog. Dass er parallel zu einem Wasserrohr in der Wand, das ihn begünstigte, verlief, war offensichtlich. Nach Ansicht des Klempners, so AAW und ihr Lebensgefährte, sei die Ursache für den Schimmel an dieser Stelle das im unteren Teil verstopfte Rohr. Wenn da permanent Wasser steht, gibt es irgendwann Löcher. Dasselbe könnte die Ursache für den maroden Dichtungsring unter dem Badewannenabfluss gewesen sein, der im November 2020 zum Wasserschaden geführt hatte, bei dem AAW in ihrem Kellerabteil Schäden erlitt.

Die Mieterin kann sich nun auch besser erklären, warum es 2017 in der benachbarten Wohnung drei Überschwemmungen gegeben hatte. „Eine davon entdeckte ich selbst, weil das Wasser unter der Wohnungstür nach draußen floss", erinnert sich AAW. „Ich meldete es der Feuerwehr, die dann über das Baugerüst in die Wohnung einstieg." Die Feuerwehr kann zu so lange zurückliegenden Ereignissen ohne konkrete Datumsangabe nichts sagen.

Unabhängig von den genauen Ursachen für dieses und jenes entsteht der Eindruck, dass bei Grow Smarter zwar viel an den Häusern gemacht wurde, und den betroffenen Haushalten eine Wohnwertsteigerung versprochen – und in Rechnung gestellt – wurde, aber nicht gewissenhaft alle alten Rohre überprüft wurden. AAW zog in eine frisch gedämmte Wohnung mit neuer, innovativer Heizungsanlage, digitaler Steuerung, neuen senkrechten Kabelschächten durchs ganze Haus sowie einer Solaranlage auf dem Dach zurück, aber die Rohre wirken zum Teil nach wie vor wie aus den 1950ern. Und der Schimmel war ungefähr zeitgleich mit ihr ebenfalls zurück.

Gerichtliches Schimmelgutachten

Im August 2021 beschloss das Amtsgericht Köln, angesichts der im Lauf der Jahre uneinheitlichen Gutachten zu den Schimmelursachen ein eigenes einzuholen. Im November lieferte der Sachverständige es ab.

Auch hier zeigen die Fotos aus dem Kinderzimmer die mal grüngelben, mal schwarzen großen Schlieren vor allem in einer oberen Zimmerecke, die sich stark nach unten und zur Seite ausgedehnt haben, begleitet von großflächigem schwarzen Gesprenkel auf ein paar Quadratmetern der Wände. Die Wärmebildaufnahmen zeigen klar, dass die schimmligen Bereiche deutlich kälter waren. Sie zeigen auch die Kaltwasserleitung in der Wand zwischen Küche und Badezimmer, die genau dort verläuft, wo der dicke Schimmelstreifen von der Decke bis runter zu den Anschlüssen des Waschbeckens verläuft, unterbrochen nur durch die Fliesen auf Oberkörperhöhe. Im Badezimmer wird an mehreren Stellen Schimmel dokumentiert, im Flur die üblichen großen Flecken ebenfalls. Allerdings schloss der Gutachter für alle Räume außer der Küche einen gebäudebedingten Schimmelbefall aus, weil er keine „pathologischen Wärmebrücken in der Bausubstanz“ fand und die Wände laut elektronischer Messung trocken waren.

Das Gutachten liefert aber Daten, die über den Untersuchungsauftrag hinaus Anlass zu Kritik an der *Dewog* geben. So ist darin festgehalten: „Im Vergleich zur Heizung des Kinderzimmers zeigt die thermografische Aufnahme der Badezimmerheizung deutlich höhere Werte an.“

Im Badezimmer war die Heizung an ihrem wärmsten Punkt 47,4 Grad warm, im Kinderzimmer nur 24,9 Grad. Mit letzterem Wert kann ein Zimmer kaum auf die 20 Grad Mindesttemperatur gebracht werden, wie es für einen Wohnraum in Deutschland vorgeschrieben ist. Das Gutachten hält in seiner allgemeinen Einleitung fest, dass 20 Grad auch erreicht werden müssen, um Schimmel zu vermeiden. Laut Gutachten herrschten während der Messungen draußen 9,5 Grad, und im Kinderzimmer 18,7 Grad. Das legt die Befürchtung nahe, dass bei Minusgraden draußen das Zimmer in die Nähe von Kühlschranktemperaturen kommt. Selbst wenn hier kein Gebäudemangel permanent zu Schimmel führt, wie der Gutachter sagt, kann es andere Ursachen dafür gegeben haben, wie einen Rohrbruch, wonach sich dann die Schimmelsporen in weitere Räume verteilen. Wenn wie im Kinderzimmer und im Flur, in dem es keinen Heizkörper gibt, die Möglichkeiten fehlen, den Schimmel komplett zu vernichten, steht das in der Verantwortung der Vermieterin, die zum einen zumindest im Fall des Kinderzimmers jahrelang die Heizung nicht reparieren wollte, und zum anderen keine nachhaltige Schimmelbeseitigung durchführte.

Denn letzteres war bezüglich des Kinderzimmers eine Erkenntnis des Gutachters, die nicht ins Gutachten eingeflossen ist. Aysel Alkan Walters Anwalt Michael Biela-Bätje, der bei der Wohnungsuntersuchung anwesend war, hielt in einer langen kritischen Stellungnahme zum Gutachten fest:

> „Der Sachverständige fragte im Ortstermin zweimal den anwesenden Mitarbeiter der Klägerin [die *Dewog*], ob hier neu verputzt wor-

> den sei. Dies wurde jeweils bejaht. Nachdem der Sachverständige mittels Schraubenzieher die Oberfläche des Putzes in einer Tiefe von ca. 1 cm freigelegt hatte, teilte er jedoch mit, dass er doch sähe, dass noch der alte Putz vorhanden sei. Mithin sei kein neuer Putz vorhanden.“

Die *Dewog* hatte aber stets behauptet, dass im Zuge der Modernisierungsarbeiten, wegen denen AAW 2018 ein halbes Jahr in einer anderen Wohnung leben musste, der Schimmel nachhaltig beseitigt worden sei, was der „öffentlich bestellte und vereidigte Sachverständige Kai Schulz“ überprüft habe. Wenn Schimmelsporen im Putz sind, hilft eine nur oberflächliche Entfernung oft nicht – vor allem, wenn nicht mal richtig geheizt werden kann.

Die Dewog bestand weiterhin auf den gleichzeitig fristlosen und fristgerechten Kündigungen, die sie im Lauf der Jahre ausgesprochen hatte. Sie lehnte laut AAW sogar einen vom Gericht gewünschten Vergleich ab.

Als die Entscheidung des Gerichts zum Umgang mit dem neuen Gutachten noch ausstand, geschah der entscheidende Schritt zur Beendigung des Rechtsstreits Anfang Dezember 2022 vor einem Restaurant in der Kölner Innenstadt, in dem *Dewog* und ASW ihr Weihnachtsessen veranstalteten. Die Gruppe *Solidaritätsnetzwerk Köln* organisierte dort nämlich einen Protest und „nahm die ankommenden *Dewog*-Beschäftigten feierlich in Empfang“, wie sie in ihrem Internetauftritt berichtete. Dabei verteilte sie nicht nur Flugblätter:

> „Ebenfalls im Gepäck: leckere Schnittchen, die das Schimmelproblem in Aysels Wohnung treffend veranschaulichten. Da waren zum einen Schnittchen mit Schimmelkäse, die eine verblüffende Ähnlichkeit mit den Wänden im Kinderzimmer von Aysels Sohn aufwiesen, der aufgrund des Schimmelbefalls seit Jahren bei seinen Großeltern lebt. Zum anderen reichten wir Frischkäse-Schnittchen, die mit ihrer weißen Farbe zeigten, wie Wände in einem Mietobjekt eigentlich aussehen sollten. Zahlreiche Beschäftige reagierten geschockt auf Aysels Fall. Im Verlauf der Aktion kam die *Dewog*-Geschäftsführung aus dem Restaurant und war zu einem Gespräch bereit.“

Wenige Tage später bestätigte der *Dewog*-Anwalt, dass die Firma doch einem Vergleich zustimmte. Beide Seiten einigten sich darauf, dass AAW bis Ende Mai 2023 ausziehen sollte, bis dahin die Miete um 20 Prozent mindern durfte, 3000 Euro Mietschulden (die wegen der jahrelangen und zum Teil hohen eigenmächtigen Mietminderungen aufgelaufen waren) in Raten abzahlen durfte und ansonsten alle Ansprüche gegeneinander verfielen.

Ich habe den langen Konflikt hier bei weitem nicht in allen Aspekten dargestellt. Ich bin nicht eingegangen auf die Möbel, die AAW wegen Schimmels wegwerfen musste und nach eigener Darstellung nur zum Teil von der *Dewog* ersetzt bekam; auf die jahrelangen Bemühungen der Mieterin, ohne juristischen Streit mit Fotos und persönlichen Gesprächen eine nachhaltige Schimmelbeseitigung zu erwirken; auf die Unannehmlichkeiten durch die Großbaustelle und die Umzugsmodalitäten; auf die während der Modernisierungsarbeiten beschädigten Wohnungstüren; und auch nicht auf den persönlichen Umgang des *Dewog*-Personals mit AAW.

Festzuhalten bleibt, dass *Dewog* und ASW gerne allgemein ihre soziale Unternehmenskultur (so steht es in jedem Jahresbericht) und darüber hinaus ihre guten Absichten in sozialer und ökologischer Hinsicht beim Projekt Grow Smarter loben, aber bezüglich der für die betroffenen Haushalte alltagsrelevanten Dinge wie der grundlegenden Infrastruktur eher gleichgültig sind. AAW legt Fotos und ein Video vom Tag ihres Auszugs vor, die einen tropfenden Heizkörper samt Verfärbung, die nach Korrosion aussieht, zeigen.

Die ASW ist meiner Anfrage zu diesem ganzen Konflikt ausgewichen. Auf vier konkrete Fragen schickte sie einen kurzen Text, der keine davon beantwortet, und fälschlicherweise behauptet:

> „Mehrere unabhängige gerichtlich angeordnete Gutachten bescheinigen einen Schimmelbefall vorwiegend aufgrund von fehlerhaftem Heiz- und Lüftungsverhalten der Mieterin.“

Es gab aber nur ein gerichtlich angeordnetes Gutachten, und das hatte diese Frage gar nicht zu beantworten. Vielmehr stellte der Gutachter die Schuld der Mieterin mutmaßend in den Raum, weil er keine Gebäudemängel für den Schimmel verantwortlich machte.

Da die ASW auf meine Fragen nicht eingegangen ist, bestreitet sie nicht, dass AAW schon 2016 Schimmel meldete und im Januar 2017 Fotos davon schickte; dass am Tag ihres Auszugs, dem 31. Mai 2023, die Wand um den Wasseranschluss in der Küche herum schimmelte und eine Heizung tropfte, wie auf Fotos zu sehen ist; dass bei den Modernisierungsarbeiten im Wohnungsflur wie in offenbar allen betroffenen Wohnungen ein Kabel- und Rohrschacht einschließlich zweier Sicherungskästen errichtet und mit Trockenbau ummantelt wurde, ohne dass der Verlust an Wohnfläche die Miete gemindert hätte; und dass die Firma tatsächlich wegen des Straßenprotests bei ihrer Weihnachtsfeier dem Vergleich zustimmte, der den Konflikt beendete.

Über Jahre hinweg haben die Verantwortlichen von *Dewog* und ASW implizit behauptet, dass die Mieterin lieber jahrelang mit zum Teil großflächigem und offensichtlich ungesundem Schimmel in der Mehrzahl ihrer Wohnräume lebt; lieber ihrem Kind das eigene Zimmer und irgendwann durch Umzug zu den Großeltern die ganze Wohnung nimmt, also auch seine Kontakte zur Mutter einschränkt; lieber über Jahre hinweg lange Briefe schreibt, auch an Behörden; lieber jahrelange Rechtsstreitigkeiten einschließlich Gerichtsverfahren führt; und lieber immer wieder Kündigungen in Kauf nimmt, als einfach mal angemessen zu lüften und zu heizen.

2.3.2 Konstanten und Dunkelziffern

Wasserschäden und Schimmel treten in so einigen Kölner Häusern der ASW auf

Der im vorangegangenen Kapitel geschilderte Fall mit Schimmel- und Rohrproblemen ist offenbar nicht einzigartig, sondern aufgrund des Engagements der betroffenen Mieterin Aysel Alkan Walter (AAW) nur besonders gut dokumentiert. Sie hat ähnliche Probleme auch in anderen Wohnungen der Stegerwaldsiedlung festgestellt, gerade auch im eigenen Haus.

Wohnungsaufsicht ignoriert Mängelanzeige

An dem Tag, an dem die städtische Wohnungsaufsicht ihre eigene Wohnung auf Schimmelursachen überprüfte, konnte AAW sich nach eigener Aussage in der benachbarten Wohnung umschauen. Dort wohnte eine Frau mit einem Kleinkind, die kaum Deutsch sprach. Was AAW dort erfuhr, teilte sie in einem Schreiben mit Datum 18. April 2021, das mir vorliegt, der Wohnungsaufsicht mit. Die Pressestelle des Rathauses bestreitet auf meine wiederholten Fragen dazu immerhin nicht, dass dieser Brief eingegangen ist.

In diesem Schreiben berichtet AAW, dass die Nachbarin an „genau den gleichen Stellen den Schimmel wie ich“ habe, nämlich im nach außen liegenden Raum, der bei AAW das Kinderzimmer war. Sie putze den Schimmel immer selbst weg und habe schon „mehrfach bei der *Dewog* angerufen und Bescheid gesagt“.

Auf Fotos, die dem Schreiben beigelegen haben sollen, ist zudem sichtbar, dass unter der Wohnungstür ein mehrere Zentimeter breiter Spalt ist. Darunter zieht es logischerweise, die Nachbarin beklage dementsprechend einen ständigen Wärmeverlust. Die Fotos zeigen auch auf jeder Seite des Türrahmens, der ebenfalls ein paar Zentimeter über dem Boden aufhört, ganz unten eine angeschraubte Metallplatte. Deren nach unten über den Türrahmen hinausragende Kante sei so scharf, dass sich ein Kind daran verletzen könne, meint AAW. Das Kleinkind könnte mal seine Hand in den Spalt unter der Tür stecken und sich dann an dem Metall am Türrahmen schneiden, so ihre Befürchtung. „Wenn Sie sich kurzfristig selbst vor Ort überzeugen wollen, stehe ich gerne zur Verfügung“, endet AAW. Doch das Amt für Wohnungswesen wollte nicht.

Auf meine Anfrage im Sommer 2023 zu besagtem Schreiben, die ich zusammen mit Fragen zu AAWs Konflikt schicke, antwortet mir die Pressestelle des Rathauses:

> „Zu anderen Wohnungen, die ggfs. ebenfalls von einer ähnlichen Problematik betroffen sein könnten, liegen dem Amt für Wohnungswesen keine Anzeigen von Mieter*innen vor.“

Warum stellt das Beschwerdeschreiben mit seinen Ausführungen und Fotos keine Anzeige dar? Welche Anforderungen stellt die Wohnungsaufsicht an eine Anzeige, wenn dieses Schreiben nicht genügen soll? Darauf antwortet die Pressestelle wieder:

> „Wie bereits mitgeteilt, sind keine weiteren Anzeigen von Mieter*innen bekannt. Es wurde daher kein weiteres Verfahren eröffnet.“

Ich frage ein drittes Mal: Was muss getan werden, damit für Sie eine Anzeige von Wohnungsmängeln vorliegt? Nun endlich eine verständliche Antwort:

> „Die Anzeige kann formlos über verschiedene Kanäle (z.B. E-Mail, Post, etc.) erfolgen. Grundsätzlich muss aber die betroffene Mietpartei selbst einen Mangel anzeigen, die Mitteilung über Dritte genügt nicht. Ausnahmen bestehen z.B. in Betreuungssituationen oder Fällen, in denen die Mietpartei sich nicht mitteilen kann (erhebliche Sprachbarrieren, etc.).“

Nicht nur hatte die Wohnungsaufsicht AAW – die sich in ihrem Brief als Kontaktperson angeboten hatte – das nicht mitgeteilt. Sie ignorierte offenbar folgende Sätze im Schreiben der Mieterin:

> „Die Familie ist afrikanischer Abstammung. Ich spreche ab sofort auch den Rassismus an.“

Da schreibt also die Nachbarin einer alleinerziehenden Mutter afrikanischer Abstammung, die möglicherweise in Deutschland erhebliche Sprachbarrieren hat, einen mit Fotos angereicherten Bericht über dauerhafte Schimmelprobleme im Lebensumfeld eines Kleinkindes, inakzeptablen

Wärmeverlust durch eine wohl nicht gängigen Wohnstandards entsprechende Wohnungstür sowie ein potenzielles Verletzungsrisiko fürs Kleinkind durch Metallplatten an der kaum akzeptablen Tür, und die städtische Wohnungsaufsicht reagiert nicht.

Der ASW hat dazu angeblich „keine Erkenntnisse", wie sie mir schreibt, werde sich aber „den Sachverhalt anschauen".

Noch eine ähnliche Wohnung, wieder ähnliche Probleme

AAW wurde auf einen weiteren Fall aufmerksam, der Gemeinsamkeiten mit ihrem aufweist. In einem anderen Teil des Gebäuderiegels, in dem sich ihre Wohnung befand, traten in der Wohnung in derselben Erdgeschosslage ähnliche Probleme auf.

Mehrere Jahre nach ihrem Einzug sei Schimmel erstmals während der großen Modernisierungsarbeiten aufgetreten, berichtet die Mieterin Hülya K. Sie habe Möbel, darunter ein vom Schimmel grün eingefärbtes Bett, entsorgen müssen, aber von der *Dewog* keine Entschädigung dafür bekommen. Die Firma habe aber immerhin die Behandlung der Wand zum Treppenhaus – dieselbe wie die chronische Schimmelwand bei AAW – mit einer Chemikalie bezahlt. Und wie bei AAW habe sie das betroffene Zimmer bis zur Modernisierung nie warm bekommen, merkt K. an.

Im Dezember 2020 erlitt sie einen Wasserschaden in der Küche. „Der Schimmel hatte schon Innenwände von Hängeschränken befallen", erzählt die Mieterin. „An der Wand war er schon richtig dick, in den Schränken waren es schwarze Punkte. Die Verwalterin sagte, ich solle die Schränke wegwerfen. Die Kosten würde die *Dewog* aber nicht übernehmen." Die Mieterin ließ die Sache auf sich beruhen. Die ASW teilt mir dazu mit:

> „Es gab einen Wasserschaden in der darüberliegenden Wohnung, wodurch es auch bei der darunterliegenden Wohnung zu einem leichten Wasserschaden gekommen ist."

Wegen der beschädigten Küchenschränke müsse sich die Mieterin an ihre Hausratversicherung wenden. Das ist eine fragwürdige Haltung, denn nicht jeder Mensch hat so eine Versicherung.

Die alleinerziehende Mutter hatte wie AAW auch immer mal wieder andere Probleme im Haus. 2021 sei in ihren Keller eingebrochen worden, berichtet sie im Sommer 2023. Das Schloss habe die *Dewog* immer noch nicht erneuert. Im August 2022 meldete sie einer zuständigen Verwalterin, dass ihr Briefkastenschloss zerstört worden war, wie eine E-Mail zeigt.

Keine Reaktion, sie tauschte das Schloss drei Wochen später selbst aus. Die ASW-Sprecherin teilt mir zu diesen beiden Themen mit:

> „Bezüglich des Kellerraums und des Briefkastens liegen mir keine Erkenntnisse vor, wir werden die Mieterin diesbezüglich kurzfristig kontaktieren."

Die besagte E-Mail an die persönliche Adresse einer für das Haus zuständigen Verwalterin fand also offenbar keinen Eingang in irgendeine Akte, oder wurde sogar gelöscht, denn ich habe der *Dewog* die E-Mail-Adresse und das Datum der Schadensmeldung genannt.

Schimmel unter der Badewanne? Falsch gelüftet!

Eine weitere Mieterin in der Stegerwaldsiedlung, die seit Jahren über Schimmel klagt, ist Sabine G. Schon 1999 trat an der Kinderzimmerwand zum Badezimmer Schimmel auf, berichtet sie. Auf Anraten der Hausverwaltung habe sie Möbel umgestellt, und das habe auch geholfen. Seit 2015 trete der Schimmel aber immer wieder an der Badezimmerdecke auf. „Da wurde mir von der *Dewog* nur immer wieder gesagt: Besser lüften!", erzählt die Mieterin. „Ich mache den Schimmel selbst weg. Wir haben auch schon mal drübergestrichen."

Nachbarn im Erdgeschoss hätten 2012 einen Wasserschaden gehabt, wegen dem sie sogar zeitweilig ausziehen mussten, erzählt G. „Mein Keller liegt unter der Wohnung, ich musste einige Dinge wegschmeißen", hält sie fest. „Eine andere Nachbarin im Erdgeschoss hatte im Lauf der Jahre mehrere Wasserschäden zu beklagen. Das Laminat ist mehrfach durchnässt gewesen."

Im Juni 2023 legt G. ein aktuelles Foto von ihrer Badezimmerdecke vor. Es wird erst mal nicht so recht klar, welche Farbe die Decke eigentlich haben soll, denn zu sehen ist eine Mischung aus rundlichen Flächen, die weißer sind als die Wände und sich mit bräunlichen und schwärzlichen Flächen abwechseln. Auch eine der Wände ist auf dem kurzen Stück von der Decke bis zum Beginn der Fliesen schwarzbraun gesprenkelt.

Kurz davor hat G. die Ankündigung einer Mieterhöhung zu August bekommen, eine Anpassung an die ortsübliche Vergleichsmiete. In ihrer Antwort erwähnt sie, dass sie mal wieder Schimmel zu beklagen hat. Die Antwort der *Dewog*, die mir vorliegt: „Ein Schimmelbefall in Ihrer Wohnung ist uns nicht bekannt." Ein Techniker und ein Hausmeister könnten aber bald vorbeischauen.

Die Mieterin nimmt in ihrer Replik kein Blatt vor den Mund: „Es ist eine Lächerlichkeit, beziehungsweise Lüge, dass Ihnen ein Schimmelbefall bei mir nicht bekannt ist.“ Schließlich seien der Techniker und der Hausmeister erst wenige Tage vorher genau deswegen „zum wiederholten Mal“ dagewesen.

> „Das vorletzte Mal sah der Schimmel genauso aus, da haben Sie immer noch wie seit Jahren behauptet, ich würde nicht richtig lüften.“

Beim letzten Termin hätten die Beiden immerhin versichert, die darüberliegende Wohnung zu überprüfen, denn der Schimmel trete immer überwiegend über ihrer Badewanne auf – also unter der darüberliegenden. Sie hätten darüber hinaus nur angeboten, wieder jemanden zum Streichen zu schicken. Die Mieterin fährt fort:

> „Daher bitte ich Sie nochmal wie seit sieben Jahren, endlich den Schimmel fachmännisch zu entfernen.“

Doch wie schon seit sieben Jahren passiert das nicht. „Das Bad wurde letzte Woche zwei Mal mit Anti-Schimmel-Farbe gestrichen“, berichtet G. im Juli. Ob die *Dewog* wirklich die Wohnung über ihr überprüft hat, weiß sie auch im September bei Abschluss der Recherche für dieses Buch nicht. Ende September schreibt mir die ASW dazu:

> „Derweil versuchen wir weiter die grundsätzliche Ursache zu klären und zu beheben. Wir gehen davon aus, dass eine Undichtigkeit im Wannenablauf der darüber liegenden Wohnung ursächlich ist. Bisher haben wir jedoch keinen Zugang zu der darüber liegenden Wohnung bekommen.“

Weitere kaputte Rohre in der Bruder-Klaus-Siedlung

Nicht nur in der Stegerwaldsiedlung gibt es solche Beschwerden. In der nahegelegenen Bruder-Klaus-Siedlung gehören der *Dewog* ebenfalls einige Häuser. In einem der Gebäuderiegel in der Von-Galen-Straße – die nicht ganz so lang sind wie viele in der Stegerwaldsiedlung – wohnt Carmen R. seit 2013, und ihre Erfahrung mit der Vermieterin ist: „Alles ist ein Kampf. Sie interessieren sich nicht fürs Objekt, sondern nur fürs Geld.“

Im Frühjahr 2021 habe eine Freundin bei ihr übernachtet und vor dem Einschlafen ein Plätschern oder Rauschen gehört, berichtet sie. Die Vermutung, dass irgendwo ein Rohr leckt, wurde dadurch verstärkt, dass kurz darauf der Haushalt darunter von Feuchtigkeitsflecken an Wänden berichtet habe. Ein Jahr später sei es dort dann zur Katastrophe gekommen: „Ich habe selbst die weggeworfenen Küchenmöbel gesehen“, berichtet R. „Da war das Wasser die Wände heruntergelaufen, haben die Nachbarn mir gesagt.“ Da die Ursache in ihrer Wohnung vermutet wurde, sei im Juli 2022 ein Klempner gekommen, der aber nichts gefunden habe. R. selbst habe wenige Tage später eine Verfärbung am Wasseranschluss in der Küche gesehen, der auch die Waschmaschine speist. Im Lauf von Monaten seien verschiedene Handwerker gekommen und hätten ein bisschen was gemacht, aber ohne den vermuteten Rohrbruch hinter ihrer Küchenwand zu beheben. Erst im Dezember sei das erfolgt, erzählt die frustrierte Mieterin. Einer der Handwerker habe ihre Möbel von den Wänden weggerückt, wo dann auch Schimmel sichtbar geworden sei. In all diesen Monaten habe sie den Wasseranschluss in der Küche nicht genutzt. Ein Teil ihrer Küchenmöbel sei durch das Verrücken kaputt gegangen, sie habe aber nie Schadenersatz bekommen. Im Keller des Hauses habe es im März 2023 ebenfalls einen Rohrbruch gegeben, hält R. fest.

Die ASW schreibt mir dazu:

> „In dieser Siedlung gab es mehrere Wasserschäden, die mittlerweile alle ordnungsgemäß behoben wurden. Zeitweise waren mehrere Mietparteien betroffen. Leider kam es zu Verzögerungen in der Behebung, weil die Mietenden nicht erreichbar waren und wir somit keinen Zutritt zu den Wohnungen hatten, in denen der Rohrbruch passiert ist.“

Im März 2022 zeigte Carmen R. zum wiederholten Mal Lärmbelästigungen durch eine offenbar psychisch gestörte Nachbarin an. Sie minderte daraufhin die Miete und erhielt deswegen nach kurzer Zeit eine Mahnung einschließlich der Androhung gerichtlicher Schritte. Obwohl R. per Anwalt die Mietminderungen begründete, schickte die *Dewog* zweieinhalb Monate später die Kündigung, ohne auf das Anwaltsschreiben geantwortet zu haben. Dabei hätten sich mehrere Haushalte über Lärm aus verschiedenen Wohnungen beschwert, sagt R. „Es war extrem, ich war sogar beim Arzt deswegen“, erzählt die 65-Jährige. Die *Dewog* ließ die Kündigung dann im Sande verlaufen.

R. ist dennoch sehr enttäuscht: „Ich bin Christin, und für mich ist Respekt ein Teil des Glaubens.“ Die *Dewog* hingegen antworte meistens nicht auf ihre Anliegen.

So widersprach R. im Februar 2023 der im Oktober verschickten Nebenkostenabrechnung für 2021 – ohne Erfolg. Sie bemängelt unter anderem, dass immer noch dem ganzen Haus „Kabelgebühren“ in Rechnung gestellt werden, für jede der zwölf Wohnungen rund 43 Euro jährlich. „Das Kabelfernsehen wurde vor Jahren abgeschafft“, empört sich die Mieterin. In der im Juni 2023 verschickten Betriebskostenabrechnung für 2022 ist der Posten wieder enthalten. Diesmal habe die *Dewog* immerhin eine Prüfung ihrer Beschwerde zugesagt. Zu diesem Zeitpunkt im August hatte ich bereits eine Anfrage dazu gestellt. Die ASW antwortet darauf:

> „Das Problem liegt offenbar beim Kabelanbieter. Bei einer Prüfung durch einen Elektroinstallateur am 18.08.2023 hat sich die Vermutung bestätigt. Mit dem Kabelanbieter sind wir im Austausch und tun alles für eine zeitnahe Lösung.“

Zeitnahe Lösungen sind auch laut Carmen R.s Anwalt Olaf Käselau bei dieser Firma die Ausnahme. Seine Erfahrung: „Auch in anderen Fällen reagiert die *Dewog* schlecht auf Reklamationen. Wenn man Glück hat, kriegt man eine Reaktion, oft aber nur mit Druck.“ Heinz Erkens, Vorsitzender des örtlichen Nachbarschaftsvereins *Siedlergemeinschaft Neuland*, sagt dasselbe: „Mehrere Mieter haben uns berichtet, dass die *Dewog* schlecht auf Mängelmeldungen reagiert.“ Er habe aber keine Kenntnis von schlimmen Zuständen in den Wohnungen, denn der Verein vertrete vor allem die Menschen in den vielen Eigenheimen der Bruder-Klaus-Siedlung.

Wasserschaden hier, Wasserschaden da

Die Zustände sind unterschiedlich schlimm, aber es zeichnet sich eine Konstante ab: In über ein halbes Jahrhundert alten *Dewog*-Häusern, wo die Wohnungen aufgrund ihrer geringen Größe und oft ehemaligen staatlichen Förderung (sozialer Wohnungsbau) auf eine eher arme Klientel hinweisen, klagen Haushalte über Feuchtigkeitsschäden im Zusammenhang mit maroden Wasserrohren. Die ASW bestätigt weitere Fälle. So gibt es einen Fall in der Theodor-Brauer-Straße 8c in der Stegerwaldsiedlung, wo eine Mieterin AAW 2021 berichtete, zur Schimmelbeseitigung mindestens eine Wand aufgerissen zu haben und die Kosten von der *Dewog* erstattet bekommen zu haben. Die ASW bestätigt:

> „In der Wohnung über der erwähnten Mieterin kam es zu einer Undichtigkeit im Badezimmer. Diese führte zu einem Feuchtigkeitsschaden in der darunter liegenden Wohnungen, der auf unsere Kosten beseitigt wurde.“

Ich spreche die Firma auf einen weiteren Fall an: Trifft es zu, dass Sie einer in der Legienstraße 8 wohnenden Familie 2016 den zeitweisen Umzug in ein Hotel bezahlten, weil deren Wohnung schimmelte? Die Antwort:

> „Grundsätzlich gilt: Ist eine Wohnung bedauerlicherweise aus diversen Gründen vorübergehend nicht bewohnbar, stellen wir in der Regel entweder eine Ersatzwohnung und übernehmen auch die Kosten des Umzugs oder übernehmen etwaige Hotelkosten."

Der Vorfall wird also nicht bestritten.

Zusätzlich scheint es eine erhebliche Dunkelziffer zu geben. Die WDR-Journalistin, die 2021 Aysel Alkan Walter besuchte, hielt fest, dass ihr auch andere Haushalte in der Stegerwaldsiedlung Schimmel bestätigten, aber nicht im Fernsehbeitrag vorkommen wollten. Ein Aktivist der Gruppe *Solidaritätsnetzwerk Köln* berichtet mir, dass er im selben Jahr beim Verteilen von Flugblättern in der Siedlung ebenfalls mehrmals von Schimmel gehört habe, einige Leute seien auch wegen dieses Problems zum Stammtisch der Gruppe gekommen. Ich selbst traf bei meinem Besuch vor Ort 2019 kaum Passanten, hörte aber von einem von ihnen ebenfalls, dass Schimmel ein Problem sei. Aysel Alkan Walter hat aufgrund ihres großen und dann auch relativ bekannten Einsatzes gegen die *Dewog* nach eigener Aussage im Lauf der Zeit diverse Probleme mitbekommen. Sie berichtet sogar von plötzlich überlaufenden Kloschüsseln und einer bei Dacharbeiten durchlöcherten Wohnungsdecke. Allerdings wollten manche Menschen nicht damit an die Öffentlichkeit gehen, wohl aus Angst vor negativen Konsequenzen für ihr Mietverhältnis.

Jedenfalls lässt sich nun sagen, dass ASW auch für Aachener Schimmelwohnungsgesellschaft steht. Diese Konstante ist auch in Düsseldorf festzustellen, wie das folgende Kapitel zeigt.

2.3.3 Wenn aus der Steckdose Wasser kommt

Auch in Düsseldorf verärgerte die ASW viele Menschen mit Bauarbeiten, Mieterhöhungen und einem kapitalistischen Aufwertungsprojekt

Dass es in der Kissinger Straße in Düsseldorf-Eller „Konfliktpotenzial" gab, räumte die ASW von vornherein ein. In ihrem Jahresbericht 2020 veröffentlichte sie einen langen Artikel über die neun viergeschossigen Wohnriegel mit 160 Wohnungen, die ihr dort gehören. Die in den 1960ern mit staatlichen Subventionen („sozialer Wohnungsbau") errichteten Häuser sollten nämlich umfassend modernisiert werden, und zwar offiziell vor allem, um dem Klimaschutz gerecht zu werden. Da so etwas zu Mieterhöhungen führen darf, die ASW sich aber dem Erhalt „bezahlbaren" Wohnraums verpflichtet fühlt, ergab sich ein Konflikt. Im Jahresbericht schilderte das Unternehmen die Ausgangslage:

> „Derzeit liegt die Durchschnittsnettokaltmiete bei 5,78 €/m². Nach der Modernisierung wird sie sich mit ca. 7,53 €/m² auch zukünftig unter dem durchschnittlichen Düsseldorfer Mietspiegel, bezogen auf Stadtteil und Baualtersklasse, bewegen."

Die Wohnungen sollten danach eine hohe Energieeffizienz aufweisen. Es handelte sich um „ein klassisches Projekt, wie noch viele weitere in ähnlicher Form folgen werden". Vom geplanten Investitionsvolumen in Höhe von 23 Millionen Euro sollten mehr als 10 Millionen in die Errichtung von 29 Wohnungen in den Dachgeschossen fließen. Die ASW gab zum einen das „Versprechen, dass niemand aus finanziellen Gründen ausziehen muss und für jeden bei Bedarf eine individuelle Lösung gefunden wird".

Zum anderen kündigte sie „eine umfassende Kommunikationsbasis" an. Ein Baubüro vor Ort sollte eine feste Sprechstunde anbieten. Das Unternehmen wollte sich „auch individuell um die Belange der MieterInnen kümmern und bei vielfältigen Problemen aktiv unterstützen".

Die Leiterin der Düsseldorfer Niederlassung, Lara Forsbach, wurde mit den Worten zitiert:

> „Wir waren schon immer verbundener Partner auf Augenhöhe und nicht nur Vermieter. Deshalb haben wir einen guten Draht zu unseren Mietern.“

Die wolle sie zufriedenstellen. Jede Baumaßnahme solle im Voraus allen Betroffenen erklärt werden. Der Projektleiter Peter Sarach hielt dazu fest:

> „Gerade in einer Siedlung wie der Kissinger Straße, die ihre Wurzeln im sozialen Wohnungsbau hat, kommt unsere hohe soziale Verantwortung zum Tragen. Deshalb zeigen wir Gesicht, führen Gespräche und informieren.“

Der ASW war bewusst, dass einige Menschen seit Jahrzehnten in dieser Siedlung leben. Diese Feststellung macht auch David K. Der 1980 geborene Düsseldorfer ist in einer nahegelegenen anderen Siedlung der ASW aufgewachsen und 2014 in die Kissinger Straße gezogen, berichtet er mir im Sommer 2023. Über das Unternehmen sagt er:

> „Früher waren die gut. Da wurde sich gekümmert, wenn es ein Problem gab. Da waren auch Kompromisse möglich. Jetzt wirkt es, als hätten die vor zehn oder fünfzehn Jahren das Management ausgetauscht. Es ist Kapitalismus pur.“

Die Hausverwaltung sei oft schlecht erreichbar und antworte dann auch auf E-Mails nicht. Ohnehin habe das relativ stark fluktuierende Personal nicht viel Ahnung von den Gebäuden. Laut Jahresbericht 2021 waren die 190 ASW-Angestellten im Durchschnitt erst seit achteinhalb Jahren im Unternehmen. Nur etwas mehr als ein Viertel von ihnen war schon länger als zehn Jahre da. Die Fluktuationsrate sank von 15,5 Prozent im Vorjahr auf 12,6 Prozent.

Bauarbeiten machten Wohnung unbewohnbar

Aber das war zwischen 2021 und 2023 bei weitem nicht das größte Problem für David K. Die Bauarbeiten führten in seiner Wohnung zu haarsträubenden Zuständen. Im Folgenden gebe ich seine Schilderungen wieder. Die ASW antwortet auf sechs konkrete Fragen von mir zu den Geschehnissen nur, dass sie sich „aufgrund eines laufenden Gerichtsverfahrens“ nicht dazu äußert.

Im März 2021 wurde K.s Haus eingerüstet. Da im Dach neue Wohnungen entstehen sollten, wurde es aufgeschnitten, und zwar ohne Ankündigung. Das Zersägen des Betons führte einerseits zu einer großen Lärmbelästigung. K. maß in seiner Wohnung 107 Dezibel. Laut dem vom Verlag für Rechtsjournalismus betriebenen Internetportal *www.arbeitsrechte.de* ist an Arbeitsplätzen das Tragen eines Gehörschutzes ab einer Lautstärke von 85 Dezibel verpflichtend. Auch wenn dieser Wert „nur für kurze Zeit, dafür aber in regelmäßigen Abständen" erreicht wird, sollte der Gehörschutz getragen werden, wird dort ausgeführt. Zum anderen wurde es für das ganze Haus zum Problem, dass beim Zerschneiden des Betons viel Wasser eingesetzt wurde, wohl zum Kühlen der Säge und zum Binden des Staubs. „Die Dreckbrühe lief durch das Treppenhaus und durch Kabelschächte", berichtet K. In seiner Wohnung kam das Wasser sogar aus Steckdosen heraus. Auch andere Wohnungen waren betroffen. Da das Dach nicht gleich neu errichtet wurde, regnete es sogar ins Treppenhaus hinein.

Im Juli wurden die Heizkörper ausgebaut, ohne dass der Ersatz vor Ort war. Als die neuen Heizkörper da waren, wurden sie erst mal nicht eingebaut. Die Heizperiode begann ohne Heizung, K.s Wohnung war nie wärmer als 16 Grad. Bald trat Schimmel auf, zuerst im Badezimmer, dann in der Abstellkammer. K. musste Lebensmittel, Möbel und Kleidung wegwerfen. E-Mails an die ASW erbrachten keine nennenswerte Hilfe.

Erst nachdem K. im Dezember eine lange E-Mail an viele Adressen der ASW und auch des Kölner Erzbistums geschickt hatte, in denen er seine Empörung ausdrückte, zeigte die Düsseldorfer Niederlassung größeres Engagement für ihn. Im Januar 2022 meldeten sich die Niederlassungsleiterin und der Projektleiter. Letzterer besichtigte die Wohnung und bot K. den Umzug in ein Hotel an, was der aber ablehnte, da er beruflich am Computer arbeitete und keine ausreichend guten Bedingungen dafür in einem Hotelzimmer erwartete. Ohnehin war er es gewohnt, nicht mehr zu Hause zu schlafen. „Im Sommer und Herbst 2021 hatte ich drei Monate lang auswärts übernachtet, denn bevor die Heizung wieder funktionierte, war die Wohnung kalt und muffig", erzählt der immer noch empörte Mieter zwei Jahre später. Im Februar 2022 wurden ihm rückwirkend acht Monate Mietfreiheit zugestanden. Doch weder ersetzte ihm die ASW die angeschimmelten Möbel, noch befreite sie die Wohnung vom Schimmel.

Im Frühling kam dann der Projektleiter für den Innenausbau und kündigte an, die kurz vorher freigewordene Nachbarwohnung für K. herrichten zu lassen, damit er dort leben könne, solange seine Wohnung in Ordnung gebracht wurde. Der Umzug wurde aber mehrmals verschoben und klappte erst im September. Seit April galt keine Mietfreiheit mehr, K. zahlte aber trotzdem keine Miete, unter anderem, da er in der Nachbarwohnung keine Küche hatte. Ein weiterer Grund war, dass er keinen Schadenersatz für die vom Schimmel zerstörten Gegenstände erhielt, die er auf Wunsch der ASW für die zuständige Versicherung aufgelistet hatte. Der Schaden belief sich auf 6000 Euro.

Eine Mahnung wegen der ausbleibenden Mietzahlungen schickte die ASW erst im Dezember 2022, und zwei Wochen später die fristlose Kündigung. K. schrieb wieder eine lange empörte E-Mail an viele Menschen auch aus dem Umfeld der ASW. Die Firma setzte die Kündigung nicht durch.

Erst im April, und somit sieben Monate nach dem Umzug in die Nachbarwohnung erhielt der Mieter die Nachricht, dass seine Wohnung fertig sei. Da wollte er aber schon nicht mehr bei der ASW wohnen und suchte sich etwas anderes. Auf ein anwaltliches Schreiben hin bot er einen Termin für die Schlüsselrückgabe an, erhielt aber wieder keine Antwort. Im Juni setzte der Anwalt eine fünftägige Frist für die Schlüsselrückgabe, doch die klappte wieder nicht. Es folgte die Räumungsklage gegen den Mieter, der längst seinen Auszug nicht nur angekündigt, sondern auch schon umgesetzt hatte.

„Bei denen weiß der Eine nicht, was der Andere tut", ist K.s Erkenntnis zum Vorgehen der ASW. Er habe zudem festgestellt, dass einige Haushalte von den Bauarbeiten aus der Siedlung vertrieben worden sind. Zum Teil hätten diese Menschen seit 40 Jahren dort gewohnt. Von den politisch Zuständigen sei nie eine Hilfe gekommen. Die seien nur im Bundestagswahlkampf 2021 bei einem Runden Tisch dabeigewesen, der zwei Mal tagte. Er war von der Bezirksbürgermeisterin aufgrund eines entsprechenden Beschlusses des Bezirksparlaments eingerichtet worden, nachdem der Konflikt über die Mietminderungen wegen der Bauarbeiten zu Protesten geführt hatte.

Proteste wegen Modernisierungen

Bald nachdem die ASW den betroffenen Haushalten im November 2020 die Modernisierungen in einem 15-seitigen Schreiben angekündigt hatte, formierte sich Widerstand. Etliche Menschen protestierten unter anderem gegen die Mieterhöhung von zwei Euro pro Quadratmeter und gegen die für zu niedrig befundene Mietminderung von 20 Prozent für die Dauer der Bauarbeiten. Die dritte Forderung war die nach Ersatzwohnraum für Menschen mit Behinderung, denn trotz der Ankündigung lauter und Schmutz verursachender Arbeiten auch in den Wohnungen selbst (Erneuerung und

Verlegung von Wasserrohren und Stromleitungen, Austausch der Fenster und Heizungsleitungen) hatte die ASW im Ankündigungsschreiben nichts dergleichen in Aussicht gestellt. Sehr wohl in Aussicht stellte sie darin hingegen „zumindest teilweise erhebliche Auswirkungen auf die Benutzbarkeit der Wohnung bzw. den Wohnkomfort".

Wegen der „Abbrucharbeiten im Treppenhaus" werde zeitweise sogar die Zugänglichkeit von Wohnungen beeinträchtigt, kündigte sie an. Anfang Mai 2021 kam es zu einer Kundgebung vor Ort, über die auch mehrere Medien berichteten. Am 21. Mai veröffentlichte die ASW eine Stellungnahme, die zeigte, dass der Protest etwas bewirkt hatte.

So galt nun nicht nur eine maximale Mieterhöhung von zwei Euro pro Quadratmeter – was bei drei Viertel der betroffenen Wohnungen sowieso gesetzlich vorgeschrieben war –, sondern auch von 140 Euro pro Wohnung – also ein Entgegenkommen bei Wohnungen mit mehr als 70 Quadratmetern – und zudem eine neue Höchstmiete von neun Euro pro Quadratmeter nettokalt, was ebenfalls nur einer Minderheit der Betroffenen etwas brachte, denn die Durchschnittsmiete in der Siedlung betrug 5,78 Euro pro Quadratmeter. All das betrifft wohlgemerkt nur die Erhöhung der Grundmiete – die Betriebskosten der neuen Aufzüge kommen noch dazu. Zugleich verkündete die Vermieterin:

> „Für Mieterinnen und Mieter, die körperliche Einschränkungen haben, halten wir für den Zeitraum der Maßnahmen Ersatzwohnungen im Erdgeschoss bereit."

Eine weitere Neuerung als Reaktion auf die Proteste: „Jeder Härtefallantrag wird auch nach Ablauf der gesetzlichen Frist berücksichtigt."

Das Online-Magazin *www.ddorf-aktuell.de* berichtete schon im Januar 2021, dass erst das *Bündnis für bezahlbaren Wohnraum Düsseldorf* die Betroffenen darüber aufgeklärt hatte, dass und wie sie wegen abzusehender gesundheitlicher Probleme durch die Bauarbeiten sowie wegen finanzieller Probleme durch die absehbaren Mieterhöhungen intervenieren durften. Das Bündnis kritisierte in diesem Zusammenhang den Zeitpunkt des Ankündigungsschreibens. Mir liegt eines vor, das auf den 27. November 2020 datiert ist. Seine letzten Sätze lauten:

> „Aus Rechtsgründen haben wir Sie schließlich noch darauf hinzuweisen, dass Sie uns Umstände, die eine Härte im Hinblick auf die Duldung oder die anschließende Mieterhöhung begründen, bis zum Ablauf des Monats, der auf den Zugang dieses Schreibens bei Ihnen folgt, in Textform mitzuteilen haben."

Den Betroffenen blieb demnach also nur die Adventszeit und das Jahresende, um sich über ihre Rechte aufklären zu lassen und einen entsprechenden Einwand zu formulieren. Von wegen frohe Weihnachten. Auch der Düsseldorfer Mieterverein kritisierte in einer Pressemitteilung den Termin des Schreibens. Hinzu kommt, dass im zitierten, gänzlich bürokratisch formulierten Satz für juristische Laien eher nicht ersichtlich ist, was mit „Umständen, die eine Härte im Hinblick auf … begründen" gemeint ist. Es bedeutet, dass Menschen, die sich die Mieterhöhung nicht leisten können, oder für die ein Leben auf der Baustelle unzumutbar ist, ein Widerspruchsrecht haben. Aber das so klar zu schreiben, erhöht die Wahrscheinlichkeit für Widersprüche.

Eine einschüchternde Wirkung dürfte die Kommunikation der ASW zu den Nebenkosten der Aufzüge gehabt haben. So war in der Firmenstellungnahme von Mai 2021 zu lesen:

> „Die Kosten für die Aufzüge werden selbstverständlich nur auf die Mieterinnen und Mieter umgelegt, die auch einen direkten Nutzen durch den Aufzug haben. Diese Information war in dem Modernisierungsschreiben falsch ausgedrückt, so dass der Eindruck entstanden ist, der Aufzug würde auch auf die Mieterinnen und Mieter umgelegt, die keinen Nutzen durch den Aufzug haben."

Die Information war aber nicht nur falsch ausgedrückt, sondern es war tatsächlich ein Fehler gemacht worden. Zwar scheint es bei genauer Lektüre der entsprechenden Stellen in dem 15-seitigen Schreiben, dass nicht alle Haushalte die Kosten für die Aufzüge zu tragen haben, denn es wird pro Gebäuderiegel nur einer installiert, also etwa bei einem von drei Hauseingängen, beziehungsweise Treppenhäusern. Diese Hauseingänge, die jeweils eine eigene Hausnummer haben, werden auch aufgezählt. Die mir vorliegende Modernisierungsankündigung ging aber an einen Haushalt, der nicht in einer dieser Hausnummern lebte, und dort ist zu lesen:

> „Die Kosten werden anteilig im Flächenmaßstab auf die Mieter umgelegt. Die Kosten werden voraussichtlich 0,45 €/m^2, für Ihre Wohnung also monatlich 26,10 € betragen."

Auch Menschen, in deren Treppenhaus gar kein Aufzug installiert wird, bekamen also eine Mieterhöhung wegen eines Aufzugs explizit angekündigt. Das mag ein Fehler gewesen sein, verstärkte aber bei manchen Mietenden den Wunsch nach einer anderen Wohnung. So einige Menschen zogen wegen der erwarteten, beziehungsweise dann auch erlebten Härten die Konsequenz umzuziehen.

Flucht vor Mieterhöhungen und Bauarbeiten

Da ist etwa Inga S., deren Kontakt mir vom *Bündnis für bezahlbaren Wohnraum* vermittelt wurde. Sie errechnete auf Basis der Modernisierungsankündigung für ihre 60-Quadratmeter-Wohnung eine Mieterhöhung von über 200 Euro, erzählt sie mir. Das erscheint unverständlich hoch, ihre Rechnung ist aber nicht mehr nachvollziehbar, da sie die dafür nötigen Unterlagen nicht mehr hat. Die ASW bestreitet mir gegenüber, irgendeinem Haushalt mehr als zwei Euro Erhöhung der Quadratmetergrundmiete angekündigt zu haben. Möglicherweise rechnete S. den nun an die ASW zu zahlenden Heizkostenvorschuss ein, ohne zu bedenken, dass sie bisher auch Heizkosten gezahlt hatte. Ein zweiter Grund dafür, dass sie im Mai 2022 kurz vor Beginn der Modernisierungen an ihrem Haus – die Maßnahmen wurden nicht bei allen Gebäuderiegeln gleichzeitig begonnen – auszog, war aber ihr zufolge der Umstand, dass in anderen Häusern während der Bauarbeiten lange die Treppengeländer fehlten, wodurch sie die Sicherheit ihres kleinen Kindes gefährdet sah, wenn auch sie auf einer Baustelle leben musste. Nachdem sie der ASW ihren Umzugswunsch mitgeteilt habe, habe die ihr eine teure Wohnung angeboten, so dass sie sich etwas anderes suchte.

Offenbar machten sich andere Menschen ähnliche Sorgen. So schrieb das *Bündnis für bezahlbaren Wohnraum* schon Anfang September 2021 in einer Pressemitteilung: „Inzwischen haben über 20 Mietparteien die Kissinger Straße verlassen, und viele sind auf Wohnungssuche." Bündnissprecher Johannes Dörrenbächer schrieb mir im April 2023:

> „Die Mieter:innen vor Ort beschweren sich, dass viele Nachbar:innen bereits weggezogen seien, die Arbeiten langsam voran gingen und nicht professionell durchgeführt würden."

Und Lutz Pfundner vom Bündnis schrieb mir Ende August 2023:

> „Ich war vorhin in der Kissinger Straße. Ich habe bei den 160 Wohnungen 36 Klingeln ohne Namensschild gezählt. In 45 Wohnungen hängen weder Gardinen noch Jalousien."

Pfundner war von 2009 bis 2020 Abgeordneter der Linkspartei in der zuständigen Bezirksvertretung 8, und so mit dem Modernisierungsantrag der

ASW von Beginn an befasst. Den Antrag musste sie unter anderem stellen, weil durch die neuen Wohnungen die vorgeschriebene maximale Bewohnungsdichte überschritten wurde. Von 2014 bis 2020 war Pfundner zudem einer von zwei Fraktionsvorsitzenden seiner Partei im Düsseldorfer Stadtrat. Er kenne die Siedlung in der Kissinger Straße schon von früher, merkt er an, weil er dort jahrelang die Gratiszeitung seiner Partei in die Briefkästen geworfen habe. Nennenswerter Leerstand sei ihm da nie aufgefallen. Die Proteste gegen die Modernisierungen hat der mittlerweile 80-Jährige von Beginn an unter anderem mit kritischen Analysen des Ankündigungsschreibens unterstützt. Zudem habe er sich mehrmals vor dem Haus von David K. mit Mietenden getroffen, berichtet er, und die hätten ihm davon erzählt, wie Wasser durchs ganze Treppenhaus bis in den Keller gelaufen sei.

Pfundner kritisierte früh die von der ASW angekündigten Abschlagszahlungen für die Heiz- und Warmwasserkosten. Sie sollten monatlich 1,20 Euro pro Quadratmeter betragen. Das ist nicht wenig angesichts der Ankündigung, die Wohnungen würden nach den Modernisierungen dem energetischen KfW-Standard 85 entsprechen. Dieser Standard erbringt eine Förderung der Modernisierung durch die staatliche *Kreditanstalt für Wiederaufbau* (KfW). In der Kölner Stegerwaldsiedlung war davon nicht die Rede, und dort galt als Ziel, die Energiekosten bei 86 Cent pro Quadratmeter zu halten. Die Modernisierungsankündigung für die Kissinger Straße wurde wohlgemerkt vor den allgemeinen hohen Energiepreissteigerungen ab Herbst 2021 verfasst.

Zweifel an der finanziellen Effizienz der energetischen Modernisierungen hatte Pfundner von Beginn an auch deshalb, weil es bei früheren Modernisierungen der ASW-Häuser in der benachbarten Fuldaer Straße – dasselbe wie immer: Dämmung, energetische Modernisierung, Dachausbau, Anbau von Aufzügen – schlechte Erfahrungen gegeben hatte. Der ehemalige Abgeordnete hält fest:

> „In der Sitzung der Bezirksvertretung am 7.11.2019 berichtete eine Mieterin aus der Fuldaer Straße, dass ihre Heizkosten durch die neue Heizungsanlage gestiegen seien.“

Diese Bauarbeiten hätten vor seiner Zeit als Bezirksabgeordneter stattgefunden, erzählt Pfundner. Seltsam sei ihm aber vorgekommen, was er erlebte, als er 2021 dort an vielen Türen klingelte, um wegen des Projekts in der Kissinger Straße Erfahrungsberichte zu sammeln:

> „Ich hatte Schwierigkeiten, jemanden zu finden, der schon vor den Modernisierungen dort gelebt hatte, und immer noch dort wohnt."

Die Mietsteigerungen hätten viele Menschen vertrieben. Einen Grund dafür sieht er darin, dass die zweistufige Deckelung der Mieterhöhungen nach Modernisierungen damals noch nicht gesetzlich vorgeschrieben war. In der Kissinger Straße ist das anders, aber Pfundner sieht trotzdem wieder so eine Vertreibung.

Die christliche Zwei-Wochen-Zeitschrift *Publik-Forum* berichtete in ihrer Ausgabe 8/2021 über das Bauprojekt und machte die Drohkulisse anhand einer Mieterin plastisch, die seit 1970 dort in einer 70-Quadratmeter-Wohnung lebt. Die mittlerweile 84-Jährige hatte nach ihrer Scheidung ihre Kinder dort aufgezogen und berichtete nun, dass sie 490 Euro Miete plus Heizkosten bezahle. Das sei jetzt schon die Hälfte ihrer 1066 Euro Rente. Nun kämen noch 140 Euro Mieterhöhung dazu, da „wird das eng für mich".

Gute Kommunikation auf Augenhöhe, Vorab-Ankündigung sämtlicher Maßnahmen, individuelle Unterstützung, niemand muss wegen der Mieterhöhung umziehen – die Versprechungen der ASW waren nicht viel Wert. Pfundners Fazit ist harsch:

> „Diese Versprechen gab Projektleiter Sarach auch in einer Sitzung der Bezirksvertretung. Da waren rund 20 MieterInnen anwesend. Die Versprechen sind nie eingehalten worden, sonst wären nicht so viele Menschen ausgezogen. Wäre es in Düsseldorf leichter möglich, eine bezahlbare Wohnung zu finden, wären wahrscheinlich alle weg. Leider haben die MieterInnen inzwischen resigniert. Die 20 Prozent Mietminderung sind ein Witz, wenn man die Baustelle betrachtet. Von sozialer Verantwortung kann keine Rede sein."

Claus Nesemann, Geschäftsführer des Mietervereins Düsseldorf, hält fest:

> „Aus meiner 20-jährigen Vollzeit-Tätigkeit als Rechtsberater für die Mitglieder des Mietervereins weiß ich, dass die Aachener Siedlungs- und Wohnungsgesellschaft nicht immer ihrer sozial-christlichen Ausrichtung gerecht geworden ist. In denke da besonders an die Modernisierungsankündigung für die Kissinger Straße und die vielen damit verbundenen Widrigkeiten für die alteingesessenen Mieterinnen und Mieter."

Schon als die ASW 2019 die Modernisierungen im Bezirksparlament beantragte, sagte die Pressesprecherin der Zeitung *Rheinische Post*:

> „Wir streben eine sozial verträgliche Modernisierung an, wollen, dass alle Mieter in den Häusern wohnen bleiben können, und eine Erhöhung in einem Umfang geschieht, die sich jeder dort leisten kann.“

In ihrer im Mai 2021 veröffentlichten Reaktion auf die Proteste schrieb die Firma dann etwas, das offenbar mit den sozialen Ansprüchen in Konflikt gerät:

> „Um neuen Wohnraum schaffen zu können, müssen wir das Unternehmen wirtschaftlich nachhaltig und solide aufstellen. Ein Verzicht auf Gewinne oder Rendite, wie es teilweise provokant gefordert wird, würde zur Folge haben, dass wir weder in unseren Bestand reinvestieren, noch, dass wir neuen, dringend benötigten Wohnraum schaffen könnten.“

Angesichts der jährlichen Millionengewinne, die zum Teil an die Bischöfe ausgeschüttet, zum größten Teil aber auf die hohe Kante gelegt werden, ist diese Aussage eine Verschleierung der Firmenverhältnisse.

Immerhin scheinen die Proteste auch über den konkreten Fall hinaus etwas bewirkt zu haben. 2022 kündigte die ASW in ihren Siedlungen in Düsseldorf-Garath umfassende Modernisierungen an. Laut Jahresbericht sind 243 Wohnungen betroffen, zudem sollen 195 neue entstehen. Claus Nesemann berichtet, dass eine dreiköpfige Abordnung der Firma im Juli 2022 dazu eine Besprechung mit dem Mieterverein abgehalten habe:

> „Es ging um Sozial- und Härtefallmanagement. Wir hatten das Gefühl, dass die Aachener aus ihren Fehlern bei der Kissinger Straße gelernt hatte. Regelmäßige Mietersprechstunden und ein direkter Ansprechpartner wurden angekündigt.“

Das war aber auch für die Kissinger Straße angekündigt worden. Es bahnt sich also der nächste Konflikt an. Im Jahresbericht hält die Firma übrigens zu den geplanten üblichen Modernisierungen in Garath fest:

> „Diese Maßnahmen geschehen auch vor dem Hintergrund der hieraus resultierenden nachhaltigen Wertsteigerung der Liegenschaften.“

Wohneigentum statt Nachbarschaftszentrum

Wertsteigerung war auch zehn Jahre vorher im Stadtteil Vennhausen angesagt, der zum selben Bezirk wie die Kissinger Straße gehört. Da gibt es am Rande des Naherholungsgebiets Eller Forst die in der Zwischenkriegszeit von einer Arbeitergenossenschaft errichtete „Siedlung Freiheit“. Sie war auch der Grundstein für die noch heute aktive *Wohnungsgenossenschaft Düsseldorf-Ost* (Wogedo), die laut Selbstdarstellung heute über 10.000 Mitglieder hat.

Die Menschen in der einst als Gartenstadt bezeichneten Einfamilienhaussiedlung wurden 2012 aufgeschreckt, weil ihre sogenannte Waldschänke zur Disposition stand. Dabei handelte es sich um eine Art Nachbarschaftszentrum mit Gastronomiebetrieb. Es stand seit 2011 leer, und weil die Wogedo angeblich keinen Nachfolgepächter fand, verkaufte sie das Grundstück an die ASW. Die gab 2012 bekannt, dass sie das Gebäude-Ensemble abreißen wollte.

> „Das mehrteilige Gebäude besteht aus einem zweigeschossigen, unterkellerten Hauptgebäude mit ausgebautem Dachgeschoss / Spitzboden, einem ein- bis zweigeschossigen, nicht unterkellerten Zwischenbau mit Veranstaltungsräumen für geschlossene Gesellschaften / Clubräumen und den Sanitäranlagen der Gaststätte, sowie einem langgezogenen, nicht unterkellerten, eingeschossigen Anbau mit zwei Kegelbahnen und einem Schießstand.“

So steht es in dem Gutachten eines Bausachverständigen von 2013, den die ASW damit beauftragt hatte, zu eruieren, ob es wirtschaftlicher sei, das schadhafte Gebäude instandzusetzen oder abzureißen. Er empfahl letzteres. Die ASW gab bekannt, dass sie auf dem Grundstück vier Einfamilienhäuser und fünf Eigentumswohnungen bauen wollte.

Eine Nachbarschaftsinitiative kämpfte für den Erhalt der Räume, die sie gerne für Feiern und andere Aktivitäten nutzte. Der Linke-Politiker Lutz Pfundner schrieb im Januar 2015 in einem Artikel für seine kostenlose Parteizeitung *Rheinblick* über die Initiative:

> „Über 1100 Unterschriften sammelten sie für den Erhalt der Waldschänke. (…) Oberbürgermeister Geisel lud zu einem Runden Tisch ins Rathaus ein. Sehr eindrucksvoll trug die Bürgerinitiative vor fast 100 Anwesenden ihre Bedenken vor. Es wurde vereinbart, dass Bürgerinitiative und die Investoren sich zusammensetzen, um eine Lösung zu finden.“

Das Rathaus hatte in einer Pressemitteilung von Oktober 2014 verkündet:

> „OB Geisel hatte nach der Teilnahme an einer Bürgerdiskussion in der letzten Woche in Vennhausen angekündigt, unter Beachtung der städtebaulichen Bedeutung der Siedlung Freiheit den Anwohnern bei der Genehmigung von Sanierungs- und Umbauwünschen mehr entgegenzukommen."

Der SPD-Politiker kündigte an, eine Beschlussvorlage für den Stadtrat zurückzuziehen, die den Abriss befürwortete, und „persönlich den Bürgerdialog zu moderieren". Am selben Tag lobte die Stadtratsfraktion der oppositionellen CDU den Auftritt der Initiative im Beschwerdeausschuss. Das Thema wurde auf dieser hohen Ebene verhandelt, weil das Bezirksparlament da schon zwei Mal den Abriss abgelehnt hatte. Zwischen den beiden Beschlüssen hatte der Oberbürgermeister vergeblich zu Gunsten der ASW interveniert.

Im Januar 2015 schrieb die Regionalzeitung WAZ:

> „Die Bürgerinitiative zur Erhaltung der ehemaligen Gaststätte 'Waldschänke' hat nun ein Konzept erarbeitet, das nicht nur den von Oberbürgermeister Thomas Geisel geforderten Wohnraum schafft, sondern auch noch das historische Gebäude bewahrt."

Schon im Oktober war im Bürgerjournalismusportal *Lokalkompass* zu lesen gewesen:

> „Es wird nicht unbedingt für den Erhalt der Gastronomie gekämpft. So könnten sich die Mitglieder der Bürgerinitiative durchaus auch eine Umnutzung, zum Beispiel den Betrieb einer Kindertagesstätte oder eines Seniorentreffs, vorstellen."

Doch das war vergebens. Nach dem Scheitern der Vermittlungsbemühungen zog der Oberbürgermeister das Projekt an sich und sorgte für eine Mehrheit im Stadtrat für den Abrissbeschluss. Die SPD regierte Düsseldorf zusammen mit der FDP und den Grünen. Nicht lange nach dem Stadtratsbeschluss im April 2015 vermeldete die *Rheinische Post*:

> „Ein Antrag der CDU in der kommenden Sitzung der Bezirksvertretung 8 am heutigen Donnerstag sorgt schon im Vorfeld für Aufregung. So will die CDU, dass die Mitglieder der BV beschließen, gegen die Stadt Düsseldorf zu klagen. Hintergrund ist das Verfahren um den Abriss der Waldschänke."

Auch das verhinderte nicht, dass der Abriss im März 2017 genehmigt wurde. Im Oktober 2018 schrieb die *Neue Rhein/Ruhr-Zeitung* über die nach einer Pause wiederaufgenommenen Arbeiten:

> „Die Anwohner sind immer noch sauer über den Abbruch der Gaststätte in der Siedlung Freiheit."

Der Linke-Politiker Lutz Pfundner kritisiert nach wie vor das von der ASW beauftragte Gutachten, das als Abrisslegitimation diente. Der Gutachter schätzte die Sanierungskosten für die bestehenden Gebäude auf 1,637 Millionen Euro. Die Kosten für den Abriss und die geplanten neuen Häuser kalkulierte er auf insgesamt nur 1,322 Millionen Euro. Dabei ging er nach Befragen von „bekannten Bauträgern und Bauprojektentwicklern" von „Nettobaukosten" in Höhe von 1180 Euro pro Quadratmeter Wohnfläche aus. Pfundner hält das für viel zu wenig, für ihn handelt es sich da um ein Gefälligkeitsgutachten. Im Sommer 2023 schreibt er mir:

> „Die Waldschänke wurde für teure Luxuseigentumswohnungen geopfert. Das sind nicht die Wohnungen, die fehlen. In Düsseldorf fehlen Wohnungen, die Menschen mit geringem oder durchschnittlichem Einkommen bezahlen können. Während der Auseinandersetzung um die Waldschänke standen über 12.000 Wohnungen in Düsseldorf länger als drei Monate leer. Oberbürgermeister Geisel beanstandete die zweimalige Ablehnung des Abrisses durch die Bezirksvertretung mit der Begründung, das Wohl der Stadt sei gefährdet. Gefährdet war aber das Wohl der Bewohner der Siedlung durch den OB, der ihnen ein Stück Heimat nahm. Ihnen wurde ihre Begegnungsstätte genommen, in der sie sich bei Hochzeiten, nach Beerdigungen, zu Nachbarschaftsfesten, zum Kegeln oder einfach nur zum gemütlichen Beisammensein trafen. Darauf ist die Aachener nie eingegangen. Sie wollte dieses direkt am Wald gelegene Grundstück unbedingt haben. Es ging um einen hohen Profit."

Bei einem Linke-Politiker sind das keine ungewöhnlichen Töne. Ungewöhnlich ist in diesem Fall, dass selbst die CDU stark gegen das Bauprojekt opponierte, und die stellt sich normalerweise weder gegen den Bau von Eigentumswohnungen, noch gegen ein kirchliches Wohnungsunternehmen.

Räumungsklagen in mängelbehaftetem Haus

Parallel zum Konflikt um die Waldschänke, der Lokalpolitik und -presse über Jahre beschäftigte, begann im benachbarten Stadtbezirk 3 ein Konflikt mit der ASW, der nicht an die Öffentlichkeit drang. Die betroffene Mieterin machte ihn erst im Februar 2020 mit einem Video im Online-Portal *Youtube* bekannt.

Zu diesem Zeitpunkt steht Petra Vieten vor der Zwangsräumung. In dem Video sagt sie, an ihrem Wohnzimmertisch sitzend:

> „Es geht mir schlecht, nachdem ich seit fünf Jahren unter Kopfhörern lebe. Notgedrungen. Das hier ist Notwehr. Das Grundthema ist Gentrifizierung. Ich bin für die eine Kostenstelle, und kein Mensch."

Anders als bei den anderen in diesem Buch behandelten Konflikten mit der ASW nimmt diese Mieterin auch immer wieder Bezug aufs Christentum. Auf dem Wohnzimmertisch steht sogar eine ungefähr einen halben Meter große Marienstatue. Vieten ist Jahrgang 1961 und wurde nach eigener Aussage in eine sozial engagierte katholische Familie geboren. Vor allem ihr Vater sei sehr engagiert gewesen, wie sie auch im Video sagt:

> „Er war Organist, er hatte Chöre, er hat viel für die katholische Kirche getan. Ich glaube, wenn der wüsste, was mir widerfahren ist, er würde ausrasten."

Die enttäuschte Katholikin, die seit Jahren auch im Buddhismus Zuflucht nimmt, wie sie sagt, legt mir mehrere E-Mails an den Kölner Erzbischof Woelki vor, in dem sie ihn um Hilfe bittet, auch mit religiös grundierten Argumenten. Dessen persönliche Referentin antwortete, er habe das Anliegen an die ASW weitergeleitet. Im Video führt Vieten aus:

> „Ich hab ihm geschildert, wer mein Vater war – wahrscheinlich sind die sich auch mal begegnet in Neuss –, hab ihm geschildert, dass ich sehr glücklich war, als die Aachener das Haus gekauft hat, weil ich gedacht habe: Okay, die werden jetzt bestimmt das Dach in Ordnung bringen."

Seit 1995 wohnte Vieten im Dachgeschoss des Hauses, das 2008 von der ASW gekauft wurde. Sie habe die Firma dann gleich angeschrieben und mitgeteilt, dass das Dach kaputt war, dass drei von vier Zimmern Wasserschäden hatten, dass der Keller nass war und dergleichen, erzählt sie. Da die Firma sich nicht gekümmert habe, minderte sie die Miete, weswegen sie 2010 Kündigung und Räumungsklage erhielt. Nachdem das Gericht Fachgutachten eingeholt hatte, gab es Vieten 2015 Recht. Doch in der Zwischenzeit war die Grundlage für einen neuen Konflikt entstanden.

2014 habe ein Sturm für weitere Zerstörungen im Dach gesorgt, sogar die Feuerwehr habe kommen müssen, erzählt Vieten. Die Dachsanierung sei dann nicht sachgerecht ausgeführt worden, so dass der Lüftungsschacht der Badezimmer der zweiten und dritten Etage in der Dachdämmung endete, also verstopft wurde. Vieten legt einen Brief des Düsseldorfer Bauaufsichtsamts von Juli 2015 vor, in dem dieses die ASW um Korrekturarbeiten bittet, „damit eine wirksame Lüftung gewährleistet ist". Die überlasteten elektrischen Lüfter sorgten nicht nur für Lärm, sondern auch einen hochfrequenten Pfeifton. In ihrem Video sagt die frustrierte, aber langsam und ruhig sprechende Mieterin Jahre später:

> „Ich hab keine Wahl, ich sitz unter Kopfhörern und schlaf mit Stöpseln in den Ohren. In einer Wohnung, die 19 Jahre lang ohne dieses Problem existiert hat."

Jahrelang habe dieser Zustand angedauert, berichtet Vieten. Sie legt mir ein 150-seitiges Protokoll vor, in dem für so ziemlich jeden Tag der Jahre 2018 und 2019 vermerkt ist, wann sie den Pfeifton hörte, der sie auch immer aufweckte, wenn sie schlief. Ihre freiberufliche Tätigkeit habe sie so nicht mehr ausüben können. Dabei hatte die ASW schon 2015 das Problem anerkannt und Arbeiter zur Behebung geschickt. „Das waren aber Maurer", sagt mir Vieten. „Die haben die Röhren im Lüftungsschacht mit zu kleinen Auslässen im Dach verbunden. Der Pfeifton wurde dadurch nur etwas leiser."

Die Bauaufsicht habe ihr auch danach bestätigt, dass der Lüftungsschacht auch unabhängig von dem Fehler bei der Dachsanierung nicht in Ordnung gewesen sei, habe sich aber nicht mit dem Pfeifton beschäftigt, beziehungsweise sei kein Lüfter gelaufen, als der Ingenieur von der Bauaufsicht vor Ort war. Da Vieten wieder ohne Zustimmung die Mietzahlungen minderte, erhielt sie 2016 wieder eine Räumungsklage. Wieder gab das Gericht Fachgutachten in Auftrag. Doch anscheinend beauftragte es nicht den besten Gutachter mit der Prüfung der Lärmbelästigung.

Ausweislich des mir vorliegenden Gerichtsbeschlusses war das ein Gutachter, der von der Industrie- und Handelskammer dem Fachgebiet Heizungs- und Lüftungstechnik zugeordnet wurde. Ein anderer Gutachter, dessen Fachgebiet unter anderen Bauakustik war, wurde nur mit der Prüfung der Auswirkungen des Fehlens einer Regenrinne und einer Dämmung von Fensterbänken beauftragt.

Laut Vieten vertauschte der Pfeifton-Gutachter zwei von ihm an verschiedenen Punkten der Wohnung gemessene Geräuschwerte – was sie erst verspätet feststellte – und vertrat darüber hinaus den Standpunkt, dass der dennoch immer noch zu hohe gemessene Geräuschpegel die gesetzliche Vorgabe nur geringfügig überschreite, was bei einem alten Haus tolerabel sei. Das Gericht schloss sich dem an und gab der Räumungsklage statt. Im Juli 2020 fand die Zwangsräumung statt. Vieten betont:

> „2015 und 2016 habe ich vorsichtshalber Hörtests machen lassen. Ich habe keinen Tinnitus. Das Phänomen existierte nur in der Wohnung und erst seit dem missratenen Dachaustausch."

Sie habe vielleicht ein besonders gutes Gehör, weil sie durch ihren vielfältig musikalisch aktiven Vater von klein auf mit Musik und Gesang aufgewachsen war. Zudem hätten Frauen generell ein besseres Gehör als Männer.

Die *Deutsche Handwerkszeitung* berichtete im Juli 2021 über einen Innovationspreis in Höhe von 10.000 Euro, den die Handwerkskammer Freiburg an ein Unternehmen vergeben hatte, das ein Akustiksystem unter Beachtung der „besonderen Eigenschaften des weiblichen Hörens" entwickelte hatte. Die Zeitung führte aus:

> „Grundlage sind neuere wissenschaftliche Studien, die sich mit Geschlechterunterschieden in der Hörverarbeitung auseinandersetzen. Diese haben gezeigt, dass das weibliche Gehör besondere Stärken im Verstehen von Sprache und leiseren Tönen besitzt."

Wie auch immer, ein Wohnungsunternehmen mit sozialem Anspruch, dessen Düsseldorfer Niederlassung sich sogar als „schon immer verbundener Partner auf Augenhöhe und nicht nur Vermieter" bezeichnet, hätte angesichts der Beschwerden einer möglicherweise besonders sensiblen, jedenfalls langjährigen Mieterin anders reagieren müssen, als bloß auf Räumung zu klagen und die Sache einem Gericht zu überlassen, zumal es den Missstand zunächst anerkannt hatte. Laut Vieten bestand die ASW nach der nicht ausreichenden Reparatur darauf, dass das Problem erledigt sei. Die Schallmessung wurde aber erst später vom Gericht veranlasst. Diese offiziell der katholischen Soziallehre verpflichtete Firma widmet sich oft nicht angemessen einer Problemlösung, sondern greift zu drastischen Maßnahmen, wie die erste, erfolglose Räumungsklage gegen Vieten und die anderen erwähnten Kündigungen in Düsseldorf und Köln zeigen.

2.3.4 Rohrbruch und Mietwucher

Die ASW bietet in Berlin überteuerte Wohnungen an,

hält aber nicht alle in Schuss

In Berlin gab es in den letzten Jahren ebenfalls einen Streitfall um ein ASW-Haus, wo Wasser nicht nur in Wänden für Schäden sorgte. Dazu gibt es Urteile des Amtsgerichts Berlin-Charlottenburg von Juli 2020 und des Landgerichts von Juni 2022.

Helena R. bewohnte in der Detmolder Straße in Berlin-Wilmersdorf eine 66 Quadratmeter große Zwei-Zimmer-Altbauwohnung. „Bis 2018 konnte ich alles tolerieren", sagt sie mir, und zählt Kleinigkeiten wie eine schimmlige Stelle im Wohnungsflur auf. Dann passierte aber etwas, das nicht toleriert werden kann.

Extra teure Wohnung mit extra Beregnung

„Am 4. September 2018 kam es in der streitgegenständlichen Wohnung zu einem Wasserschaden, der das Badezimmer betraf, dessen Ausmaß aber zwischen den Parteien streitig ist", hält das Amtsgericht fest. „Es regnete von der Badezimmerdecke", erzählt R. „Es tropfte nicht nur, es war ein Rinnsal. Beim Toilettengang wurde ich nass." Woher das Wasser kam, wisse sie nicht, es sei aber zwei Tage lang an zwei Stellen rund um die Uhr geflossen, danach habe es noch tagelang getropft. Da es draußen keinen Dauerregen gegeben habe, vermutet die Mieterin einen Rohrbruch als Ursache. Der Hausmeister habe am vierten Tag gesagt, das Problem sei behoben, und nun müsse nur noch gestrichen werden. Das passierte aber nicht. Weil dann auch noch die Heizung ausgefallen sei, habe die anhaltende Feuchtigkeit für einen modrigen Geruch gesorgt, der auch andere Räume durchzogen habe. Deswegen sah die Mieterin die Wohnung als unbewohnbar an und verlangte laut Amtsgericht am 8. Oktober von der ASW eine Mietminderung in Höhe von 60 Prozent, wobei sie ankündigte, dass sie ab November wieder die normale Miete zahlen würde. Sie rügte gleichzeitig, dass der „optische Schaden, mehrere sehr hässliche Wasserflecke", noch nicht beseitigt war. Das Amtsgericht hielt in seinem Urteil fest: „Unstreitig sind die durch den Wassereinbruch entstandenen Schäden nach wie vor nicht beseitigt."

Das Gericht zitiert auch die Aussage der Mieterin, „die Deckenbeleuchtung habe durch den Wassereintritt einen Schaden erlitten und funktioniere nach wie vor nicht". Da die ASW dann doch auch weiterhin nur eine – meistens um ungefähr ein Viertel – geminderte Miete erhielt, schickte sie im April 2019 die Kündigung. Im Juni folgte die Räumungsklage. Die Position der Firma gibt das Amtsgericht so wieder:

> „Der Wasserschaden sei nicht erheblich gewesen, keinesfalls träfen die Angaben der Beklagten zum Ausmaß zu. Das Badezimmer sei auch während der gesamten Zeit nutzbar gewesen und habe sich nicht in einem gesundheitsgefährdenden Zustand befunden."

Einen Mietrückstand sah die Mieterin auch deshalb nicht als gegeben an, weil die Miete schon immer unerlaubt hoch gewesen sei. Damit hatte sie Erfolg. Das Amtsgericht schrieb in seinem Urteil:

> „Es ist davon auszugehen, dass die von der Klägerin geforderte Miete im Sinne von § 5 Wirtschaftsstrafgesetz unangemessen hoch ist, weil sie die ortsübliche Vergleichsmiete um mehr als 20 % überschreitet, wobei die Klägerin insofern eine Mangellage ausnutzt."

Das Gericht berechnete für die Wohnung auf Basis des Berliner Mietspiegels eine ortsübliche Vergleichsmiete von 6,74 Euro pro Quadratmeter, insgesamt also rund 448 Euro nettokalt. Mit dem erlaubten Aufschlag von 20 Prozent wären es rund 537 Euro. Die ASW nahm aber 2018 rund 600 Euro Grundmiete, ab 2019 verlangte sie sogar rund 630 Euro. Ihre Räumungsklage wurde somit abgewiesen. Die Mieterin wurde zwar zu einer Nachzahlung verurteilt, weil sie die Miete zu stark gemindert hatte, der Mietrückstand war aber nicht groß genug, um eine Kündigung zu rechtfertigen.

Die ASW ging in Berufung, und hatte damit Erfolg. Helena R. minderte nämlich auch nach dem Amtsgerichtsurteil die Mietzahlungen um mehr als die gerichtlich zugestandenen fünf Prozent wegen der Wasserflecken an der Badezimmerdecke. Sie vertritt die Ansicht, dass aufgrund weiterer Mängel eine Minderung um 20 Prozent gerechtfertigt sei (was sie laut Landgericht nicht belegt hat), und führt zudem an, dass die ASW ihr jahrelang trotz entsprechender Aufforderungen nicht die Belege für die Hausnebenkosten gezeigt habe.

Laut Paragraf 273 des Bürgerlichen Gesetzbuches besteht ein Zurückbehaltungsrecht für eine Leistung, wenn die Gegenseite ihrer eigenen Pflicht, einen Anspruch zu erfüllen, nicht nachkommt. Da die Mieterin einen Anspruch auf Einsicht in die Nebenkostenbelege hat, darf sie die monatlichen Abschlagszahlungen verweigern, solange sie keinen Beweis sieht, dass die entsprechenden Kosten wirklich anfallen. Das ist anerkannte Rechtsprechung. Da die Nebenkosten insgesamt über 200 Euro monatlich ausmachten, minderte Helena R. die Miete dauerhaft auch um diesen Betrag. Das Landgericht behandelte diesen Aspekt aber nicht, und ließ keine Revision zu. Es verurteilte R. zur Räumung der Wohnung binnen drei Monaten und einer Nachzahlung.

Die Mieterin reichte wegen der Missachtung ihres Rechts auf Mietminderung wegen der Nebenkostenbelege eine Anhörungsrüge beim Gericht ein. Doch daraus wurde nichts, wie mir das Landgericht mitteilt:

> „Eine Entscheidung über eine Anhörungsrüge gibt es in diesem Verfahren nicht, lediglich ein Schreiben des Gerichts vom 31.03.2023, dass ein Schreiben der Beschwerdeführerin vom 11.03.2023 nicht als Anhörungsrüge zu verstehen war."

Während der Recherche zu diesem Buch dauerte der Rechtsstreit um die Nebenkostenbelege und -zahlungen noch an.

Überhöhte Miete bei einer Mangellage bedeutet kein Ausnutzen der Mangellage?

Das Landgericht verurteilte Helena R. zu einer deutlich höheren Nachzahlung als das Amtsgericht, weil es die Mietforderungen der ASW bestätigte. Es widersprach zwar nicht der vom Amtsgericht vorgenommenen Berechnung der ortsüblichen Vergleichsmiete, vertrat aber die Meinung, dass für die Anwendbarkeit von Paragraf 5 des Wirtschaftsstrafgesetzes die Höhe der Miete nicht entscheidend ist. Vielmehr müsse die Mieterin nachweisen, dass die ASW durch das Verlangen so einer hohen Miete den Mangel an Wohnraum ausgenutzt habe, oder anders gesagt: Die Mieterin müsse beweisen, dass sie diese Wohnung nur deshalb zu diesem hohen Preis angemietet habe, weil ihr angesichts der Marktlage keine andere Wahl blieb. Unter Bezug auf ein Urteil des Bundesgerichtshofs schrieb das Landgericht in seinem Urteil:

> „Dem Mieter ist es ohne weiteres möglich und zumutbar darzulegen, ob in seinem konkreten Fall der Vermieter die Lage auf dem

> Wohnungsmarkt zur Vereinbarung einer unangemessen hohen Miete ausgenutzt hat. Dazu braucht er lediglich vorzutragen, welche Bemühungen bei der Wohnungssuche er bisher unternommen hat, weshalb diese erfolglos geblieben sind und dass er mangels einer Ausweichmöglichkeit nunmehr auf den Abschluss des für ihn ungünstigen Mietvertrags angewiesen war."

Das ist eine bemerkenswerte Sichtweise angesichts eines fast zehn Jahre alten Mietvertrags. Die Mieterin trug zu diesem Aspekt etwas schriftlich vor, doch laut Landgericht hatte sie damit „ihre Bemühungen nicht ausreichend dargetan". Es war ihm zu „pauschal", ohne das Vorlegen der Bewerbungsunterlagen zu behaupten, sich „erfolglos auf 62 Wohnungen im gesamten Berliner Stadtraum beworben und diese besichtigt" zu haben.

Das Gericht legte sogar noch einen drauf und vertrat den Standpunkt, dass es auf den Beweis für die eigenen Bemühungen um andere Wohnungen – also indirekt für eine Mangellage – gar nicht ankomme, sondern auf den Vorwurf der Ausnutzung der Mangellage. Es erklärte dazu:

> „Bei dem Tatbestandsmerkmal der 'Ausnutzung' darf nicht allein auf das Verhalten des Vermieters und die objektive Lage auf dem maßgeblichen Wohnungsmarkt abgestellt werden."

Vielmehr müsse der Vermieter die Notlage der Wohnungsinteressentin erkennen, und die müsse das dann nachweisen. Das habe sie aber nicht getan: „Anhaltspunkte dafür, dass die Klägerin eine Zwangslage der Beklagten erkannt oder in Kauf genommen hat, sind nicht ersichtlich."

Das Gericht führte seine grundsätzliche Sicht der Dinge so aus:

> „Wer die geforderte Miete ohne weiteres oder aus besonderen persönlichen Gründen zu zahlen bereit ist, wer mithin eine objektiv bestehende Ausweichmöglichkeit nicht wahrnimmt, wird nicht 'ausgenutzt'."

Diese Interpretation drängt sich angesichts des Gesetzestextes allerdings nicht auf. Er lautet:

> „Unangemessen hoch sind Entgelte, die infolge der Ausnutzung eines geringen Angebots an vergleichbaren Räumen die üblichen Entgelte um mehr als 20 vom Hundert übersteigen (…)."

In Paragraf 5 des Wirtschaftsstrafgesetzes ist nicht die Rede davon, dass ein Mensch ausgenutzt wird, sondern eine Marktlage. Wer bei einem geringen Angebot vergleichbarer Räume mehr als 20 Prozent über dem üblichen

Preis verlangt, nutzt die Mangellage aus, unabhängig von seinen konkreten Gedanken und seinem Wissen über konkrete Wohnungsinteressierte. Denn wenn es keine Mangellage gäbe, würde in den meisten Fällen (Sonderfälle kann es immer geben) niemand zu diesem hohen Preis mieten wollen, und der Preis würde in die Nähe des Üblichen sinken. Das zeigt auch die Formulierung im Gesetz: Der hohe Preis wird „infolge der Ausnutzung" der Mangellage verlangt, die Ausnutzung geht also implizit damit einher und muss nicht im Vordergrund stehen, nicht einmal beabsichtigt sein. Wie die Zivilkammer 64 des Berliner Landgerichts sich in die Psyche eines Vermieters einfühlt, um ihn vor Vorwürfen zu beschützen, und Wohnungssuchenden mit wenig Geld entgegenhält, sie sollen eine Wuchermiete nicht persönlich nehmen, lässt sich offenbar weniger juristisch, als vielmehr politisch und soziologisch erklären.

Für das Landgericht ist die deutsche Rechtslage so: Überhöhte Mieten dürfen bei Menschen verlangt werden, die sich das leisten können, und wer sie sich nicht leisten kann, muss durch Dokumentieren seiner sonstigen Wohnungsbesichtigungen seine Notlage veranschaulichen, sowie dem Vermieter nachweislich mitteilen, dass er diesen Vertrag jetzt nur notgedrungen unterschreibt. Wenn der Vermieter dann in juristischer Hinsicht so unwissend ist, dass er den Vertrag dennoch eingeht – bei einer Mangellage dürfte er auch jemand anderen finden –, kann die Mieterin dann dagegen klagen. Da diese Konstellation unwahrscheinlich ist, kommen Firmen wie die ASW mit ihrer Ausnutzung der Wohnungsmarktmisere durch.

Welche Ausmaße der Mietwucher bei dieser Firma zumindest in der Hauptstadt hat, deutet eine Bemerkung in ihrem Jahresbericht für 2020 an. Da wurde nämlich erwähnt, dass der Berliner Senat den sogenannten Mietendeckel beschlossen hatte: Die Wohnungsmieten durften nicht erhöht werden, und bei Neuverträgen galten Obergrenzen. Deshalb plante die Firma für 2021 einen „Ertragsrückgang aufgrund des Berliner Mietendeckels" in Höhe von 900.000 Euro ein. Das bedeutet, dass ein wesentlicher Teil ihrer Berliner Mieteinnahmen auf einem Niveau liegt, das der Berliner Senat bekämpfte.

2.4 Die Schöpfung erhalten, aber nicht im Hinterhof

Wie die ASW in Berlin mit einem Neubau einen Innenhofgarten zerstören wollte und beim Haupthaus die Instandhaltung vernachlässigte

Die Elstern schreien laut, und auch sonst strahlt der kleine Innenhof der Taborstraße 9 sofort Leben aus. Eine hohe Lärche steht auf der linken Seite der Grünfläche, die die hintere Hälfte des Hofes ausmacht, gleich neben ihr eine nicht ganz so große Tanne. Ein paar nur drei bis fünf Meter hohe Bäume sowie Büsche und andere Pflanzen verteilen sich unregelmäßig über den an ein paar Stellen mit Efeu bewachsenen Rasen. Ein Vogelhaus, ein Fahrradständer an der rechten Grundstücksmauer, hier und da herumstehende oder -lehnende Gartenstühle sowie eine alte Teppichstange komplettieren das Bild von der Koexistenz von Mensch, Flora und Fauna. Die Leute, die mich zum Interview geladen haben, servieren auf einem Tischchen Tee aus der zwei Meter entfernt neben einem Busch wachsenden Pfefferminze und geben mir am Ende auch ein paar Stängel mit. Sie leben seit Jahrzehnten hier, eine von ihnen kümmert sich viel um den Garten und kennt die Tiere: Die Elstern sind Stammgäste, das Eichelhäherpaar hat zwei Junge, Fledermäuse kommen auch vorbei, und die größte Attraktion ist es, wenn die Eichhörnchen die Brandmauer des hohen Nachbargebäudes hochlaufen. Vor einem Jahr, im Juni 2022, feierte die Hausgemeinschaft hier ein Fest, bei dem auch mehrere größere Parteien vertreten waren, denn da war die Zitterpartie um ihren Hof beendet: Die *Aachener Siedlungs- und Wohnungsgesellschaft* verkündete, doch kein Haus auf der Grünfläche zu errichten.

Die Argumente für den Erhalt so einer Grünfläche liegen auf der Hand. Die Hausgemeinschaft am östlichen Rand von Berlin-Kreuzberg hat für ihre Öffentlichkeitsarbeit sogar persönliche Stellungnahmen aus fast allen 14 Haushalten zusammengestellt, in denen der Garten als „Oase“ und „Zufluchtsort“ bezeichnet wird, wo sich gut Ruhe und „Kraft tanken“ lässt. Die

Baupläne der ASW erzürnten sie zusätzlich, weil im und am Haus so viele andere Dinge seit Jahren nicht gemacht werden.

Wer den rund 18 Meter breiten und 30 Meter langen Hof betritt, muss zuerst auf zwölf Metern, also fast der Hälfte der Hoflänge eine quasi begrünte Betonfläche überqueren, die nämlich an unzähligen Stellen von Pflanzen aufgebrochen worden und zudem total uneben ist. Sogar Geröll liegt herum. „Halsbrecherisch" nennt das eine Bewohnerin. Wer nach Einbruch der Dunkelheit zurück ins Haus will und keinen sicheren Tritt hat, läuft hier Gefahr, sich zu verletzen.

Auf der ganzen Breite des Hauses steht ein Gerüst, weil die Fassade in so einem schlechten Zustand ist, dass schon mehrmals Gestein oder Putz heruntergefallen ist. An mehreren Stellen sind die Ziegelsteine der Wand sichtbar, weil der Putz großflächig abgebrochen ist. In der vorderen rechten Ecke des Hofes mündet die Regenrinne in eine Tonne. Auf rund zwei Meter Höhe macht sie einen Knick, und da tritt Wasser aus. Die Hauswand ist ab da abwärts verfärbt, mal grün, mal rötlich-orange, auf Hüfthöhe einen halben Meter breit. Seit über zwei Jahren beseitige die ASW das trotz wiederholter Hinweise nicht, erfahre ich.

Der Hausdurchgang ist zwischen Haustür und Treppenhaus auf beiden Seiten bis in über zwei Meter Höhe übersät mit diversen gesprühten und gemalten Schriftzügen in diversen Farben. Religiöse Bezüge sind nicht auszumachen – es ist die ganz normale hässliche Mischung, die sich ergibt, wenn alle möglichen Leute über Jahre hinweg auf eine Weise herumkritzeln, die von den Einen Vandalismus, von den Anderen Straßenkunst genannt wird. Auch gegen diesen Makel habe die ASW noch nie etwas getan, berichtet eine Bewohnerin.

Die katholische Wohnungsfirma kaufte das Haus 2007. Von Instandhaltung hat sie nicht viel gehalten, wie sich mehr als 15 Jahre später zeigt. Ab 2020 habe sie die Mietenden bei entsprechenden Bitten vertröstet, dass im Rahmen des Neubauprojekts auch am Altbau alles Nötige gemacht würde, wird mir berichtet.

Dabei war der Hausgemeinschaft ein Bauprojekt nie offiziell angekündigt worden, sagen mehrere Mieterinnen. Eine von ihnen habe in einem Gespräch mit dem Geschäftsführer der Berliner ASW-Niederlassung Markus Deml im März 2020 nebenbei davon erfahren. Daraufhin sei er im Spätsommer zu einem Treffen mit einem halben Dutzend Haushalten im Hof gekommen, wo er aber wenig konkret geworden sei. Auf den Hinweis, dass Kreuzberg schon dicht bebaut sei, so eine sogenannte Nachverdichtung der Bebauung also kritisch zu sehen sei, habe er sinngemäß geantwortet, die Hausgemeinschaft müsse bei der Bekämpfung der Wohnraumkrise helfen. Das schrieb Deml auch am 31. August in einer E-Mail an die Hausgemeinschaft:

> „Wie Sie sicherlich wissen, herrscht in der Innenstadt Berlins starker Wohnungsmangel. Wir sehen es daher nur als Gebot der von Ihnen zitierten Fairness an, unseren Beitrag zu einer moderaten Nachverdichtung vorhandener Flächenpotentiale zu leisten."

Begrünte Innenhöfe unter Druck

Die Hausgemeinschaft startete daraufhin eine Kampagne, bei der sie die Wichtigkeit innerstädtischer Grün- und Erholungsflächen betonte. Sie wurde dazu auch im frisch gegründeten *Bündnis Nachhaltige Stadtentwicklung* aktiv. Landes- und Bundesabgeordnete der Grünen, Linken und SPD – die in Kreuzberg größten Parteien – schalteten sich ein und schrieben zum Teil Briefe an die ASW. Eine von ihnen vermittelte und moderierte später ein weiteres Gespräch mit Deml im Haus. Die Presse wurde auf den Fall aufmerksam. Auch im Bezirksparlament kam er zur Sprache. Im Mai 2022 wurde dort mit den Stimmen von vor allem den Grünen und der Linken eine Resolution verabschiedet, die den Erhalt grüner Innenhöfe fordert. Einleitend hält die Resolution fest:

> „Viele grüne Innenhöfe in ganz Berlin werden aktuell bedroht, aufgrund von Nachverdichtung bebaut zu werden. Daher haben sich 29 Initiativen zum stadtweiten Bündnis Nachhaltige Stadtentwicklung zusammengeschlossen."

Anschließend werden die Vorteile von Innenhofgärten aufgezählt: Versickerungsflächen (weniger Regenwasser verschwindet in der Kanalisation), Förderung der Biodiversität, Abkühlung der Umgebung in den häufiger und heißer werdenden Hitzeperioden, Raum für Erholung und nachbarschaftliche Begegnungen. Das alles sei in Friedrichshain-Kreuzberg, dem an dichtesten besiedelten Bezirk Berlins, besonders wichtig, weshalb das Bezirksamt Hofbegrünungen bezuschusse. Der Berliner Senat habe so etwas zumindest angekündigt:

> „Auch das Land Berlin weist in den kürzlich beschlossenen Regierungsrichtlinien 2021-2026 auf die gesundheitliche Belastung durch Luftverschmutzung, Lärm, unzureichende wohnortnahe Grünflächen sowie die bioklimatische Belastung hin und erkennt die räum-

liche und soziale ungleiche Verteilung dieser Erholungsräume in Berlin an."

Das Bezirksparlament regte an, im Zuge der Nachverdichtung der Stadt nur versiegelte Flächen zu bebauen sowie Dächer auszubauen, und „appelliert daher ausdrücklich an die Eigentümer*innen, von Hofbebauung abzusehen und die grünen Innenhöfe zu schützen, die einen so wertvollen Beitrag zu unserer Lebensqualität im Bezirk leisten". Wer sich die Geschichte des Bauvorhabens in der Taborstraße 9 zu Gemüte führt, stellt fest, dass sich die ASW um all diese Dinge kaum geschert hatte.

Autoparkplätze statt Garten

Die wichtigsten Fakten zum Bauvorhaben der ASW finden sich in Dokumenten des Bezirksamts und der Gerichtsakte zum Rechtsstreit zwischen Unternehmen und Amt. Im Dezember 2015 beantragte die ASW die Genehmigung für den Ausbau des Dachstuhls mit zwei Wohnungen, den Anbau eines Außenaufzuges im Hof, die Wärmedämmung der Außenwände zu Straße und Hof sowie den Bau eines sogenannten Gartenhauses. Der Neubau sollte auf drei Stockwerken je eine Zwei-Zimmer-Wohnung samt Terrasse oder aufgeständertem Balkon mit rund 50 Quadratmeter Wohnfläche bekommen. Mit dem Bauantrag wurde eine Beschreibung des bestehenden Hauses eingereicht.

Demzufolge wurde das fünfgeschossige Haus mit 14 Wohnungen samt unausgebautem Dachstuhl 1954 errichtet, beziehungsweise wiederaufgebaut. Dass nun auch an ihm etwas gemacht werden musste, verschwieg die Beschreibung nicht: „Die Fassaden sind straßen- und hofseitig stark beschädigter Glattputz." Eine andere Formulierung lautet, dass „die Bestandsfassaden einen stark beschädigten, in großen Flächen abgeplatzten, maroden Putz aufweisen". Als konkrete Maßnahme wurde benannt: „Der vorhandene marode Dachstuhl wird bis auf die Geschossdecke fachgerecht abgetragen und entsorgt."

Im Hof sollte eine mindestens 50 Quadratmeter große „Gemeinschaftsfläche für spielende Kleinkinder" entstehen, die beiden großen Bäume könnten aber stehenbleiben. Auch eine „den Bestand ergänzende Begrünung und die Ausstattung mit versickerungsfähigem Belag" war vorgesehen. Dass die Begrünung ausgeweitet werden sollte, ist aber nicht die ganze Wahrheit, denn der Neubau sollte auf einer Grundfläche von 77 Quadratmetern plus Terrasse die rechte hintere Ecke des Hofes einnehmen, also einen beträchtlichen Teil des heutigen Gartens zunichtemachen. Und es sollte eine ganz besondere Neuerung für den Hof geben:

> „Für die neuen Dachgeschosswohnungen und den Neubau des ‘Gartenhauses’ werden auf dem großen Grundstück 5 PKW-Stellplätze angeboten, die durch die vorhandene Durchfahrt zu erreichen sind.“

Diese Durchfahrt ist der ganz normale Hausdurchgang, wie er in unzähligen Altbauten existiert. Laut den eingereichten Plänen ist er in der Mitte nur 2,70 Meter breit, am Ausgang zum Hof nur 2,60 Meter. Zum Vergleich: Schon das Mittelklassemodell VW Golf 7, das zwischen 2017 und 2020 gebaut wurde, ist mit Außenspiegeln je nach Karosserie 2,03 oder 2,05 Meter breit. Bekanntlich gibt es immer mehr breite und immer breitere Autos. Ich wohne seit 20 Jahren in einer innerstädtischen Berliner Altbaugegend und war schon in vielen solcher Hausdurchgänge, aber ich weiß nicht, ob ich jemals ein Auto habe durchfahren sehen. Das Parkplatzkonzept verwundert auch einige der Menschen in der Taborstraße 9, die seit Jahrzehnten in Kreuzberg wohnen und ebenfalls keine Fälle kennen, wo so ein Hausdurchgang von Autos befahren wird.

Jedenfalls ergab sich im Hof folgende geplante Anordnung. In der vorderen linken Ecke sollten sich die Autoparkplätze bis auf die heutige Grünfläche erstrecken. Dahinter kämen die beiden großen Bäume, und die hintere Ecke sollte weitgehend vom mindestens 50 Quadratmeter großen Spielplatz eingenommen werden. Die rechte hintere Ecke sollte der Neubau einnehmen, wobei zwischen Spielplatz und Haus nur wenige Meter Platz eingeplant waren. In der rechten vorderen Ecke waren der Müllplatz und Fahrradständer vorgesehen, letztere in einer Breite von nur etwas mehr als einem Autoparkplatz. Somit blieb als nennenswerte Freifläche nur die Mitte der vorderen Hälfte des Hofes übrig. Selbst wenn da eine zusätzliche Wiese und versickerungsfähiger Belag angelegt worden wären – von einem Garten lässt sich bei diesem Szenario nicht mehr sprechen. Zudem hätte diese Freifläche als Rangierraum gedient, denn auch das fünfte Auto hätte ja vernünftig seinen Parkplatz ansteuern können müssen.

Zu hohe Bebauungsdichte

Die sich ergebende Bebauungsdichte überstieg den von der Stadt vorgegebenen Rahmen. Zwei entscheidende Kenngrößen sind da die Grundflächenzahl (GRZ) und die Geschossflächenzahl (GFZ). Die für das Grundstück vorgegebene GRZ beträgt 0,3. Das bedeutet, dass 30 Prozent der

Grundstücksfläche bebaut sein dürfen, wobei auch befestigte Flächen wie der marode Beton im vorderen Teil des Hofes dazugezählt werden. An diese Obergrenze stößt das Grundstück schon heute. Nach den Baumaßnahmen hätte die GRZ 0,35 betragen. Die GFZ ist der Wert, der sich ergibt, wenn die Summe der Flächen auf allen Geschossen des Hauses durch die Grundstücksfläche geteilt wird. Er soll auch helfen, eine Übernutzung der zur Verfügung stehenden Infrastruktur sowie zwischenmenschlichen Stress zu verhindern. Wenn zum Beispiel das bestehende Haus doppelt so hoch wäre und doppelt so viele Menschen darin wohnten, wäre der Garten wohl oft kein allzu erholsamer Ort, beziehungsweise eventuell nur schwierig von einem Großteil der Bewohnerschaft gleichzeitig nutzbar. Bei diesem Grundstück liegt der erlaubte GFZ-Höchstwert bei 1,5 – was nicht wenig ist. Durch den Neubau und den Dachausbau wäre er von 1,26 auf 1,78 gestiegen. Somit brauchte das Projekt eine Ausnahmegenehmigung des Bezirks.

Der verweigerte sie aber im Mai 2016. Die ASW legte dagegen per Anwalt Widerspruch ein. Darin wurde argumentiert, das Bauprojekt diene dem „Allgemeinwohl", schließlich habe der Berliner Senat die ganze Stadt zu einem „angespannten Wohnungsmarkt" deklariert. Zudem seien die Abweichungen bei GRZ und GFZ klein und damit tolerabel. Doch das Bezirksamt blieb bei seiner Haltung und verwies in seiner Ablehnung des Widerspruchs nochmals darauf, dass die Einhaltung von GRZ und GFZ „der Wahrung gesunder Wohnverhältnisse" diene. Die von der ASW vorgeschlagenen Kompensationsmaßnahmen vor allem für die zusätzliche Bodenversiegelung seien nicht ausreichend. Die ASW klagte daraufhin beim Verwaltungsgericht. In seiner Entgegnung von Juli 2017 führte das Bezirksamt aus:

> „Die Klägerin versäumt es, bei ihrem Vorhaben die Potenziale zu nutzen, welche sich auf dem Grundstück zur Kompensation der Überschreitungen bieten. Im Gegenteil, werden die Wohn- und Aufenthaltsqualität durch die Anordnung von fünf derzeit nicht vorhandenen Stellplätzen verschlechtert. Der Müllplatz wird direkt vor der Wohnküche einer Einraumwohnung angeordnet, was zu einer Beeinträchtigung der Wohnverhältnisse führt. Fahrradstellplätze sind nicht in ausreichender Zahl für das Gesamtgrundstück vorgesehen und entsprechen überdies nicht den Ausführungsvorschriften zu §50 der Bauordnung Berlin, denn es handelt sich lediglich um Vorderradklemmen im Abstand von ca. 40 cm. Auch der geplante

> Kinderspielbereich entspricht nicht den Anforderungen der Ausführungsvorschriften zum §8 BauO Berlin. (...) Ein Gründach auf dem Neubau zur Kompensation der GRZ-Überschreitung ist ebenfalls nicht vorgesehen."

2018 reichte die Firma Änderungen zum Bauantrag ein, in der Hoffnung, die Genehmigung ohne Rechtsstreit zu bekommen. Damit hatte sie Erfolg, denn sie beherzigte die vom Bezirksamt geäußerte Kritik. Die Änderungen waren: keine Autoparkplätze mehr, Verschiebung des Müllplatzes, viel mehr Fahrradparkplätze, korrekter Spielplatz, Gründach für den Neubau. Allerdings dauerte es wieder sehr lange, nämlich bis zum Februar 2020, bis das Bezirksamt die Baugenehmigung erteilte.

Dialogversuche der Hausgemeinschaft

Kurz danach erfuhr die Hausgemeinschaft eher zufällig von dem Bauprojekt. Nachdem die beiden von einer Grünen-Politikerin vermittelten und moderierten Treffen mit ASW-Vertreter Deml erfolglos verlaufen waren – das zweite brach Deml laut zweier Anwesender sogar wütend ab –, schickte sie im August 2021 zur Erläuterung der ökologischen und sozialen Bedeutung des Gartens ein ausführlicheres Schreiben an die ASW, diesmal auch an die Kölner Zentrale. Das „Positionspapier" verwies unter anderem auf das

> „ungewöhnlich große Biotop mit einer Vielfalt an Pflanzen (Wildblumen, Maiglöckchen, Rosen, Mohnblumen etc.) Büschen (Holunder, Flieder, Johannisbeer, Brombeer, wilde Erdbeere) und Bäumen (Obstbäume, Lärche, Birken, Tannen), sowie einen Rückzugsort für verschiedene Tiere wie (Wild-)Bienen, Fledermäuse, Buntspechte, Falken, Amseln, Sperlinge, Mauersegler, Schwalben, Eichelhäher, Dohle, Krähen, Tauben, Schmetterlinge, Hornissen, Wespen, Nachtfalter, Insekten und humusbildende Regenwürmer".

Die Hausgemeinschaft bezog sich nicht nur auf die Außendarstellung der ASW, die sich angeblich gesellschaftlicher und ökologischer Verantwortung, fairem Umgang sowie attraktiven Städten verpflichtet fühlt. Auch auf das im November 2020 veröffentlichte und bis 2030 umzusetzende „Visionspapier zur Schöpfungsverantwortung" namens „Klimapositives und nachhaltig schöpfungsfreundliches Erzbistum Köln" wies sie hin. Erzbischof Woelki, dem über 40 Prozent der ASW-Firmenanteile gehören, hatte sich mit Sätzen zitieren lassen wie:

> „Der Ruf von Papst Franziskus zur ökologischen Umkehr ist deutlich. Ich setze mich mit Nachdruck dafür ein, dass wir uns im Erzbistum Köln ganz konkret der Mitverantwortung für die Schöpfung stellen.“

Der Papst habe 2015 in seiner berühmten Enzyklika „Laudato Si“ die Frage aufgeworfen: „Welche Art von Welt wollen wir denen überlassen, die nach uns kommen, den Kindern, die gerade aufwachsen?“ Alle Einrichtungen des Erzbistums Köln sollten nun weniger Klimagase ausstoßen.

„Gleichzeitig bedeutet Bewahrung der Schöpfung auch die Übernahme von Verantwortung gegenüber unseren Mitmenschen und Mitgeschöpfen“, führt das Erzbistum in seinem Internetauftritt aus. Biodiversität sowie „Bildung und Pastoral“ sind nun zwei von sechs offiziellen Handlungsfeldern. Die auch heute noch online stehenden, mit gezeichneten Elementen garnierten Begriffswolken zur Umsetzung des großen Programms enthalten die Stichworte: „Biodiversitätscheck“ (wobei ein kleiner Vogel auf einem Spaten sitzt), „Richtlinien für Artenschutz bei der Bauplanung“ (ein Käfer mit Stift und Zetteln in Händen) und „Pachtverträge sollen schöpfungsverantwortliches Verhalten fördern“.

In diesem Sinne schlug die Hausgemeinschaft in ihrem Positionspapier vor, mit finanzieller Unterstützung des Bezirks eine „klimagerechte“ weitere Bepflanzung des Gartens in Angriff zu nehmen, unter anderem mit „weiteren einheimischen Sträuchern entlang der Hauswand“. Ein weiterer Vorschlag:

> „Ein nachhaltiges Konzept zum Sammeln von Regenwasser und zur optimalen Vor-Ort- Versickerung könnte zusammen mit der Aachener SWG ins Auge gefasst werden.“

Zudem äußerte die Hausgemeinschaft die Idee,

> „den Garten einer interessierten, nachbarschaftlichen Öffentlichkeit punktuell zugänglich zu machen. So kann dieser Garten als Erholungsort, Ort des Innehaltens, des Miteinanders durch kleine Gartenevents, der Umweltbildung im Sinne des Papiers ‘Schöpfungsverantwortung 2030’ und der Regeneration dem gesamten Kiez von Nutzen sein. Wir haben in diesem Zusammenhang bereits Kontakt aufgenommen mit unseren direkten Nachbarn, der evangelischen Taborkirche und auch der katholischen St. Marien-Liebfrauenkirche.“

So könnte sogar „einer immer größer werdenden sozialen Vereinsamung und Verelendung“ entgegengewirkt werden. Eine Antwort blieb aus.

Schon im Januar 2021 hatte die Hausgemeinschaft schriftlich den Umweltbeauftragten des Erzbistums Köln um Hilfe gebeten. Der war mittlerweile auch Leiter der „Abteilung Schöpfungsverantwortung“ und wurde im Zusammenhang mit dem entsprechenden Visionspapier vom Erzbistum mit der Devise zitiert:

> „Auf allen Ebenen – vom Pfarramtssekretariat und den Jugendgruppen über den leitenden Pfarrer bis hin zur Bistumsverwaltung – ist jetzt ein Umdenken notwendig.“

Ein Bauprojekt in Berlin-Kreuzberg war ihm aber offenbar nicht wichtig genug, denn auch er antwortete nicht. Auf meine Anfrage beim Erzbistum, ob der Umweltbeauftragte den Brief erhalten hatte, und wie er damit umgegangen war, erhalte ich die Antwort, Fragen zu diesem Hause solle ich an die ASW richten.

Ein gänzlich unökologischer Bauantrag

Ein Eingehen der ASW auf all diese Dinge hätte eine Kehrtwende dargestellt, denn in ökologischer Hinsicht war ihr Bauantrag ein Armutszeugnis. Der Antrag ging am 10. Dezember 2015 beim Bezirksamt ein. Da lief der UN-Klimagipfel von Paris seit anderthalb Wochen. Schon im Vorfeld waren die Medien voll gewesen mit Berichterstattung zu Naturkatastrophen und zur Notwendigkeit eines globalen Klimaschutzabkommens. Im Juni hatte der Papst seine erwähnte Enzyklika *Laudato Si* mit der Absicht veröffentlicht, den Klimagipfel zu beeinflussen. Das größte Wohnungsunternehmen der deutschen katholischen Kirche beeinflusste er offenbar nicht.

Nicht nur blamierte sich die ASW, indem sie unnötige Autoparkplätze beantragte, zu wenige Fahrradparkplätze vorsah und nicht an ein Gründach für den Neubau dachte, obwohl das die zusätzliche und erst mal unerlaubte Versiegelung des Grundstücks gemindert hätte. Sie hatte zudem vor, den Neubau mit einer Gas-Zentralheizung auszustatten. So eine Heizung wird für Jahrzehnte errichtet. Stand Sommer 2023 müssen in Deutschland nur alte, ineffiziente Heizkessel nach 30 Jahren ausgetauscht werden. Wer Ende 2015 den Bau eines wann auch immer fertigzustellenden Hauses beantragte und darin eine Gasheizung vorsah, plante den Betrieb dieser Heizung realistischerweise bis mindestens Ende der 2030er-Jahre. Das hat mit Klimaschutz wenig zu tun. Von Solaranlagen auf den dann zwei Gebäuden war sowieso nie die Rede, und das, obwohl beim Altbau das Dach, wie erwähnt, komplett ausgetauscht werden sollte, was der ideale Moment für die Montage von Fotovoltaik ist. Seit Anfang 2023 gilt in Berlin, wie in vielen anderen Bundesländern auch, sogar die Pflicht zur Installation einer Solaranlage, wenn am Dach „wesentliche Umbauten“ vorgenommen werden.

Da die Absurdität der Autoparkplätze in diesem Hof Menschen, die nicht in der Berliner oder einer ähnlichen Innenstadt wohnen, vielleicht nicht ganz klar wird, einige Ausführungen zum Thema Mobilität. Laut dem Anwaltsschreiben, mit dem die ASW das Versagen der Baugenehmigung anfocht, sollten die fünf neuen Wohnungen „auch Mietern zur Verfügung stehen, die über ein geringes Einkommen verfügen“. Nun haben Menschen mit niedrigem Einkommen mit eher geringer Wahrscheinlichkeit ein Auto. Für Berlin gilt das umso mehr, denn hier verfügen seit langem weniger als die Hälfte aller Haushalte über ein Auto, was einer der niedrigsten, wenn nicht sogar der niedrigste Wert aller deutschen Großstädte ist. So schrieb die *Berliner Zeitung* im Juni 2021 unter Berufung auf „eine aktuelle Auswertung offizieller Zahlen, die das Center Automotive Research (CAR) in Duisburg vorgelegt hat“, dass Berlin mit 336 Autos pro 1000 Menschen die niedrigste Autodichte von zwei Dutzend betrachteten deutschen Großstädten hatte. Die Zeitung fügte hinzu:

> „Dass Berlin in puncto Verkehr eine besondere Stadt ist, wissen Experten seit langem. Von Pjöngjang in Nordkorea einmal abgesehen, dürfte es weltweit kaum eine andere Metropole geben, die so schwach motorisiert ist.“

Schon 2013 berichtete das Online-Portal *Zukunft Mobilität* des Verkehrsexperten Martin Randelhoff, der damit 2012 den Grimme Online Award in der Kategorie Information erhielt, unter Bezug auf eine große Haushaltsbefragung des Instituts für Verkehrsplanung und Straßenverkehr an der Technischen Universität Dresden, dass in den frühen 2000ern 45 Prozent der Berliner Haushalte keinen eigenen PKW besaßen, innerhalb des S-Bahn-Rings sogar über 57 Prozent. Laut der 2017 im Auftrag des Bundesverkehrsministeriums durchgeführten Haushaltsbefragung „Mobilität in Deutschland“, angeblich „eine der größten Mobilitätsstudien im Personenverkehr weltweit“, betrug der Anteil der Berliner Haushalte ohne eigenen PKW schon 51 Prozent. Dabei wurden auch die Einkommen der Befragten erhoben. Das Ergebnis: Drei Viertel der Menschen mit einem monatlichen Haushaltsnettoeinkommen von unter 1500 Euro hatten kein Auto. In der Gruppe bis 2000 Euro waren es 62 Prozent, in der Gruppe bis 3000 Euro immer noch 55 Prozent. Hingegen hatte in allen Einkommensgruppen über 3000 Euro die Mehrzahl der Menschen ein Auto. Da das berlinweite Zahlen sind, muss die Zahl der autolosen Haushalte in innenstädtischen und noch dazu eher von Armut geprägten Vierteln wie Kreuzberg noch höher sein. Diese Studie war übrigens schon mal 2008 durchgeführt worden.

Hinzu kommt: In der Taborstraße 9 ist die nächste Bushaltestelle nur etwas mehr als 100 Meter entfernt, und zur U-Bahn sind es selbst bei gemächlichem Gang kaum zehn Minuten, wie mir drei Menschen, die zum Teil im Rentenalter sind, bestätigen. In diesen Hof mit dieser Pseudo-Einfahrt fünf Parkplätze setzen zu wollen, zeugt nicht nur von ökologischer Ignoranz, sondern auch in mehrfacher Hinsicht von lokaler Unkenntnis.

Eine gewisse Ignoranz zeigte die ASW auch in sozialer Hinsicht, als das Mitgliedermagazin des Berliner Mietervereins über den Konflikt berichtete. In der Ausgabe von Oktober 2021 zitierte die Zeitschrift Friedrichshain-Kreuzbergs Bezirksstadtrat für Stadtentwicklung Florian Schmidt (Grüne), der das Bauprojekt letztendlich aus juristischen Gründen wohl nicht verhindern konnte, aber die damit verbundene Verdichtung der Bebauung weiterhin kritisierte:

> „Seit der vorgeschriebene Mindestabstand in der vorletzten, rot-roten Koalition auf das 0,4-fache der Gebäudehöhe gesenkt wurde, sehen wir eine zunehmende Nachverdichtung in den Hinterhöfen, die wieder in Richtung der Gründerzeitdichten geht."

Um Grünflächen in Höfen zu schützen, müssten die Mindestabstandsflächen in der Bauordnung deutlich erhöht werden. Übrigens hat das Thema seitdem an Brisanz gewonnen, wie sich 2023 an einer Nachbarschaftsinitiative im weniger als einen Kilometer von der Taborstraße entfernten sogenannten Reichenbergerkiez zeigt. Die Initiative *No Hype No Hide* protestiert gegen über ein halbes Dutzend Baustellen in Innenhöfen, wo sehr teure Eigentumswohnungen entstehen sollen.

Florian Schmidts historischer Hinweis bezieht sich darauf, dass früher weite Teile der Berliner Bevölkerung dicht gedrängt in Innenhöfen wohnten, die zum Teil auch noch von Unternehmen genutzt wurden. Diese Wohnungsdichte durch Abrisse verringert zu haben, gilt als Fortschritt. Die ASW sagte der Zeitschrift hingegen, dass das Bauprojekt die Wohnqualität „enorm steigert", da der Neubau eine Dachbegrünung (die der Bezirk erzwungen hatte) erhalte und eine aktuell versiegelte Fläche aufgebrochen werde. Das ist verlogen, denn die aktuelle halsbrecherische Betonfläche sollte zwar verschwinden, der Garten allerdings auch. Übrigens gibt es im

Haus nicht einmal Kinder, die vom Spielplatz profitieren würden, wie mir seitens zweier Haushalte gesagt wird. Und von den geplanten fünf neuen Wohnungen sollten vier nur zwei Zimmer haben, drei davon ohne Wohnküche – die meisten waren also nicht für Familien gedacht (jedenfalls nicht für welche mit herumlaufenden Kindern).

Rückzug per aggressiver und verlogener Pressemitteilung

Wie verlogen die ASW bei diesem Haus vorging, zeigte sich besonders stark ab Juni 2022, als sie die Einstellung der Baupläne verkündete. In einer Pressemitteilung wies sie wieder darauf hin, dass „eine bisher versiegelte Fläche im Innenhof entsiegelt und in höherwertige Grünfläche umgewandelt werden“ sollte, und dass die Grünfläche am Ende größer als vorher hätte sein sollen. Kein Wort vom Garten. Zudem behauptete sie:

> „Die Anwohner*innen wurden von uns eingeladen, sich an der Neugestaltung der Grünflächen zu beteiligen und ihre Ideen und Bedürfnisse einzubringen. Dieses Angebot wurde abgelehnt.“

Angesichts der Briefe der Hausgemeinschaft, in denen sie vergeblich ihre Ideen und Bedürfnisse äußerte, ist das eine Frechheit. Die ASW ging sogar mit der Parole „Wohnen ist ein Menschenrecht“ in die Offensive:

> „Wir finden es zunehmend problematisch, wenn individuelle Interessen von Anwohnenden über das gesellschaftliche Bedürfnis nach bezahlbarem Wohnraum gestellt werden. Diese Tendenz muss auch durch die politischen Vertreter*innen vor Ort antizipiert und verhandelt werden.“

Vollends unglaubwürdig wird das Menschenrechtsgetöse angesichts der Lage im Haus im Sommer 2023. Bei meinem Besuch vor Ort zeigt mir jemand die Türen von zwei Wohnungen im zweiten und dritten Stock, die seit mindestens anderthalb Jahren leerstünden. Sie sind die einzigen beiden, wo auf dem Türschloss ein kleiner grüner Punkt klebt – mutmaßlich eine Markierung des Leerstands.

Wenn eine Berliner Wohnung länger als drei Monate lang leerstehen soll, ist eine Genehmigung nötig. Die liegt aber nicht vor, wie mir das Bezirksamt Friedrichshain-Kreuzberg mitteilt. Es führt aus, Ende 2022 auf den Leerstand hingewiesen worden zu sein – dafür gibt es ein einfaches Online-Formular, das auch anonym ausgefüllt werden kann – und dann die ASW kontaktiert zu haben. In der Folge habe die Firma am 12. Januar

2023 einen Antrag auf Leerstandsgenehmigung gestellt, der mit Bescheid vom 26. Mai abgelehnt worden sei. Für die Rückführung der Wohnungen zu Wohnzwecken setzte das Amt eine Frist bis zum 30. Juni. Für den Fall der Zuwiderhandlung drohte es ein Zwangsgeld an. Eine Geldstrafe für die unstreitig unerlaubt lange Dauer des Leerstands verhängte es aber letztendlich nicht, denn „das Zwangsgeld besitzt keinen Strafcharakter, sondern dient als Beugemittel zur Herbeiführung eines zukünftigen Verhaltens", wie es mir auf Anfrage mitteilt. Die ASW habe Widerspruch dagegen eingelegt und mittlerweile mitgeteilt, dass eine Wohnung nun vermietet sei und die andere saniert werde, schrieb mir das Bezirksamt am 15. September. Beides würde nun überprüft.

Bei einem zweiten Besuch vor Ort Ende August erfahre ich, dass tatsächlich in einer der leeren Wohnungen Bauarbeiten stattfänden. Die andere wurde seit Mitte Juli von einer Mieterin bezogen, die dafür aus einer anderen Wohnung im Haus nach und nach ausgezogen ist, wie sie mir selbst sagt. Festzuhalten bleibt jedenfalls: Die ASW wollte den Garten dem Bau dreier Wohnungen opfern und inszeniert sich mit den insgesamt fünf neu geplanten Wohnungen als Menschenrechtskämpferin, ließ aber zwei der bestehenden Wohnungen sehr lange und ohne Genehmigung leerstehen.

Das ist aber noch nicht alles in Sachen Verlogenheit. Die erwähnte Pressemitteilung von Juni 2022 – die anscheinend nach dem Motto: „Angriff ist die beste Verteidigung", verfasst ist – endet mit folgenden Sätzen:

> „Dieses durch Individualinteressen bestimmte Klima macht es für uns kaum möglich, neuen Wohnraum zu errichten. Wir haben uns deshalb dazu entschieden, von unserem Bauvorhaben abzurücken und unsere Energie stärker in die klimagerechte Bestandsmodernisierung unserer Gebäude zu investieren. In diesem Rahmen halten wir in der Taborstraße 9 dennoch an der geplanten Bestandsmodernisierung sowie eines Ausbaus der Dachgeschosse fest."

Das ist schon mal unverständlich, denn die Baugenehmigung hatte die ASW da schon seit über zwei Jahren. Was hielt sie so lange davon ab, loszulegen? Anzunehmen ist, dass die stark gestiegenen Baukosten da eine weitaus größere Rolle spielten als das politische Mikroklima in Kreuzberg und im Haus. Von Bestandsmodernisierung und Ausbau des Dachgeschosses ist jedenfalls auch über ein Jahr nach dieser Ankündigung nichts zu sehen – im Gegenteil. Nicht mal die Instandhaltung wurde angemessen angegangen.

Wie gesagt, im Hof steht im Sommer 2023 über die gesamte Hausbreite ein schützendes Gerüst, damit niemand von Fassadenteilen getroffen wird. Übrigens seien Fassadenteile auch schon durch ein Fenster einer Erdgeschosswohnung gefallen, berichtet mir die dortige Mieterin. Das Bezirksamt teilte mir dazu Anfang Juli mit:

> „Die Gerüststellung erfolgte durch den Eigentümer im Zusammenhang mit einer am 17.9.2021 durchgeführten Ortsbesichtigung eines Mitarbeiters der bezirklichen Bauaufsicht. Die seitens des Grundstückseigentümers für das Jahr 2022/23 im Rahmen der Umsetzung der Baugenehmigung angekündigte Fassadensanierung ist im Hofbereich noch nicht erfolgt. Von daher werden seitens der Bauaufsicht nunmehr weitere Schritte zur Mängelbeseitigung eingeleitet."

Auf Nachfrage schrieb das Amt dazu am 15. September:

> „Aufgrund der noch nicht behobenen Mängel wurde gegenüber dem Eigentümer ein Verwaltungsverfahren mit dem Ziel der Instandsetzung der Fassade eingeleitet. Der Eigentümer hat dann hierzu Ende Juli erklärt, dass bereits Bauwerkverträge mit der beauftragten Firma abgeschlossen worden sind und ein Baubeginn noch in diesem Sommer erfolgen soll."

Zudem habe die ASW den Antrag gestellt, die Fassade sanieren und dämmen zu dürfen (was in einem sogenannten Milieuschutzgebiet nötig ist). Da die Firma somit den Willen zeigt, endlich etwas zu tun, entfällt auch hier das nicht auf die Vergangenheit, sondern das zukünftige Handeln abzielende Zwangsgeld.

Und was ist nun mit dem in der Pressemitteilung weiterhin angekündigten Dachgeschossausbau? Die Genehmigung dafür ist im Februar 2023 ausgelaufen, drei Jahre nach Erteilung. Offenbar wurde im Dachgeschoss nichts anderes gemacht, als auf dem Boden Teerpappe auszulegen, damit der durch die Löcher im Dach eindringende Regen nicht wieder zu einem Wasserschaden in den darunterliegenden Wohnungen führt. Das berichtet jedenfalls ein Haushalt im vierten Stock, der mit dem ausführenden Handwerker gesprochen habe. Der Handwerker habe kommen müssen, weil besagter unter dem unausgebauten Dach wohnender Haushalt 2021 einen Wasserschaden an der Decke hatte. Mir wird ein Video gezeigt, bei dem Wasser den Kabelstrang der Lampe herunterfließt und auf den Fußboden plätschert. Auch in einer weiteren Wohnung im vierten Stock wird mir von einem Wasserschaden 2021 berichtet. In beiden Fällen habe die Hausverwaltung die Flecken an der Decke – in einer Wohnung soll es schon schwarzer Schimmel gewesen sein – überstreichen lassen. Es ist jedenfalls nichts mehr zu sehen. Dafür umso mehr im Treppenhaus.

Die letzte Treppe zum Dachboden verläuft unter einer Dachschräge. Die ist eigentlich, anders als der Rest des Treppenhauses, rot gestrichen. Aber schon vom vierten Stock aus sind meterlange Spuren zu erkennen, die offensichtlich von fließendem Wasser stammen und ihren Anfang an der kleinen Luke zum Dach nehmen. Der Putz ist an etlichen Stellen abgeblättert. Bei Regen fließt also Wasser innen die Dachschräge entlang, wie mir ein ganz oben wohnender Haushalt bestätigt.

Schon 2015 hielt der Bauantrag fest, dass das „marode Dach" komplett entsorgt werden sollte. Der Gedanke war ganz offensichtlich richtig.

Und auch in diesem Haus der Aachener Schimmelwohnungsgesellschaft kommt ein bekannter Missstand dazu. Ich werde durch eine Erdgeschosswohnung geführt, wo vor allem im Winter immer wieder Schimmel in allen drei Räumen mit einer Wand zum Hof auftreten soll. Im Sommer ist kaum etwas zu sehen, nur gräuliche Flecken an der Leiste zwischen Boden und Küchenwand, aber das liege daran, versichert mir die Mieterin, dass sie selbst die Flecken manchmal mit Chlor beseitige und das Schlafzimmer letztes Jahr selbst gestrichen habe, weil sie sich an Flecken kurz unter der Decke gestört habe. Die ASW habe die Flecken behandeln lassen und für die Zukunft besseres Lüften angemahnt.

2.5 Wir sind schon christsozial, wir brauchen kein soziales Nachbarschaftsprojekt

Wie die ASW ein Berliner Haus nach jahrelangem Leerstand als Profitmaschine nutzt

Berlin-Kreuzberg, am letzten Samstag im September 2019. An der Ecke Großbeerenstraße und Obentrautstraße haben sich zwei Dutzend Menschen zu einer Kundgebung versammelt, ein weiteres Dutzend kommt im Lauf der Zeit hinzu. Es ist ein Berlin-weiter wohnungspolitischer Aktionstag, in einem anderen Stadtteil werden sogar kurzzeitig zwei Häuser besetzt. Hier, an einer kleinen innenstädtischen Kreuzung, wird gegen die ASW protestiert. Ein Redner fasst zusammen:

> „Die katholische Kirche meint, man kann so ein Haus lange leerstehen lassen und damit Geld machen. Nachdem dann der Skandal losging, und alle Leute mitbekommen haben, wie die Aachener tatsächlich ist, in Vertretung der katholischen Kirche, hat die Kirche gesagt: Okay, ein bisschen was für die Fassade müssen wir schon machen: Renovierungen. Jetzt steht hier aber immer noch viel leer. Wir sind heute hier, weil uns das immer noch ärgert. Es ärgert uns, dass Wohnraum leersteht. Es ärgert uns, dass, wenn schon mal besetzt wird und die Leute sich das nehmen, dann geräumt wird. Und es ärgert uns, dass die Stadtpolitik nicht dazu geführt hat, dass wir mit unseren Mietproblemen vorangekommen sind. Wir machen heute eine Kundgebung gegen die Stadt der Reichen und gegen Verdrängung."

Der Konflikt um die Großbeerenstraße 17a war also schon eskaliert und zu einem Thema in Berlins konstanten wohnungspolitischen Auseinandersetzungen geworden. Dieser Konflikt brachte der ASW vielleicht erstmals, wohl zumindest erstmals in der jüngeren Vergangenheit negative Presse. Sie ließ das Haus jahrelang weitgehend leerstehen und beendete dann mit Hilfe der Polizei eine Wohnungsbesetzung, die zu einem sozialen Projekt führen sollte. Heute vermietet sie zumindest eine Hälfte des Hauses zu hohen Mieten.

Die Großbeerenstraße 17a ist ein für die Berliner Innenstadt typischer Altbau mit drei Obergeschossen in einer typischen Gegend, wo die Wohnhäuser auch Geschäfte und Gastronomie beherbergen. Das Eckhaus liegt zwar an einer Durchgangsstraße, aber der Verkehr hält sich in Grenzen und die Umgebung kann wohl nicht als überlaufen gelten. Dabei befindet sich nur einige Hundert Meter entfernt die Bundeszentrale der SPD, und hinter der beginnt das Regierungsviertel. So gesehen also eine tolle Wohnlage. Die Gegend ist auch schon lange von der Immobilienspekulation geplagt.

Der Streit um den Leerstand

Die ASW kaufte das Haus Ende 2014. Damals schon waren acht der zwölf Wohnungen leer. Die neue Eigentümerin änderte das nicht, und irgendwann fiel das im Viertel auf. Dokumente des Bezirksparlaments belegen, dass das Haus dort über Jahre hinweg mehrmals Thema war.

Schon Anfang Januar 2016 bestätigte das Bezirksamt auf Anfrage eines Bezirksverordneten, dass es vom jahrelangen Leerstand wisse und deswegen „ein Amtsverfahren eingeleitet“ habe, denn die ASW habe nicht mal einen Antrag auf Leerstandsgenehmigung gestellt. Ein Jahr später erbrachte eine Anfrage, dass die Anträge mittlerweile gestellt waren. Der Leerstand wurde bis Juni 2017 genehmigt, weil es um eine „komplette Modernisierung und Sanierung“ gehe. Bekannt wurde in diesem Zuge auch, dass die *Aachener* einen Antrag auf einen Bauvorbescheid gestellt hatte: Sie wollte das Haus um ein oder zwei Geschosse aufstocken, Dachterrassen errichten, an der Hofseite Balkone anbauen und Wohnungsgrundrisse ändern. Das Stadtentwicklungsamt lehnte alle Maßnahmen ab, was wohl (auch) daran gelegen haben dürfte, dass sich für das Haus mit dem sehr kleinen Innenhof die Bewohnungsdichte erhöht hätte, Stichwort Geschossflächenzahl. Im März 2017 musste das Bezirksamt auf Anfrage zugeben, dass das Wohnungsamt den Leerstand aufgrund der angekündigten Baumaßnahmen genehmigt hatte, die das Stadtentwicklungsamt später verbot. „Die Genehmigung des Leerstands wird daher nach aktuellem Aktenstand widerrufen werden“, kündigte der Bezirksstadtrat für Soziales an. Im Oktober berichtete das Amt dem Bezirksparlament, dass es die Leerstandsgenehmigung zurückgezogen und ein Zwangsgeld angedroht hatte. Gegen beides ging die ASW rechtlich vor. Dem Amt teilte sie mit, dass sie die leeren Wohnungen sehr bald sanieren werde. So ging der Sozialstadtrat in seiner Parlamentsantwort vom 23. Oktober 2017 davon aus, dass noch vor Jahresende dort Menschen einziehen könnten. Im Februar 2018 lautete die Überschrift der Anfrage des Bezirksverordneten Julian Schwarze (Grüne, später stadtentwicklungspolitischer Fraktionssprecher im Berliner Abgeordnetenhaus): „Wann wird der langjährige Leerstand in der Großbeerenstraße 17a endlich beendet?“ Das Bezirksamt führte daraufhin aus, dass sich die Sanierungsarbeiten laut ASW wegen „unerwarteten Feuchtigkeitsschäden aufgrund schadhafter tragender Holzbalken“ verzögerten, die Vermietung aber „zeitnah“ erfolgen solle. Der Rechtsstreit um die Leerstandsgenehmigung werde weiter „bearbeitet“. Das Bezirksamt verhängte übrigens auch später keine Geldstrafe.

Parallel dazu bemühten sich Menschen aus dem Viertel um das Haus. Sie wollten dort ein gemeinschaftliches Wohnprojekt eröffnen. Im Mai 2017 antwortete die ASW einer beteiligten Person schriftlich, sie wolle das Haus nicht verkaufen, sondern sanieren. Da das weiterhin nicht passierte, kam es im September 2018 zur Besetzung zweier Wohnungen.

In einem Flugblatt wurde die Aktion so erklärt:

> „Wir sind eine Hausprojektgruppe, die nach Möglichkeiten für ein Zusammenwohnen nach dem Prinzip gegenseitiger und solidarischer Unterstützung sucht – auch im Alter. Der leerstehende Wohnraum in der Großbeerenstraße bietet diese Möglichkeit. Wir setzen uns dafür ein, dass in dem ebenfalls leerstehenden Gewerberaum im Haus ein nachbarschaftliches soziales Projekt entsteht. Welches Projekt im Viertel gebraucht wird, darüber soll in einer öffentlichen Stadtteilversammlung beraten und entschieden werden.“

Die ASW verzichtete darauf, die Besetzenden polizeilich räumen zu lassen, sondern überließ ihnen eine Wohnung und trat in Verhandlungen über ihr Vorhaben ein. Die Räume wurden umgehend zu politischen Zwecken genutzt.

Im Februar 2019 besuche ich für den *Deutschlandfunk* die besetzte Wohnung. Es handelt sich um eine der Drei-Zimmer-Eckwohnungen mit den rund zwei Meter hohen Fenstern, die schon in Schienbeinhöhe beginnen. Ausblick und Helligkeit sind in der Wohnung also gut, der Rest aber eher nicht. Im Badezimmer fehlt sogar die Decke, was einen Einblick in altes Gebälk beschert. Ähnlich sieht in den anderen Räumen der Boden entlang der Außenwände aus, genau unter den großen Fenstern. Da sind entlang der Wand die Dielen weggerissen, einen halben Meter breit. Da habe die ASW die feuchten Balken entdeckt, mit denen sie die Verzögerung der Sanierung begründete, erklärt mir ein Besetzer, der sich Winnie nennt. Da das Bezirksamt im Februar 2018 geschrieben hatte: „Nach Aussage des Eigentümers finden derzeit Sanierungsarbeiten in den leerstehenden Wohnungen statt, um die Vermietbarkeit wiederherzustellen.“, ist Winnie erbost: „Jetzt schaust du dich hier um, und hier ist nichts saniert!“ Die ASW habe ihnen nach der Besetzung ermöglicht, leere Wohnungen zu besichtigen. Die Gruppe habe das zusammen mit Leuten vom Fach gemacht, um den Sanierungsbedarf und die entsprechenden Kosten einzuschätzen, denn sie würde das Haus gerne kaufen. Winnie berichtet von „massiven Feuchtigkeitsschäden“ und Schimmel.

In einem der Räume hängt ein großer, handgeschriebener Kalender. Für fast jeden der nächsten Tage ist da ein Termin eingetragen: Gruppentreffen, Lesungen, Workshops. Winnie sagt, dass die Nachfrage seitens lokaler und berlinweiter mietenpolitischer Gruppen groß sei, manchmal fänden zwei Treffen gleichzeitig statt.

Zusammen mit einer Besetzerin, die sich Lulu nennt, setzen wir uns an einen Tisch zum Interview. Zu trinken gibt es Tee aus Plastikbechern. Das Wasser dafür kommt in einer Thermoskanne aus der Küche, wo gerade Leute von einer anderen Gruppe für ihr Treffen kochen.

Ungefähr 1960 wurde sie hier ganz in der Nähe geboren, sagt Lulu, und seitdem wohne sie in Berlin, auch lange in Kreuzberg. Dramatische Veränderungen habe sie erlebt. Der Hausprojektgruppe ist der politische Kampf für eine Stadt für alle wichtig. Ihre rund 15 Mitglieder wohnen angeblich in der Gegend oder in angrenzenden Stadtteilen, und kennen sich aus stadtpolitischen Gruppen oder sind befreundet. Bemerkenswert ist, dass es hier auch sehr ums Wohnen im Alter geht. Winnie führt aus:

> „Wir sind alle etwas älter und haben in unseren jetzigen Wohnverhältnissen keine Perspektive fürs Alter. Wir leben alleine oder in kleinen WGs und streben jetzt an, ein gemeinschaftliches Wohnen zu organisieren, wo wir uns gegenseitig im Alter unterstützen.“

Er selbst sei in seiner Wohnung wegen Eigenbedarfs gekündigt und müsse in einigen Jahren draußen sein.

Die Gruppe wollte das Haus eigentlich kaufen, um es dem Markt zu entziehen, habe sich in den Verhandlungen mit der ASW, die von einer Grünen-Politikerin moderiert wurden, aber offen für einen Mietvertrag gezeigt, berichtet Lulu. Doch die ASW erklärte die Gespräche Ende Februar 2019 für gescheitert und verlangte die Rückgabe der Wohnung Ende März. Die Hausprojektgruppe nannte das überraschend und vermisste eine nachvollziehbare Begründung.

Markus Deml, Leiter der Berliner ASW-Niederlassung, lehnte eine Interviewanfrage ab und schrieb mir, es gebe in der Großbeerenstraße „keinen Konflikt“, was er auf Nachfrage bekräftigte, obwohl es nicht zu den simplen Fakten passte. Deml erklärte, ab April werde das Haus saniert, und neben der Vermietung eines Teils des Hauses an einen sozialen Träger solle es zukünftig „normale Wohnungsmietverträge“ geben.

Da die besetzte Wohnung nicht geräumt wurde, postierte die ASW einen Wachdienst am Hauseingang. Es kam zu einer Abmachung, dass sich nie mehr als fünf Personen in der besetzten Wohnung aufhalten sollten. Das Haus wurde dann endlich wegen Bauarbeiten eingerüstet. Wohl über das Gerüst verschafften sich am 29. Mai weitere Personen Zutritt zur Wohnung, weil zu einer Feier mobilisiert worden war. Nach weitgehend übereinstimmenden Aussagen beider Seiten geschah dann Folgendes: Die herbeigerufene Polizei drohte im Beisein eines ASW-Vertreters mit Räumung und Personalienerhebung, so dass die Wohnung von allen Anwesenden verlassen wurde. Damit endete die Besetzung.

Zu diesem Zeitpunkt standen noch Verhandlungen über eine mögliche Zusammenarbeit an, die von zwei Grünen-Politikerinnen vermittelt wurden, wie Deml mir bestätigte. Wegen „erneut besetzungsähnlicher Handlungen“ sei es nicht dazu gekommen.

Julian Schwarze sah das anders. Der damalige Co-Vorsitzende der Grünen-Fraktion im Bezirksparlament, der im Lauf der Jahre immer wieder Anfragen ans Bezirksamt wegen dieses Hauses gestellt hatte, schrieb mir, die ASW habe die Verhandlungen auf ihm „unverständliche“ Weise „abgewürgt“. Zu dieser Einschätzung sei er nach Gesprächen mit sowohl der Hausprojektgruppe als auch der Firma und den vermittelnden Grünen-Politikerinnen gekommen. „Es war ein akzeptierter Diskussionspunkt, dass in einem Teil des Hauses ein kollektives Wohnprojekt einziehen könnte“, berichtet Schwarze.

Darüber redete die ASW nun nicht mehr. Dabei lag zum Zeitpunkt der Räumung ein von der Hausprojektgruppe erstelltes Konzept für neuerliche Verhandlungen bei der Geschäftsführung, demzufolge das Haus nicht verkauft, sondern einige Wohnungen an die Gruppe vermietet werden sollten. Da die Gruppe sich dann an den Aufsichtsratsvorsitzenden der Firma wandte, schrieb die Geschäftsführung ihm im Juli 2019:

> „Seit unserer Gründung 1949 ist unsere sozial-christliche Ausrichtung prägend für unser Handeln. Die soziale Verantwortung gegenüber einzelnen Menschen und der Gesellschaft im Allgemeinen

steht im Vordergrund unserer Immobilienleistungen. So versorgen wir breite Bevölkerungskreise mit preiswertem Wohnraum. Wir bauen und schaffen Wohnraum für gesellschaftliche Gruppen, die es auf dem freien Wohnungsmarkt schwer haben, eine bedarfsgerechte Wohnung zu finden. Dazu zählen zum Beispiel Seniorinnen und Senioren, Menschen mit Behinderungen, Schutzsuchende oder Obdachlose. Damit fördern wir das nachbarschaftliche, soziale Miteinander in den Quartieren und leisten einen Beitrag für lebenswerte Städte und Kommunen – und zwar für alle Menschen. Nach genau diesen Grundsätzen werden wir auch die Modernisierung der Großbeerenstraße 17a und die spätere Bewirtschaftung gestalten."

Fakt ist aber, dass die ASW bei diesem Haus die Vorhaben eines gemeinschaftlichen Wohnens im Alter und eines Nachbarschaftstreffs – also beides Punkte, die ihr angeblich wichtig sind – zunichte machte. Sie berief sich beim Thema soziale Vermietung immer wieder darauf, dass sie das Haus auf jeden Fall für ein Wohnprojekt eines sozialen Trägers zur Verfügung stellen wollte, und dass sie bereits eine Winter-Notübernachtungseinrichtung für Obdachlose im Souterrain beherbergte.

Letztere nahm die Arbeit im Dezember 2018 auf. Da erst beantragte die Firma eine Genehmigung für den Umbau des Souterrains für die Bedürfnisse der neuen Einrichtung (die wegen der Dringlichkeit schon vor Erteilung der Genehmigung die Arbeit aufnehmen durfte) – also drei Monate nach der Wohnungsbesetzung und vier Jahre nach dem Kauf des Hauses. Die Verantwortliche beim Sozialdienst Katholischer Frauen, der das Projekte durchführte, sagte mir, dass sie erst im Oktober 2018 mit der Arbeit am nötigen Finanzierungsantrag begonnen hatte – also ebenfalls erst nach der Besetzung. Anscheinend war die Einrichtung der Notübernachtungsräume eine Reaktion auf die Besetzung und die Vorwürfe wegen des jahrelangen Leerstands.

Teure Vermietung und falsche Aussagen

Gegen Ende 2020 waren die Sanierungsarbeiten nach einer mehrmonatigen Verspätung abgeschlossen. Eine Hälfte des Hauses ist nun an ein Hilfsprojekt vermietet. Im erwähnten Brief an ihren Aufsichtsratsvorsitzenden von Juli 2019 kündigte die ASW-Geschäftsführung an: „Die übrigen Wohnungen werden an Menschen mit unterschiedlichen Bedarfen und wirtschaftlichen Mitteln vermietet.“ Sie würden „dem freien Wohnungsmarkt zugeführt“, wie mir der Berliner Niederlassungsleiter Deml damals mitteilte.

Im Mai 2021 beginne ich zu recherchieren, was daraus geworden ist. Die ASW teilt mir mit, die Miete in den renovierten Wohnungen „orientiert sich am Berliner Mietspiegel“. Dann lerne ich den Mieter Aron O. kennen, der mir seinen Mietvertrag zeigt. Dort werden zwei verschiedene Miethöhen genannt. Das wurde in Berlin 2020 üblich, weil der vom Berliner Senat erlassene sogenannte Mietendeckel galt, der Obergrenzen festlegte. Da CDU und FDP umgehend eine Klage gegen dieses Landesgesetz angekündigt hatten, enthielten viele neu geschlossene Mietverträge neben der gesetzlich vorgeschriebenen Miete eine höhere für den Fall, dass der Mietendeckel für rechtswidrig erklärt wird. Das geschah dann im April 2021 tatsächlich. Für O. betrug die einst gesetzlich erlaubte Miete 7,50 Euro nettokalt pro Quadratmeter. Die von der ASW eigentlich erwünschte Miethöhe, die sie dann auch rückwirkend verlangte, beträgt 14,50 Euro nettokalt. Da die Wohnung 61 Quadratmeter hat, ergibt sich eine Differenz zwischen den beiden Miethöhen von rund 430 Euro. O. sagte mir damals schon, dass das ein riesiges Problem für ihn sei, von dem er noch nicht wisse, wie er es lösen kann. Im Sommer 2023 zeigt mir der immer noch einigermaßen verzweifelte Musiker ein Dokument von September 2021, demzufolge die ASW eine zweite Person im Mietvertrag, also eine Wohngemeinschaft, akzeptierte. Die ab 2020 geltenden Veranstaltungsverbote hätten ein großes Loch in seine Finanzen gerissen, erklärt O.

Auch eine andere Mieterin schildert mir so eine Problematik. In ihrem Mietvertrag liegt die vom Mietendeckel vorgeschriebene Miete ebenfalls bei knapp 7,50 Euro nettokalt pro Quadratmeter, und die von der ASW eigentlich erwünschte bei 14 Euro. Die Mieterin leitet mir den E-Mail-Verkehr mit der ASW in dieser Angelegenheit weiter. Noch am Abend des Tages, an dem der Mietendeckel gerichtlich verboten wurde, schrieb sie zusammen mit zwei Nachbarinnen die Firma an, um zu fragen, wie sie mit dem Urteil umzugehen gedachte. Darin erwähnten die drei: „Das letzte Jahr war für uns alle nicht leicht und hat uns vor unerwartete Herausforderungen gestellt, vor allem finanziell.“ Zwei von ihnen seien noch in Ausbildung, und die Dritte von Kurzarbeit betroffen. Die Frage nach einem „Kompromiss“ in Sachen Miethöhe verbanden sie mit einer Einladung zu Kaffee und Kuchen.

Schon am nächsten Morgen antwortete Markus Deml, die Firma werde bald mitteilen, wie sie mit dem Urteil umgehen werde. Er fügte hinzu:

> „Über die Ausgestaltung von individuellen Lösungen konnte jede von Ihnen in der Vergangenheit mit mir sprechen, daher irritiert der gemeinsame Vorstoß. Sich als Hausgemeinschaft zu bezeichnen, vor dem Hintergrund des von Ihnen bewohnten Hauses, tut sein Übriges."

Warum die Mieterinnen nicht von einer Hausgemeinschaft sprechen sollten – die Aussage lautete: „Wir als Hausgemeinschaft fühlen uns hier wohl" –, erschließt sich schon mal nicht. Seltsam ist auch der erste Satz. Wie sinnvoll ist es, individuelle Lösungen für ein Problem zu besprechen, das noch gar nicht existiert und vielleicht gar nicht kommt? „Wir waren ganz schön baff" angesichts dieser „patzigen" Antwort, berichtet die Mieterin – besser gesagt: Ex-Mieterin, denn ungefähr ein halbes Jahr später zog sie wieder aus, nach nicht einmal einem Jahr in der Wohnung. Die ASW verlangte die um fast 370 Euro pro Monat höhere Miete auch rückwirkend. „Das hatte ich nicht erwartet", hält die Ex-Mieterin fest. „Andere Firmen haben das nicht rückwirkend gemacht. Und die Aachener soll ja sozial sein." Die ASW akzeptierte immerhin, dass sie die nachträgliche Mieterhöhung in Höhe von insgesamt fast 2200 Euro in Monatsraten von 80 Euro bezahlt bekam.

Die tatsächliche Entwicklung in diesem Hausteil widerspricht zwei der zitierten Aussagen der ASW. Im Juli 2019 kündigte die Geschäftsführung dem Aufsichtsratsvorsitzenden an, die Wohnungen würden „an Menschen mit unterschiedlichen Bedarfen und wirtschaftlichen Mitteln vermietet". Danach sieht es aber nicht aus. Die Ex-Mieterin aus dem ersten Obergeschoss berichtet, dass die Mieten mit jedem Stockwerk um 50 Cent pro Quadratmeter höher liegen. Bezüglich Aron O. stimmt das, denn seine Wohnung ist im zweiten Stock und 50 Cent teurer. Meine schriftliche Frage an die ASW im Mai 2021 lautete:

> „Haben die neu vermieteten Wohnungen alle ungefähr dieselbe Miethöhe pro Quadratmeter, oder haben Sie irgendeine Staffelung vorgenommen, um relativ niedrige mit hohen Mieten auszugleichen und so Wohnraum für verschiedene Klientele anzubieten?"

Die Antwort war ausweichend, nämlich dass die Miethöhen von der jeweiligen Wohnungsausstattung abhingen, sich aber am Mietspiegel orientierten. Hätte tatsächlich eine Vermietung an Menschen mit nennenswert „unterschiedlichen wirtschaftlichen Mitteln" stattgefunden, hätte die Firma meine Frage einfach bejahen können.

Die unterschiedlichen Miethöhen passen übrigens nicht zum Mietendeckel, denn der schrieb nicht nur bei den beiden Verträgen, die ich kenne, denselben Quadratmeterpreis vor, sondern war auch allgemein etagenunabhängig. Die ASW nutzt also die Marktmöglichkeiten auch in dieser Hinsicht aus. Wie im Kapitel zur Berliner Mieterin Helena R. erwähnt, plante die Firma für 2021 einen „Ertragsrückgang aufgrund des Berliner Mietendeckels“ in Höhe von 900.000 Euro ein.

Die Aussage der ASW zu den Miethöhen mir gegenüber ist sogar als absichtliche Täuschung anzusehen. Berlins Mietendeckel wurde am 15. April 2021 gerichtlich verboten. Am 23. Mai schrieb mir die Firma, die Miete „orientiert sich am Berliner Mietspiegel“. Zu diesem Zeitpunkt war klar, dass die Mieten 14 Euro und mehr pro Quadratmeter betrugen, denn so ist es in den beiden Verträgen, die ich eingesehen habe, für den Fall des Scheiterns des Mietendeckels festgehalten. Solche Quadratmeterpreise haben nichts mit dem sogenannten Mietspiegel zu tun. Das geht sogar aus den Mietverträgen hervor: „Die Miete ist höher als gemäß § 556d BGB, weil es sich um die erste Vermietung nach umfassender Modernisierung handelt.“

Paragraf 556d des Bürgerlichen Gesetzbuches beginnt mit folgender Festlegung:

> „Wird ein Mietvertrag über Wohnraum abgeschlossen, der in einem durch Rechtsverordnung (...) bestimmten Gebiet mit einem angespannten Wohnungsmarkt liegt, so darf die Miete zu Beginn des Mietverhältnisses die ortsübliche Vergleichsmiete (§ 558 Absatz 2) höchstens um 10 Prozent übersteigen.“

Der Berliner Senat hat schon vor langem das gesamte Stadtgebiet zum angespannten Wohnungsmarkt erklärt, und die ortsübliche Vergleichsmiete ist hier gleichbedeutend mit dem sogenannten Mietspiegel (der eigentlich Mieterhöhungsspiegel heißen müsste, denn er kann per Definition nie zu sinkenden Mieten führen). Die Verträge enthalten also den Hinweis, dass diese Schutzregelung auf Basis des Mietspiegels hier nicht gilt, weil die Wohnung umfassend modernisiert wurde. Die 7,50 Euro pro Quadratmeter orientierten sich am Mietspiegel, wurden aber erstens vom Berliner Senat erzwungen und galten zweitens nur bis zum 15. April. Ab da galt laut Vertrag auch rückwirkend die hohe Miete. Die Auskunft an mich vom 23. Mai war also falsch.

Fazit: Die ASW hat trotz entsprechender Versprechungen jahrelang nicht den Leerstand beendet. Sie behauptet, dass ihr Wohnungen für alte Menschen und Nachbarschaftsprojekte wichtig sind, aber als ihr die Option für beides sozusagen auf dem Silbertablett serviert wird, schlägt sie das Angebot aus. Sie kündigt an, auch die nicht von einem sozialen Träger angemieteten Wohnungen an Menschen mit verschiedenen finanziellen Ressourcen zu vergeben, verlangt aber Mieten, die das faktisch verunmöglichen. Schon die ursprünglichen Pläne mit Balkonen und Dachterrassen gingen in Richtung Aufwertung des Hauses. Und sie behauptet wahrheitswidrig, die Mieten orientierten sich am Mietspiegel. Das größte Wohnungsunternehmen der katholischen Kirche hat bezüglich der Großbeerenstraße 17a der Öffentlichkeit immer wieder einen großen Bären aufgebunden.

3. Die weltlichen Hände des Marktes

Wie Kölner Nonnen Immobilien verscherbelten und ein eigentlich in ihrem Auftrag arbeitender Anwalt damit einen Reibach machte

Noch im Frühjahr 2023 enthielt der Internetauftritt der dem bekannten Kölner Immobilienunternehmer Wolfgang von Moers gehörenden Firma *WvM Immobilien* eine große Anzeige mit dem Titel: „Penthouse-Galeriewohnung im Kölner Süden zum Kauf". Es handelte sich um eine ungewöhnliche Konstellation: Die Hauptwohnfläche plus eine 40 Quadratmeter große Terrasse befinden sich im achten Stock, und darüber, zugänglich über eine Wendeltreppe, gibt es sowohl im neunten als auch im zehnten Stock eine Art Turmzimmer, das eine 19, das andere 28 Quadratmeter groß. Auf den erwähnten Etagen wohnt niemand sonst. Die „Immobilienperle in einem der ersten Atriumhäuser Kölns" (Baujahr 1972) befindet sich in der Bernhardstraße 12 in Köln-Bayenthal, einem relativ teuren Viertel. Laut dem Online-Portal *Immoscout 24* betrug der Quadratmeterpreis in der Umgebung dieses Hauses Ende 2022 über 5500 Euro, während der Kölner Durchschnitt bei knapp 4300 Euro lag. Besagte Wohnung dürfte somit etwa eine Million Euro gekostet haben. Das von dieser Immobilienperle gekrönte Haus beinhaltet rund 100 Eigentumswohnungen, hatte aber um die Jahrtausendwende noch einen ganz anderen Charakter. Damals gab es auch noch nicht die einen Steinwurf entfernten teuren Stadtvillen in der Schillerstraße. Dieses Grundstück zwischen Bernhard- und Schillerstraße wurde zu einer Goldgrube, weil ein katholischer Orden es verscherbelte. Die Begleitumstände waren höchst dubios und nicht ganz legal. Diese Geschichte ist der Öffentlichkeit unbekannt und wird hier zum ersten Mal erzählt.

Ein Orden im Niedergang

Die Geschichte spielt im Umfeld des Ordens der Cellitinnen. Dieser hat seine Ursprünge im Mittelalter, als sich Frauen der Krankenpflege widmeten. In Köln begannen solche Cellitinnen 1838 ihre Tätigkeit in einem Krankenhaus, 1870 bezogen sie ihr Hauptquartier in der Severinstraße, das noch heute als Severinsklösterchen bekannt ist. Nach und nach gründeten sie einige Krankenhäuser. Bis 1971 waren sie sogar „für die Pflege und Bewirtschaftung der Städtischen Krankenanstalten Lindenburg, der heutigen Uniklinik Köln, verantwortlich", wie der Orden in seinem Internetauftritt festhält.

Erst im Dezember 2022 verschwand eine Doppelstruktur bei den Kölner Cellitinnen. Da schlossen sich nach jahrelanger Vorarbeit der gemeinnützige Verein *Stiftung der Cellitinnen* und die tatsächliche Stiftung kirchlichen Rechts *Stiftung der Cellitinnen zur heiligen Maria* – es waren zwei organisatorisch getrennte Orden – zur Stiftung kirchlichen Rechts *Stiftung der Cellitinnen* zusammen. Der Verein hatte bis 2001 *Genossenschaft der Cellitinnen nach der Regel des heiligen Augustinus* geheißen, was aber mit der Rechtsform Genossenschaft nichts zu tun hat. Dieser wirtschaftlich tätige Verein war es, der neben seinem Krankenhaus St. Antonius zwischen Bernhard- und Schillerstraße ein großes Grundstück besaß, das im Ordensumfeld Begehrlichkeiten weckte.

Der entscheidende Hintergrund dabei ist der Nachwuchsmangel der Cellitinnen. Die folgende Darstellung basiert auf einer Zusammenfassung der damaligen Vereinsvorsitzenden und Leiterin der deutschen Ordensprovinz Schwester Veronika Nober aus dem Jahr 2000, die im Kölner Vereinsregister einsehbar ist.

In den ersten Jahrzehnten des 20. Jahrhunderts verzeichneten die Kölner Cellitinnen nach der Regel des heiligen Augustinus zwischen 30 und 70 Neumitglieder pro Jahr. So konnten sie zeitweise in 90 Kranken- und Waisenhäusern, Schulen, Kindergärten, Fürsorge- und Erholungsheimen arbeiten, die ihnen zum Teil auch gehörten. Sie haben „die Entwicklung des Sozialwesens der Stadt Köln im 19. und 20. Jahrhundert wesentlich mitgeprägt". In den 1960ern begann die Zahl der Ordensschwestern aber zu sinken. So wurden nach und nach die Tätigkeiten in Einrichtungen, die nicht dem Orden gehörten, eingestellt. Irgendwann kam die Idee auf, wegen des Personalmangels auch die unternehmerische Verantwortung für die eigenen Einrichtungen an Externe abzugeben – also „in weltliche Hände", wie es an anderer Stelle heißt – und sich nur noch „kirchlichen Aufgaben" zu widmen. So wurden der 1920 gegründete Verein und seine seitdem im Wesentlichen unveränderte Satzung umstrukturiert. Ab Anfang 2001 hatte der Verein nicht nur einen neuen Namen, sondern auch einen neuen Charakter (dazu später mehr). Zeitgleich wurden die drei Krankenhäuser und die anderen Betriebe in gemeinnützige GmbHs umgewandelt, deren einziger Gesellschafter aber der Verein blieb. Nobers erwähnter Grundsatztext, der die Vereinsumstrukturierung begründete, hält fest, dass die langfristige Absicht war, eine Stiftung zu gründen, die ausschließlich kirchlichen und gemeinnützigen Zwecken dienen sollte. Dieser Stiftung sollten sowohl die nun als Einzelunternehmen firmierenden Krankenhäuser, Altenheime undsoweiter überschrieben werden als auch – und das ist für unsere Geschichte wichtig – „das nach Ertrag und Substanz gesunde immobile Vermögen" des Vereins, beziehungsweise Ordens.

Übrigens brachte der andere Orden, die *Cellitinnen zur heiligen Maria*, diesen Prozess früher und schneller über die Bühne: Laut seinem Interneteauftritt begann da ebenfalls wegen des Nachwuchsproblems schon 1990 die Umstrukturierung. Die vielen Krankenhäuser und sozialen Einrichtungen erhielten „eine neue Organisationsform", wurden also nicht mehr (nur) vom Orden geführt. 2002 wurde die Stiftung gegründet.

Ein paar Zahlen zur Veranschaulichung des Nachwuchsproblems der *Cellitinnen nach der Regel des heiligen Augustinus*: Schwester Domitilla Büdenbender, ehemalige Assistentin der Ordensleitung, berichtete 2013 in einem Artikel des *Bonner Generalanzeigers*, dass es 1960 bei ihrem Ordenseintritt „986 Schwestern in 33 Niederlassungen" gab. Laut dem Bericht einer ehemaligen Ordensleiterin in der Ordenszeitschrift *Einfach da sein*, Ausgabe 2/2012, waren es 1972 noch 750 Ordensfrauen, davon 50 indische. Der Orden hatte in den 1960ern Hilfs- und Missionierungsprojekte in Indien aufgenommen und wuchs dort an, während er in Deutschland schrumpfte. 1994 verzeichnete die deutsche Ordensprovinz 233 Schwestern an zwölf Orten (davon einer in Belgien, wo der Orden schon 1872 eine Klinik gegründet hatte). 2012 waren es da dann nur noch 74 Nonnen, hingegen schon 190 in Indien. Bezogen auf Deutschland ist das also ein Rückgang um 90 Prozent innerhalb von 40 Jahren. 2012 war die jüngste Ordensschwester in Deutschland 66 Jahre alt. 2014 gab es nur noch „63 deutschsprachige und 171 indische Schwestern", wie im Internetauftritt des Ordens zu lesen ist. Dabei muss berücksichtigt werden, dass längst indische Nonnen auch in Deutschland arbeiteten. Seit 2008 leiten Inderinnen sogar den gesamten Orden vom ehemaligen Kloster Heisterbach in Königswinter aus. 2016 löste der Orden seine Provinz Deutschland auf.

Deutschland ist nun nur noch eine direkt von der Ordensleiterin abhängige „Region“ ohne eigene Leitung. Heute sind die Augustinerinnen, wie sie sich auch nennen, faktisch ein zwar von Deutschland aus geleiteter, aber indischer Orden.

In den 1990ern liefen die Vorbereitungen für die dann 2000 beschlossene Umstrukturierung des Ordensvereins, und Hans-Joachim Golling trat auf den Plan. Der damalige Mitinhaber der großen Anwaltskanzlei Heuking Kühn Lüer Wojtek wurde laut einem Insider als Berater für den Umstrukturierungsprozess beauftragt. Beim Notartermin zur Umstrukturierung im September 2000 war er laut Protokoll als Gast anwesend. Ein ebenfalls als Gast anwesender Kanzleimitinhaber schrieb im März 2001 im Auftrag des Ordens einen Brief ans Vereinsregister. Der im Kölner Villenviertel Marienburg lebende Golling warf ein Auge auf das erwähnte Gelände neben dem Krankenhaus St. Antonius, das sich im benachbarten Stadtteil Bayenthal befindet.

Ein großes Grundstück mit viel Aufwertungspotenzial

Dieses Gelände kann vereinfacht als ein Quadrat beschrieben werden, das im Osten von der Bernhard- und im Westen von der Schillerstraße begrenzt wird. Nördlich schließen andere Wohnhäuser an, südlich, von einer kleinen Straße getrennt, das Krankenhaus. In der nordöstlichen Ecke steht das eingangs erwähnte Hochhaus mit rund 100 Wohnungen, wo mittlerweile ganz oben die besondere „Immobilienperle“ vermarktet wurde. Damit verbunden war Richtung Krankenhaus die von den Cellitinnen betriebene Schwester-Blandine-Ridder-Schule für Krankenpflege. Das Hochhaus war ursprünglich ein Wohnheim für Krankenhausangestellte und Auszubildende gewesen. Die westliche Hälfte des Quadrats war damals eine Brache. Heute stehen dort teure sogenannte Stadtvillen, ein Ärztehaus, das vom Krankenhaus gemietet und an die Praxen weitervermietet wird, sowie ein Parkhaus mit 67 Stellplätzen, das vom Krankenhaus beworben wird, aber ihm nicht gehört.

Dem Grundbuchamt zufolge bestand das Areal bis Ende 1996 formal aus 22 Flurstücken, die die Cellitinen dann zu einem Grundstück vereinten. Am selben Tag, dem 30.12.1996, schloss der Orden demzufolge einen Kaufvertrag mit Golling und dem Kölner Immobilienunternehmer Joachim Münch über fast das gesamte Grundstück ab. Bezüglich der „ideell“ abgetrennten Krankenpflegeschule gab es „weitere Urkunden vom 11.7.2000 und vom 19.9.2003“, sie wurde also erst später rechtskräftig verkauft.

2010 teilten Golling und Münch den Großteil des Areals unter sich auf: Schillerstraße 3-11b, die kurz zuvor erbauten Stadtvillen, gehören nun Münch; Schillerstraße 13, das ebenfalls neue Ärztehaus, gehört nun Golling. Zunächst in beider Eigentum verblieb das Hochhaus Bernhardstraße 12, dessen Erdgeschoss von der direkt anschließenden und mittlerweile umgebauten Pflegeschule genutzt wurde. Die Pflegeschule war erst im Juni 2004 im Grundbuch auf ihre Namen eingetragen worden, sechs Jahre nach dem Rest des Areals. Heute befindet sich dort unter der Adresse Bernhardstraße 14 die privatwirtschaftliche Döpfer-Schule für Ergo- und Physiotherapie sowie Logopädie. 2015 ging der Gebäudekomplex in der Bernhardstraße an Münch alleine über, der ihn schnell aufteilte in Wohnhaus und Schule, und das Wohnhaus verkaufte. Käuferin war die *WuR Management GmbH*, die zur Hälfte der eingangs erwähnten Immobilienfirma WvM gehört. 2016 wandelte die *WuR Management* das Haus in rund 100 Eigentumswohnungen um. Die sind alle verkauft, wie die Firma in ihrem Internetauftritt schreibt. Übrigens merkte das Bündnis *Köln gegen Rechts* in einem Internetartikel von Februar 2019 unter Verweis auf Beispiele für Geschäftsaktivitäten der Immobilienfirma WvM, der das Haus zur Hälfte gehörte, an:

> „Die Entmietung von preiswerten Altbeständen und Umwandlung in teure luxussanierte Eigentumswohnungen ist ein gern geübtes Geschäftsmodell."

Auf dem ehemaligen Gelände der Cellitinnen hat somit eine erhebliche immobilienwirtschaftliche Aufwertung stattgefunden, und zwar sowohl im Hochhaus als auch auf der benachbarten ehemaligen Brache, wo die Stadtvillen errichtet wurden. Zu letzteren gibt es einen Artikel in der Tageszeitung *Kölner Stadt-Anzeiger* vom 19. Mai 2011. Demzufolge wurden „die exklusiven und individuell gestalteten Stadthauswohnungen" 2009 fertiggestellt und haben eine Wohnfläche von jeweils zwischen 125 und 212 Quadratmetern. Die Miete betrug demzufolge 11,50 Euro pro Quadratmeter, wobei nicht dazugesagt wurde, ob das Hausnebenkosten einschloss.

Im Hochhaus ist günstiger Wohnraum verlorengegangen, und womöglich auch das Potenzial für eine soziale Nutzung. Als ehemaliges Wohnheim musste es nämlich für eine normale Nutzung massiv umgestaltet werden.

So berichtet die ehemalige Mieterin Linda V., die ab 2012 für ein paar Jahre eine Zwei-Zimmer-Wohnung als Teil einer Wohngemeinschaft bewohnte, dass die Wohnungen wie „Krankenzimmer eines Krankenhauses" wirkten. Die Wohnungstür sei eine Feuerschutztür gewesen, wie auf einem

Flur. Die beiden Zimmer hätten Türschlösser gehabt. Und „die Küche erinnerte an eine Teeküche in einem Krankenhaus". Die Miete für die 57 Quadratmeter betrug 500 Euro netto plus 200 Euro für alle Nebenkosten einschließlich Strom. Linda V. bezeichnet das heute als nicht eben günstig, angesichts der Mietenentwicklung im Stadtviertel im Lauf der Jahre sei sie aber irgendwann zufrieden damit gewesen, zumal sie sich durch den Pauschalvertrag nicht um einen eigenen Stromvertrag kümmern musste.

Eine Person, die gleichzeitig mit V. das Haus bewohnte, erwähnt, dass die Wände dünn und damit die Wohnungen hellhörig gewesen seien, was offensichtlich vom Wohnheimkonzept herrühre. Das Haus sei nicht für eine normale Wohnnutzung konzipiert gewesen. So habe es etwa auch Gemeinschaftsräume gegeben. Angesichts des allgemeinen Mangels an Wohnheimen für diverse Bevölkerungsgruppen ist hier offenbar die Möglichkeit verlorengegangen, ein großes Haus einem solchen Zweck zuzuführen. Die Cellitinnen haben das mitzuverantworten. Die Umwandlung in Eigentumswohnungen schlossen sie nicht oder nur für 20 Jahre aus. Noch stärker gilt das für Mieterhöhungen. Einer internen Aufstellung zufolge, die mir vorliegt, erbrachte das Haus 1999 eine Jahresgrundmiete von rund 615.000 D-Mark, umgerechnet rund 315.000 Euro. 2011 waren es bereits rund 543.000 Euro. Das ist ein Anstieg um 72 Prozent in zwölf Jahren. Hinzu kommen Garagen- und Stellplatzmieten, die aber nur von 10.000 D-Mark (5130 Euro) auf 6450 Euro anstiegen.

Nicht zu vergessen ist, dass auch hinsichtlich der ehemaligen Krankenpflegeschule der Allgemeinheit ein Verlust entstanden sein dürfte. Es macht einen Unterschied, ob eine Pflegeschule von einem gemeinnützigen Verein betrieben wird, noch dazu in dessen eigener Immobilie, oder, wie nun im Fall der Döpfer-Schule, von einem Unternehmer, der die Räumlichkeiten anmietet. In einem seit langem veralteten Eintrag auf *www.caritas.de* wird die damalige Schwester-Blandine-Ridder-Schule für Krankenpflege noch erwähnt. Demzufolge hatte sie 120 Ausbildungsplätze und wurde „von Ordensangehörigen geleitet". Vermerkt wurde auch: „Internat oder Wohnheim vorhanden." Das haben die heutigen Auszubildenden nicht zur Verfügung, denn es wurde verscherbelt und dann in teure Eigentumswohnungen umgewandelt.

Vereinsumstrukturierung aus Eigennutz

Nun stellt sich die Frage, warum ein karitativer Orden, der unter anderem als zwar wirtschaftlich tätiger, aber gemeinnütziger Verein organisiert ist, all diese Dinge geschehen lässt. Die heutige Stiftung der Cellitinnen möchte dazu nichts sagen, da laut Pressesprecher „die beteiligten Personen nicht mehr im Unternehmen tätig oder bereits verstorben sind". Was auch immer er mit „Unternehmen" meint – Fakt ist, dass zu diesem Zeitpunkt mit Schwester Anne Roth noch ein ehemaliges Vereinsvorstandsmitglied im Cellitinnen-Kloster Marienborn in der Eifel lebt. Sie war von 1995 bis Januar 2001 Vizevorsitzende der deutschen Ordensprovinz sowie des wirtschaftlich tätigen Vereins und könnte beim ersten Grundstücksverkauf sogar die entscheidende Unterschrift geleistet haben, denn sie war für den Verein alleinvertretungsberechtigt. Am Telefon sagt mir Roth allerdings im August 2023, sie wolle über diese Angelegenheit nicht sprechen und interessiere sich auch nicht für meine Recherchen. Somit bleibt erst mal unverständlich, warum der Orden auf diese Weise Liegenschaften verkaufte – und auch, warum er an Golling und Münch verkaufte, und nicht etwa an die *Aachener Siedlungs- und Wohnungsgesellschaft*, das große kirchliche Wohnungsunternehmen der Region, das nicht nur in Köln ansässig ist, sondern auch zu über 40 Prozent dem Kölner Erzbischof gehört.

Das Immobilienverwaltungsunternehmen Münch gab noch 2020 in seinem mittlerweile umgestalteten Internetauftritt als Referenz für seine Arbeit an:

> „So wurde unter anderem das Colonia-Haus – seinerzeit Europas höchstes Wohnhaus – 1995 unter unserer Mitwirkung in Wohnungs- und Teileigentum umgewandelt und seit dieser Zeit von uns verwaltet."

Das war also noch vor dem Verkauf des Cellitinnen-Grundstücks. Es erscheint seltsam, dass ein gemeinnütziger Verein und karitativer Orden an so jemanden Immobilien abgibt, anstatt an das katholische Unternehmen ASW mit seiner sozialen Rhetorik und tatsächlich auch sozialen Projekten oder an ein städtisches oder genossenschaftliches Unternehmen.

Zu den höchst dubiosen Umständen der Grundstücksverkäufe gehört die 2000 beschlossene Umstrukturierung des Cellitinnen-Vereins, die ab 2001 galt. Bis dahin war der als *Genossenschaft der Cellitinnen nach der Regel des heiligen Augustinus* firmierende Verein ein ganz normaler gewesen, außer dass er nur fünf Mitglieder hatte, alles Ordensschwestern.

Vereinsvorstand war fast die ganze Zeit über die Ordensleiterin gewesen, Vizevorstand ihre Assistentin.

Bei der Umstrukturierung zum *Stiftung der Cellitinnen e. V.* – auch hier ein verwirrender Name, denn es handelte sich nicht um eine Stiftung – wurde die Zahl der Vereinsmitglieder auf zehn festgelegt und ein Proporzsystem installiert. Die zehn Personen setzten sich folgendermaßen zusammen: zwei Vorstandsmitglieder; zwei Ordensschwestern, die vom *Augustinerinnen e. V.* bestimmt wurden, dem nicht wirtschaftlich tätigen Verein zur Verwaltung des Ordensvermögens; ein Wirtschaftsprüfer und eine sonstige von diesem Verein zu bestimmende Person; ein Geschäftsführer, ein Chefarzt und ein Mitglied einer Pflegedienstleitung aus den Ordensfirmen; und eine vom Kölner Erzbischof vorgeschlagene Person, die ebenfalls vom *Augustinerinnen e. V.* benannt wurde. Die Vereinsmitglieder hießen nun zusammen Kuratorium, was aber mit dem Kuratorium einer Stiftung oder Universität nichts zu tun hatte. Mitgliedsbeiträge mussten sie übrigens nicht bezahlen.

Die Nonnen hatten also das (Mit)Bestimmungsrecht über fünf der zehn Mitglieder, und da das Kuratorium die beiden Vorstandsmitglieder zu ernennen hatte, somit letztendlich auch eine große Macht über den Vorstand oder zumindest dessen Ernennung. Abschluss und Beendigung der Arbeitsverträge der Vorstandsmitglieder – die laut Satzung zur Führung eines Unternehmens fähig sein mussten, also faktisch leitende Angestellte waren – bedurften zudem der Zustimmung des *Augustinerinnen e. V.* Auch neue Mitglieder konnten die Nonnen blockieren, weil für deren Ernennung eine Dreiviertelmehrheit nötig war.

Eine wichtige Rolle spielte aber der neu installierte Aufsichtsrat. Er setzte sich zusammen aus der Vorsitzenden des *Augustinerinnen e. V.* und dem zweiköpfigen Beirat dieses Vereins. Dieser auch der Altersabsicherung der Nonnen dienende Verein, den immer die Deutschland-Chefin des Ordens leitet, wurde gleichzeitig umstrukturiert und mit einer neuen Satzung versehen. Dort ist festgelegt:

„Dem Beirat obliegt im Zusammenwirken mit dem Vorstand des Vereins die Wahrnehmung der Belange des Vereins im Verhältnis zum ‘Stiftung der Cellitinnen’, eingetragener gemeinnütziger Verein, und den von diesem getragenen gemeinnützigen Gesellschaften mit beschränkter Haftung“, also den neuen Einzelunternehmen für die Krankenhäuser undsoweiter. Der Beirat hatte sogar das Recht, an den Kuratoriumssitzungen des Stiftungsvereins teilzunehmen. Ernannt und abberufen wurden die beiden Beiratsmitglieder von der Vorsitzenden des *Augustinerinnen e. V.*

Der von diesen drei Personen gebildete Aufsichtsrat des wirtschaftlich tätigen Vereins *Genossenschaft der Cellitinnen* überwachte nicht nur den Vereinsvorstand, sondern hatte ihm gegenüber laut der neuen Satzung „in sämtlichen Angelegenheiten des Vereins Weisungsrecht". Hinzu kam: Beschlüsse des Kuratoriums musste der Vorstand innerhalb von zwei Wochen dem Beirat des *Augustinerinnen e. V.* – also nicht dem eigenen Aufsichtsrat! – vorlegen. Der konnte dann laut Satzung „nach Abstimmung mit dem Vorstand des Augustinerinnen e.V." – also dem dritten Aufsichtsratsmitglied – die Beschlüsse kippen.

So ergab sich eine große Macht dieses zweiköpfigen Beirats, der naturgemäß nicht aus Ordensmitgliedern bestand: Im Kuratorium des wirtschaftlich tätigen Vereins konnte er zusätzlich zu seinem Anwesenheitsrecht satzungsgemäß die beiden vom *Augustinerinnen e. V.* bestimmten Nonnen vertreten, also deren Stimmrecht ausüben. Er sollte „im Zusammenwirken" mit der deutschen Obernonne die Beziehungen zu den Wirtschaftsbetrieben und dem wirtschaftlich tätigen Verein gestalten, und er konnte „nach Abstimmung" mit ihr Kuratoriumsbeschlüsse verhindern. Zudem erhielt er, nicht der Aufsichtsrat, der die Leiterin der deutschen Ordensprovinz mit einschloss, Kuratoriumsbeschlüsse zur umgehenden Kontrolle vorgelegt. Das grammatikalische Subjekt in all diesen Bestimmungen ist nicht die Vorsitzende des *Augustinerinnen e. V.*, sondern es sind die beiden ordensexternen Fachleute. Und einer dieser beiden neuen mächtigen Leute war Hans-Joachim Golling.

Zwar findet sich im Vereinsregister kein Dokument aus den frühen Jahren nach den Umstrukturierungen, das über die Aufsichtsratsmitglieder des einen Vereins oder die Beiratsmitglieder des anderen Aufschluss gibt. Allerdings ist im Protokoll der Kuratoriumssitzung von November 2006 Gollings Eigenschaft als Beiratsmitglied erwähnt. Zudem enthält der Gesellschaftsvertrag der 2000 gegründeten gemeinnützigen GmbH für das Krankenhaus St. Antonius die Festlegung, dass der Krankenhausaufsichtsrat „personenidentisch" mit dem Aufsichtsrat des Vereins *Genossenschaft der Cellitinnen* ist, und zumindest für 2006 belegt ein im Internet einsehbares Dokument im Handelsregister (die Dokumente aus den Vorjahren liegen nicht digital vor) Gollings Tätigkeit als Aufsichtsratsmitglied des Krankenhauses. Er war es dann noch bis mindestens 2012. Dass er es schon ab 2001 war, steht zu vermuten.

Das ist auch in juristischer Hinsicht wichtig, denn die Krankenpflegeschule wurde offenbar erst 2003 wirksam verkauft, jedenfalls erst 2004 im Grundbuch Golling und Münch überschrieben. Somit verkaufte der Vereinsvorstand offenbar einem Mitglied des Aufsichtsrats, der ihm gegenüber weisungsbefugt war und laut Satzung Grundstücksverkäufen zustimmen musste, eine Immobilie. Das ist noch nicht illegal. Allerdings war der Kaufpreis skandalös niedrig.

Mir liegt ein Brief von Golling an seinen Geschäftspartner Münch von Oktober 2003 mit dem Betreff „Bernhardstraße, Köln" vor, in dem er erwähnte, dass nun noch die Zahlung eines Kaufpreises in Höhe von knapp über 100.000 Euro anstand, und zwar für ein notariell beglaubigtes Geschäft vom 19.9.2003. Das ist dasselbe Datum, das das Grundbuchamt nannte, als es von Verkaufsdokumenten bezüglich der Krankenpflegeschule in der Bernhardstraße sprach. Der in Gollings Brief erwähnte Notar ist derselbe wie der, den das Grundbuchamt bezüglich des größeren Grundstücksverkaufs von 1996 nennt. Zudem besagt ein anderes Dokument, dass Golling und Münch schon 1997 mit leitenden Ordensangestellten – keinen Nonnen – vereinbarten, die Krankenpflegeschule 2002 zum Preis von 200.000 D-Mark zu kaufen, also knapp über 100.000 Euro.

Das ist ein merkwürdig niedriger Preis für ein so großes Gebäude. Der im November 2003 abgeschlossene und ab September 2004 wirksame Mietvertrag mit der noch heute im Gebäude residierenden Döpfer-Schule setzte eine Nettokaltmiete von 7500 Euro monatlich – die sich dann jährlich erhöhte – für 900 Quadratmeter Nutzfläche fest. Nach 14 Monaten war der Kaufpreis also refinanziert. In der Immobilienbranche gilt hingegen ein Refinanzierungszeitraum von um die 20 Jahren als normal! So wird auch oft der Marktwert einer Immobilie berechnet, also zum Beispiel als Summe von 20 Jahresmieten.

Mit dem Verkauf zumindest am Rande befasst war auch das Erzbistum Köln. Mir liegt ein Dokument mit Datum 25. Oktober 2000 vor, laut dem das Erzbischöfliche Generalvikariat nachträglich eine „Verhandlung" bei einem (besser gesagt: dem immergleichen) Notar zwischen dem Verein *Genossenschaft der Cellitinnen...* und Golling sowie Münch „genehmigte". Diese Verhandlung hatte am 11. Juli stattgefunden. Das ist das andere Datum, das mir das Grundbuchamt hinsichtlich eines Notartermins bezüglich der Pflegeschule nannte. Warum das Erzbistum involviert war, ist unverständlich, denn so eine Genehmigung verlangte die Vereinssatzung nicht. Auf meine Fragen nach dem Grund, und inwieweit dem Bistum hinsichtlich dieser Verhandlung Preisvorstellungen bekannt waren, erhalte ich von ihm die Antwort, „dass sich in der Kürze der Zeit und bei den uns verfügbaren Kapazitäten von Ihnen genannte, lange zurückliegende Vorgänge nicht ermitteln und begutachten ließen".

Ich hatte um Antwort innerhalb von zwei Wochen gebeten und legte nach der abschlägigen Antwort nochmal zwei Wochen drauf. Doch auch später kam keine Antwort mehr vom Bistum.

Somit ergibt sich folgender Hergang: Anwalt Golling wird in den 1990ern mit der Beratung beim Umstrukturierungsprozess des Ordensvereins beauftragt. Er wird zum einen auf die Brache, das ehemalige Wohnhaus und die Pflegeschule in dem Stadtteil, neben dem er selbst wohnt, aufmerksam, und zum anderen auf die Absicht des personell ausblutenden Ordens, seine Liegenschaften in eine Stiftung zu übertragen. Die ab 2001 geltende neu gefasste Satzung des Vereins *Stiftung der Cellitinnen* enthielt die Vorgabe, dass die Vereinsmitglieder „im Fall der Gründung einer Stiftung nach den Bestimmungen des Stiftungsrechts und Übertragung sämtlichen Vermögens in diese Stiftung“ als Mitglieder des Stiftungskuratoriums weiterarbeiten sollen. Da Golling nun erheblichen Einfluss auf die Neugestaltung des Vereins hatte und die leitenden Angestellten des Ordens kannte, bot sich ihm die Gelegenheit, einen Teil des Ordensvermögens vor dessen Übergang in eine Stiftung abzugreifen.

Wer ihm dabei für welche Gegenleistung behilflich war, und inwieweit das nicht mir rechten Dingen zuging – so arbeitete Golling offiziell im Dienst des Ordens, die Angestellten sowieso –, ist insoweit zweitrangig, als jegliche Delikte längst verjährt sind. Indizien für Straftaten liegen jedenfalls vor. Offensichtlich ist, dass der Orden zumindest wirtschaftlich übers Ohr gehauen wurde, und das zum Nachteil auch der Allgemeinheit, denn dem gemeinnützigen Verein hatten günstiger Wohnraum, eine günstige Pflegeschule und potenziell günstiges Bauland gehört.

Als die Cellitinnen ihr über zumindest viele Jahrzehnte von vielen Hundert Nonnen erarbeitetes Eigentum in weltliche Hände übergaben, bedachten sie nicht das Risiko, in die Fänge des Marktes zu geraten. Wohnungspolitische Sensibilität ließen sie offenbar ebenfalls vermissen. Das sollte allen Orden eine Lehre sein, die vor ähnlichen personellen Problemen und Umstrukturierungen stehen.

4. Kapital für die Unbeschuhten

Wie die katholische Firma Petruswerk mit und für einen ehemaligen Bettelorden in Ostdeutschland und Österreich teure Wohnimmobilien errichtet

Die Greifswalder *Straze* ist ein Kulturprojekt, das 2023 auch mit der Hilfe von Fördergeldern der Bundesregierung diverse Aktivitäten anbietet. Das langgezogene zweigeschossige Haus in der Stralsunder Straße 10 (daher der Name) mit den großen Fenstern ist laut Selbstdarstellung „ein Ort für Theater, Politik, Musik, Film, Literatur und Party", der nicht nur für „Initiativen, Vereine, Werkstätten, offene Gemeinschaftsbüros" offen ist, sondern auch „für spontane Ideen und lokale Bedürfnisse". Eine Krabbelgruppe und ein Biergarten komplettieren das Angebot. Das 1848 als Gasthaus mit Veranstaltungssaal erbaute Haus, dessen Mauern einmal Schmuckelemente zierten, wurde jahrelang mit Regierungsgeld, Spenden und viel Arbeit Freiwilliger saniert. Die Stadt an der Ostsee hat Glück gehabt, dass diese denkmalgeschützte Kulturstätte nicht mehr einem katholischen Immobilienunternehmen gehört, das in Deutschland und Österreich erklärtermaßen Großprojekte in Angriff nahm, um die Gewinne in ausländische Aktivitäten eines Mönchsordens zu stecken.

Anfang 2008 kaufte nämlich die *Petruswerk Katholische Wohnungsbau- und Siedlungsgesellschaft mbH* das Haus, in dem noch kurz davor diverse politische und künstlerische Gruppen ihre Treffpunkte gehabt hatten. Voreigentümerin war die Universität Greifswald. Da sie auch ein angrenzendes Grundstück gekauft habe, hätten der Firma rund 8000 Quadratmeter Fläche zur Verfügung gestanden, berichtet Thomas Schmidt von der *Straze*. Der bald danach gegründete, aus einer Protestinitiative hervorgegangene Verein mit dem programmatischen Namen *Kultur- und Initiativenhaus* habe den Kaufpreis anhand damaliger Bodenpreise auf zwischen 250.000 und 300.000 Euro geschätzt.

Es folgte ein langes öffentliches Tauziehen um das Gelände. Die Firma wollte eigentlich Wohnungen für Studierende errichten, konnte sich dann aber angeblich doch auch vorstellen, dem Verein das Gebäude günstig zu verpachten und es von ihm sanieren zu lassen, sogar ein Verkauf samt Preisvorstellung stand mal im Raum, was Petruswerk dann aber doch ablehnte. Stattdessen sprach die Firma von Sanierung und eventueller Vermietung an Gewerbe. Währenddessen beklagte die Initiative, dass sich der Zustand des leeren Hauses verschlechterte. 2010 beantragte die Firma dann zuerst bei der Stadtverwaltung die Abrissgenehmigung, bot ihr aber noch im selben Jahr den Verkauf für 600.000 Euro an. Als einen Grund für den hohen Preis nannte Petruswerk aufgelaufene Kosten, unter anderem für den Abriss eines nicht denkmalgeschützten Gebäudes auf dem Gelände. Zum selben Preis hatte die Firma schon 2009 dem Verein den Verkauf angeboten, berichtete die *Ostseezeitung* unter Berufung auf ihr vorliegende entsprechende Briefe. Der Abrissantrag für das Hauptgebäude kam nicht durch. Gegen den Abriss hatte sich angesichts entsprechender Befürchtungen sogar der Greifswalder Stadtrat schon im Juni 2008 – also wenige Monate nach dem Kauf durch *Petruswerk* – einstimmig ausgesprochen. In der Begründung wurde festgehalten:

> „Als das in dieser Dimension wohl letzte Beispiel für die Gesellschafts- und Konzerthäuser des 19. Jahrhunderts in Vorpommern besitzt dieses Baudenkmal nicht nur für die Stadt, sondern auch für die Region einen großen kulturgeschichtlichen Wert. Der zum großen Teil noch unverbaut erhaltene Emporensaal ist der letzte große Saalraum aus der Zeit des Spätklassizismus, der in Greifswald erhalten ist.“

2012 erhielten Medien anonym gemachte Fotos aus dem Inneren der Straze. Im Begleitschreiben stand unter anderem:

> „Mit aktuellen Fotos wollen wir den Verfall des Gebäudes in der Stralsunder Straße 10 dokumentieren. Das Dach der Straze ist undicht. Große Löcher klaffen dort. Niederschläge dringen dadurch ungehindert ein. Auch durch undichte Schornsteine gelangt Wasser in das Gebäude und bahnt sich seinen Weg durch alle Geschosse des Hauses. Das Betreten des Gebäudes ist an einigen Stellen sichtlich gefährlich. Die Decke ist eingestürzt oder gibt bei Schritten bereits spürbar nach. Eine Hälfte des 1. Obergeschosses riecht streng nach Schimmel, sie befindet sich unter dem nicht ausgebauten Speicher, in dem die größten Löcher im Dach sind.“

Kurz darauf verbreitete sich die Meldung: *Petruswerk* ist doch bereit, zu verkaufen. Es dauerte dann noch ein Jahr, aber im November 2013 konnten die zivilgesellschaftlichen Akteure mit Hilfe von zivilgesellschaftlich geliehenem Geld das Haus samt Gelände für 350.000 Euro kaufen. Es folgte eine jahrelange und mehrere Millionen Euro teure Sanierung, aber nach dem Bezug einiger Wohnungen wurden im Oktober 2020 die öffentlichen Flächen feierlich eröffnet.

Das katholische Wohnungsunternehmen hatte im Lauf der Jahre nicht nur etliche Menschen in Greifswald gegen sich aufgebracht. „Bischof verurteilt Geschäftstaktik des Petruswerkes", lautete die Titelseitenschlagzeile der *Greifswalder Zeitung* vom 8. Dezember 2009, also noch vor dem Abrissantrag. Der Berliner Erzbischof und Kardinal Sterzinsky hatte einen entsprechenden Brief an die Stadtratsfraktion der Grünen geschrieben. Darin beklagte er

> „den Imageschaden, den ein solches Geschäftsgebahren des Petruswerkes mit sich bringt, insbesondere durch die Annahme, es handle sich um eine kirchliche beziehungsweise Bistumseinrichtung".

Die Zeitung zitierte eine Aussage des *Petruswerk*-Chefs Douglas Fernando von 2008, in der er seine Firma als „kirchliche Einrichtung" bezeichnet hatte.

Dass Sterzinsky sich zu Wort meldete, könnte auch daran gelegen haben, dass Vorpommern zum Erzbistum Berlin gehört. Wichtiger aber: Bis 2003 war *Petruswerk* das Immobilienunternehmen dieses Bistums gewesen.

2002 wurde bekannt, dass das Erzbistum Berlin große Geldsorgen hatte. Es habe „über seine Verhältnisse gelebt", berichtete die Berliner Tageszeitung *Tagesspiegel* im Oktober unter Berufung auf den katholischen Generalvikar, der einen Personalabbau ankündigte. Die Schulden betrugen auch einer anderen Zeitung zufolge 75 Millionen Euro. 2003 sprach der *Tagesspiegel* sogar von 104 Millionen Euro Schulden. So wurde unter anderem das laut dessen Chef wirtschaftlich gesunde Wohnungsunternehmen verkauft, das mit seinen rund 2300 Wohnungen in den Vorjahren sogar Gewinne ans Bistum abgeführt haben soll. „Die Unterstützung der anderen deutschen Bistümer war an die Bedingung geknüpft, dass das Erzbistum Berlin alle Anstrengungen unternimmt, mit denen es selbst seine Zahlungsfähigkeit verbessern kann", teilt mir das Bistum auf Anfrage mit. „Aus diesem Grund wurde das Petruswerk verkauft. Avila hatte das mit Abstand beste Angebot unterbreitet."

Ein Bettelorden und ein Firmenkonglomerat

Das Immobilienunternehmen *Avila Management & Consulting GmbH* wurde im Oktober 2001 in Potsdam gegründet. Es kaufte *Petruswerk* im Dezember 2003 laut Zeitungsberichten für 18 Millionen Euro. Davor hatte es laut Handelsregister sein Stammkapital von 25.000 auf 300.000 Euro erhöht. Gesellschafter der Firma waren „zu zwei Dritteln der deutsche und der österreichische Karmeliterorden", schrieb der *Tagesspiegel*, und mit den Firmengewinnen sollten „weltweit Entwicklungshilfeprojekte der Karmeliter gefördert werden". Auch die Tageszeitung *Welt* hielt im März 2004 fest, dass die Firma „neben Fernando zu je einem Drittel den Orden der unbeschuhten österreichischen und deutschen Karmeliter in Linz und München gehört".

Der 1955 geborene Douglas Fernando ist der entscheidende Mensch in dieser ganzen Geschichte. Er hat im Lauf der Jahre unter den Namen *Avila* und *Petruswerk* ein im In- und Ausland tätiges Firmenkonglomerat aufgebaut, das sich – nicht immer erfolgreich – größeren Immobilienprojekten widmet.

> „Gegründet wurde die Avila-Gruppe im Jahr 2001 von den Patres Dr. Raimund Bruderhofer (OCD) und Konstantin Kurzhals (OCD) sowie dem Theologen und Wirtschaftswissenschaftler Dr. Douglas Fernando", ist im Internetauftritt der Firma zu lesen. In einer Pressemitteilung von 2022 wurde an diese Aussage angefügt: „Ziel der Gründungsväter war, mittels eines Wirtschaftsunternehmens christliche Traditionen und Werte in der Gesellschaft wieder sichtbar und erlebbar werden zu lassen."

Der 2010 gestorbene Kurzhals war Provinzial, also Vorsitzender, der deutschen Unbeschuhten Karmeliten, die ihren Sitz in München haben. Bruderhofer war ein führender, zeitweise der führende Karmelit in Österreich. „Gemeinsam mit den Mitbrüdern – auch der deutschen Provinz – vermochte er wirtschaftliche Strukturen zu schaffen, durch welche die spirituellen und sozialen Anliegen des Karmel im In- und Ausland auch materiell unterstützt werden sollen", war 2011 in seiner Todesanzeige zu lesen. Das bezieht sich wohl (auch) auf die Firmengründung. 2004 und 2005 hatte Bruderhofer laut Handelsregister noch Prokura für die *Avila*-Mutterfirma, laut Wikipedia „eine durch einen Kaufmann an Mitarbeiter erteilte umfangreiche geschäftliche Vertretungsmacht".

Die Abkürzung OCD steht für die Unbeschuhten Karmeliten, es gibt nämlich noch andere Karmeliten (die in Deutschland ihren Sitz in Bamberg haben). Die Ordensfamilie geht zurück auf eine christliche Lebensgemeinschaft auf dem heute zu Israel gehörenden Berg Karmel. Nach der Übersiedlung nach Europa im 13. Jahrhundert entwickelte sie sich zu einem Bettelorden, wie der österreichische Zweig in einer Selbstdarstellung von 2012 festhält. Weiter heißt es dort:

> „Durch verschiedene Zeitumstände bedingt, erschlaffte die ursprüngliche Lebendigkeit und Strenge. Teresa von Avila (1515–1582) gelang es zusammen mit Johannes vom Kreuz (1542–1591), den Orden zu erneuern, das heißt ihn zu seinen Ursprüngen zurückzuführen und ihm eine neue Gestaltung zu geben. Dieser Reformzweig heißt Teresianischer Karmel oder Unbeschuhte Karmeliten."

Die Karmeliten leben in Klöstern und arbeiten „in allen Sparten der Seelsorge", auch als Missionare. Allerdings sind sie sehr wenige. Die Selbstdarstellung von 2012 hält fest: „In Österreich leben und wirken die Unbeschuhten Karmeliten in Wien, Graz, Linz und Innsbruck – 17 Priester, 8 Brüder, 11 Priesteramtskandidaten." Es gibt übrigens auch Karmelitinnen.

Vom erwähnten Konstantin Kurzhals findet sich im Internet ein undatierter geschichtlicher Abriss über die Unbeschuhten Karmeliten im heutigen Deutschland und Österreich. Demzufolge gründeten die Mönche im 17. Jahrhundert dort je eine Handvoll Klöster. Im 18. Jahrhundert kamen ein paar im heutigen Süddeutschland dazu, doch „die Wirren der Säkularisation" führten zur Schließung der meisten. Im späten 19. und frühen 20. Jahrhundert wurden in Bayern wieder neue gegründet. Sogar in der DDR gelang eine Neugründung, die sich seit 1986 in Birkenwerder bei Berlin befindet. „Wegen Personalmangels" wurden mittlerweile aber Klöster aufgelöst. Eine Parallele zu den Kölner Cellitinnen: Das Kloster im bayrischen Schwandorf wurde „wegen Personalmangels 2009 den Indischen Karmeliten übergeben". Im Sommer 2023 kommen die Unbeschuhten Karmeliten in Deutschland laut dem eigenen Internetauftritt auf „ca. 30 Brüder" in München, Regensburg, Würzburg und Birkenwerder. Ihre Klöster in Essen, Hagen, Siegburg und Schwandorf sind „Konvente ausländischer Ordensprovinzen".

Für ein mehrheitlich einem Bettelorden gehörendes Unternehmen entwickelte *Avila* eine bemerkenswerte Aktivität und Kapitalkraft. So gründete es schon vor dem Kauf von *Petruswerk* die *Avila Grundbesitzverwaltungs GmbH*, und später unter anderem die *Avila Building and Constructing GmbH*, deren Eigenkapital 2008 auf eine Million Euro anwuchs. Die der *Dr. Fernando International GmbH* gehörende *Avila Projektmanagement*

GmbH erhöhte übrigens ihr Stammkapital 2021 um 14 Millionen auf 15 Millionen Euro. Die Stammfirma *Avila Management & Consulting* wurde 2006 in eine Aktiengesellschaft umgewandelt und erhöhte 2007 ihr Grundkapital von 300.000 Euro auf eine Million, ein Jahr später sogar auf zehn Millionen. „Die Avila-Gruppe mit Sitz in Berlin ist heute ein komplexer Firmenverbund, in dessen Mittelpunkt die Muttergesellschaft Avila Management & Consulting AG steht", hält eine Pressemitteilung von September 2022 fest, in der es um die Grundsteinlegung für ein Luxushotel mit 250 Zimmern auf fünf Stockwerken in der Mecklenburger Seenplatte geht, das *Avila* zusammen mit der Hotelkette Dorint baut.

Es gibt da noch die Vermögensverwaltungsfirma *Avila International Real Estate GmbH und Co. KG*, die schon auf ausländische Ambitionen hindeutet (Real Estate steht im Englischen für Immobilien). So gab es von 2003 bis 2020 in Warschau die Firma *Avila Polska*, die sich laut Handelsregister diversen Tätigkeiten in den Bereichen Bauwirtschaft, Gastronomie, Immobilienwirtschaft sowie anderen Dienstleistungen widmete. Von 2005 bis 2020 existierte zusätzlich die *Avila Hotel Polska* für Beherbergungsdienstleistungen. Vielleicht wollte Fernando auch in Polen Hotels bauen und betreiben. Beide polnischen Firmen gehörten der *Avila Management & Consulting* und der *Dr. Fernando International*.

In Berlin gibt es mittlerweile acht Firmen, die das *Petruswerk* im Namen tragen. Schon 1990 wurde – wohl unter einem anderen Namen – die heutige *Petruswerk Versicherungsvermittlungs- und Finanzdienstleistungs GmbH* gegründet. Die noch auf D-Mark lautenden Geschäftsanteile wurden zumindest 2007 mehrheitlich von einem Klaus Mischke aus Greifswald gehalten, Jahrgang 1939. Mischke war zumindest 2007 und 2011 – aus diesen Jahren liegen Dokumente digital im Handelsregister – Aufsichtsratsmitglied der *Avila*-Mutterfirma, zudem ist er immer noch Vertretungsberechtigter der Greifswalder Tochterfirma von *Petruswerk*.

Douglas Fernando hat wohl familiär bedingt Aktivitäten in Greifswald aufgenommen, denn eine Vertretungsberechtigte mehrerer seiner Firmen, auch der Mutterfirma *Avila Management & Consulting*, ist seit 2005 Carmen Fernando, geborene Mischke und Jahrgang 1969. Zeitweise traf das auch auf eine Cornelia Bläsing, geborene Mischke und Jahrgang 1965, zu.

Immer wieder Ärger mit Petruswerk

In der Ostseestadt haben die Fernandos im Lauf der Jahre nicht nur wegen der *Straze* für Unmut gesorgt. Ihrem parallel zum Kauf der *Straze* angekündigten sogenannten Studentenwohnpark – im ersten Bauabschnitt wurden 250 Ein- und Zweizimmerwohnungen errichtet – musste ausgerechnet eine Disco weichen. Das örtliche *Fleischervorstadt-Blog* schrieb im April 2010 über die entstandenen Wohnungen:

> „Für die 10-m^2-Zimmer mit einem kleinen, geteilten Wohnzimmer ist eine üppige Warmmiete von 349 Euro zu berappen."

2010 kaufte *Petruswerk* von der Stadt ein sechs Hektar großes Gelände in Hafennähe, um ein Wohngebiet zu errichten, bezahlte aber nicht dafür. Die Frist zur Zahlung der rund anderthalb Millionen Euro verstrich 2012. Das *Fleischervorstadt-Blog* schrieb im Februar 2013 dazu:

> „Noch vor einer Woche berichtete die Ostsee-Zeitung, dass das Petruswerk das notwendige Geld inzwischen beisammen hätte – ein asiatischer Großkonzern sollte die für die Investition notwendigen 120 Millionen Euro beisteuern."

Da hatte der Stadtrat gerade die Rückabwicklung des Geschäfts beschlossen. In der Nähe des betreffenden Geländes befand sich der sogenannte Hafenspeicher, ein hohes, immer weiter verfallendes Gebäude, das seit langem einer neuen Nutzung bedurfte, aber schwierig umzunutzen war. *Petruswerk* kaufte es samt nebenliegenden Flächen und erhielt im April 2012 die Abrissgenehmigung, um ein Hotel zu bauen. Später wurde auch eine Wohnsiedlung in den Bebauungsplan aufgenommen. Der Abriss begann dann aber erst im März 2021.

Für Ärger und zweifelhafte Ankündigungen sorgte Douglas Fernando von Beginn an. Nach dem Kauf von *Petruswerk* im Dezember 2003 hatte der *Tagesspiegel* ihn noch mit den Worten zitiert, dass „kein Mitarbeiter entlassen" werde. Drei Monate später schrieb die Zeitung *Welt*: „Unter den ehemals 35 Mitarbeitern trennte er sich zunächst von sechs Architekten. Weitere fünf Mitarbeiter sollen 'wegen schlechter Leistungen' gehen." In einem Artikel schrieb der *Tagesspiegel*: „Avila will sich wieder auf das Kerngeschäft konzentrieren: die Vermietung und Verwaltung von Wohnungen", tags zuvor hatte die Zeitung hingegen noch von „neuen Geschäftsstrategien, um die hohen Risiken abzubauen", gesprochen. Der *Welt* sagte Fernando, er wolle binnen weniger Jahre eine Privatuniversität und eine Bank gründen.

Was daraus geworden ist, teilt der Unternehmer mir nicht mit. Im Spätsommer 2023 habe ich einen Monat lang an zwei verschiedene Firmen der *Avila*-Gruppe immer wieder eine E-Mail-Anfrage zu Projekten und Hintergründen des Konzerns geschickt, auch an den Justiziar des *Petruswerks*, der mir 2019 mal geantwortet hatte, als ich ohne kritischen Hintergrund für den *Deutschlandfunk* ein Interview (erfolglos) angefragt hatte. Eine telefonische Nachfrage bei den laut offiziellen Sprechzeiten nur in zehn Stunden pro Woche erreichbaren Unternehmen erbrachte, dass Douglas Fernando nun im Büro sei und meine Anfrage bearbeiten werde. Doch es kam keine Reaktion.

Zurück zur langen Reihe nicht eingehaltener Ankündigungen. Eine gewisse Sprunghaftigkeit Fernandos hielt früh auch Reimar Witzel fest, Vermögensverwalter des Berliner Erzbistums. 2005 sagte er der *Berliner Morgenpost*: „Fernando hat das Petruswerk in äußerster Eile, nämlich innerhalb von sechs Tagen, gekauft."

Er habe damals gar keine Unterlagen einsehen wollen, etwa Bilanzen. Diese Aussagen fielen im Rahmen eines Rechtsstreits. Gleich nach erfolgtem Kauf stritt Fernando mit dem Bistum über bestimmte Verbindlichkeiten von Petruswerk in Millionenhöhe, die er nicht tragen wollte. Witzel hatte damals schon gesagt: „Er hätte eben die Verträge besser lesen sollen." Fernando beharrte darauf, dass ihm wichtige Informationen vorenthalten worden seien – unbeglichene Rechnungen und finanzielle Risiken – und verklagte das Erzbistum auf fünf Millionen Euro. Vorher hätten Gespräche auch unter Beteiligung des österreichischen *Avila*-Mitgründers von den Karmeliten und sogar des Berliner Kardinals keine Einigung gebracht, sagte er der *Berliner Morgenpost*. Das Berliner Landgericht sah im Oktober 2005 die Klage als zum Teil berechtigt an, so dass sich die Kontrahenten „nach stundenlangem Schacher mit mehreren Verhandlungsunterbrechungen" (*Morgenpost*) auf einen Vergleich einigten, der *Petruswerk* 800.000 Euro brachte. Das könnte ein weiterer Grund für die ungewöhnliche kritische Wortmeldung von Kardinal Sterzinsky vier Jahre später in Sachen Greifswald gewesen sein.

Zum 50. Jahrestag der *Petruswerk*-Gründung schrieb die *Berliner Morgenpost* 2008 einen Artikel, in dem sie festhielt: „Expansion sei das erklärte Ziel der Firma, die durch Kauf und Neubau ihren Bestand auf mittelfristig 10.000 Wohnungen ausdehnen will." 2023 ist jedoch im Internetauftritt der *Avila*-Gruppe zu lesen: „Mehr als 2500 Einheiten umfasst der derzeit betreute Gesamtbestand."

Die österreichische Niederlassung von *Petruswerk* schreibt online gleichzeitig: „Zum Immobilienkonzern gehören mehr als 3000 Einheiten." Selbst das wären nur ungefähr 700 mehr, als *Petruswerk* beim Kauf knapp 20 Jahre vorher gehabt hatte. Im Internetauftritt von *Petruswerk Deutschland* ist zu lesen:

> „In den vergangenen Jahren hat die Projektmanagement GmbH bereits mehr als 1000 Wohneinheiten realisiert. Dabei hat sie ein Investitionsvolumen von über 140 Millionen Euro verantwortlich betreut."

Gemeint ist wohl die *Avila Projektmanagement*, denn eine Firma *Petruswerk Projektmanagement* kennt das Berliner Handelsregister nicht. Die Zahlen passen nicht ganz zueinander, das lässt sich mangels Antwort der Firmen aber nicht aufklären.

Bewahrheitet hat sich jedenfalls die Rede von neuen Geschäftsmodellen beim Kauf von *Petruswerk* 2003. Der Artikel von 2008 sprach von „Geschäftsaktivitäten im exklusiven Bereich". So kaufte Petruswerk die einstige Sommerresidenz von Kardinal Sterzinsky im Berliner Villenviertel Grunewald vom immer noch finanziell klammen Erzbistum und riss sie ab, um „drei luxuriöse Villen mit 17 Eigentumswohnungen" auf dem Grundstück zu errichten. Als der Rundfunk Berlin-Brandenburg 2019 den *Petruswerk*-Justiziar interviewte, hielt er zu den Bautätigkeiten der Firma fest: „Hundert Prozent freier Wohnungsbau, also keine Sozialwohnungen." Und im Sommer 2023 spricht *Petruswerk* in seinem Internetauftritt in dieser Hinsicht ziemlich offen. Der Wohnpark St. Elisabeth, „drei villenartige Einzelbauten", ist „umgeben von denkmalgeschützten Villen" und liegt im Berliner Stadtteil Westend, den die Firma so beschreibt:

> „Westend zählt zu den ältesten Villengebieten Berlins – und zu einer Wohngegend, die nicht nur nationale und internationale Persönlichkeiten zu schätzen wissen."

Das „Wohnensemble Winklerstraße" wird beworben mit dem Untertitel: „Exklusiv wohnen in Grunewald". Der Stadtteil wird richtigerweise als „eine der wohlhabendsten Wohngegenden Berlins" benannt. Das Ensemble bestehe aus „drei luxuriösen Stadtvillen", die „die Merkmale eleganter Villenbauten aus dem 19. Jahrhundert" trügen und „die repräsentativ-klassische Eleganz vergangener Tage verströmen". Auch hier der Hinweis: „Zahlreiche Prominente schätzen das grüne Umfeld." Berlins Flughäfen seien schnell zu erreichen, und „erstklassige Restaurants" gebe es vor Ort.

All diese Projekte stellen also – nicht nur, weil sie sich an Ortsfremde richten – das Gegenteil der Versorgung von Berlins Bevölkerung mit Wohnraum dar. Laut *Tagesspiegel* von 2003 waren die 2300 *Petruswerk*-Wohnungen zum Zeitpunkt des Verkaufs an Fernando zum Großteil Sozialwohnungen. Der Charakter der Firma wurde also gehörig umgekrempelt.

Wie Petruswerk sich in Österreich seinen Ruf versaute

Die Geschehnisse in Berlin und Greifswald verblassen aber angesichts des schlechten Rufs, den Fernandos Firmennetz unter dem Namen *Petruswerk Projektentwicklungs- und Liegenschaften AG* in Österreich hat. „Aus heiterem Himmel" habe Fernando sich 2003 beim Erzbistum Berlin gemeldet, um *Petruswerk* zu kaufen, sagte der Vermögensverwalter des Bistums damals. Dieselbe Formulierung verwendete die *Kleine Zeitung* aus Graz im Januar 2011 in einem Artikel mit dem Untertitel: „Zwischen christlicher Nächstenliebe und beinharter Immobilien-Spekulation".

Fernando trat in Österreichs zweitgrößter Stadt auf den Plan, um mit dem Industriegebiet Reininghaus quasi einen ganzen, über 54 Hektar großen Stadtteil in Zentrumsnähe zu kaufen. Den wollte eigentlich die Stadt selbst haben, Kostenpunkt um die 100 Millionen Euro, wie die Tageszeitung *Wirtschaftsblatt* schon im September 2009 berichtete. Nachdem die Verhandlungen mit Fernando ein halbes Jahr lang zu keinem Kaufvertrag geführt hatten, begann die in Geldschwierigkeiten geratene Eigentümerin *Asset One* den Teilverkauf der riesigen Fläche. Im Interview mit der *Kleinen Zeitung* sagte Fernando dann, er wolle zumindest den allergrößten Teil des Areals noch immer kaufen, wobei er mit 90 Millionen Euro Kaufpreis und 30 bis 40 Millionen Euro Zusatzkosten rechne. Er stellte sich den Bau von 8000 Wohnungen mit 400.000 Quadratmetern Wohnfläche vor, forderte aber schnelle Zusagen der Stadt hinsichtlich Infrastrukturmaßnahmen und einer Umweltverträglichkeitsprüfung. Andernfalls werde er in Oberösterreich investieren, wo er schon ein 60 Hektar großes Grundstück gefunden habe. Sollte es in Graz klappen, wolle er mit dem Gewinn aus dem Projekt „eine deutschsprachige Universität in Südindien bauen. So wollen wir den Menschen dort helfen, aber auch Schweizer, deutschen oder österreichischen Industrieunternehmen in Indien qualifizierte Mitarbeiter verschaffen."

Allerdings sagte der Grundstückseigentümer derselben Zeitung, dass „die Vereinbarungen mit dem *Petruswerk* das Papier nicht Wert waren, auf das sie geschrieben wurden". Der Verkauf kam nicht zustande.

Aber da war ja noch Oberösterreich. Die Tageszeitung *Oberösterreichische Nachrichten* (OÖN) berichtete im Sommer 2015 über eine Bauruine bei Salzburg: „Das Petruswerk Österreich mit Sitz in Linz musste nach Jahren des Ringens die Reißleine ziehen." Demzufolge musste *Petruswerk* „Salzburgs größtes Bauprojekt mit einem Volumen von rund 100 Millionen Euro", dessen Grundsteinlegung in Anwesenheit regionaler politischer Prominenz 2011 – also als das Grazer Großprojekt gerade in die Hose ging – erfolgt war, wegen Geldmangels nach drei Jahren Stillstand für 18 Millionen Euro verkaufen. Geplant gewesen war der „Wissenspark Urstein" für Firmen.

„Petruswerk-Chef Douglas Fernando vertröstete Geschäftspartner und Lokalpolitiker regelmäßig", hielt die OÖN fest. „Er sei in Verhandlungen mit Investoren, vor allem im fernostasiatischen Raum, hieß es immer wieder." Ein Kaufangebot in Höhe von 22 Millionen Euro habe Fernando 2014 abgelehnt, und vielmehr 40 Millionen gefordert.

Über den Baustopp hatte der Österreichische Rundfunk ORF schon im November 2012 berichtet: „Die Geschäftspartner des Petruswerkes mussten schon mehrere nicht eingehaltene Zusagen verkraften". Seit Juni seien mehrmals Termine mitgeteilt worden, an denen die Bauarbeiten weitergehen sollten. Ein Sprecher der *Salzburg Wohnbau,* die einen Teil der zu errichtenden Gebäude kaufen wollte, erzählte dem ORF von einem Treffen mit *Petruswerk* in Berlin: „Die Finanzierung mit den Banken ist demnach so organisiert, dass es im März 2013 mit dem Bau weitergeht." Pustekuchen.

Im Juli 2015 berichtete die OÖN auch über „eine unansehnliche Bauruine" in der Marktgemeinde Obernberg, wo „ein Rehazentrum und ein Hotel für zahlungskräftige Kundschaft" entstehen sollten, nun aber „viele wild gewachsene Sträucher und fast meterhohes Gras" zu sehen waren. Die Eigentümerin *Petruswerk* hatte demnach eigentlich ab 2011 bauen und 2012 eröffnen gewollt. „Das ist unser größter Schandfleck", wurde der Bürgermeister zitiert. „Seit fast einem Jahr sind alle fünf Fraktionen des Obernberger Gemeinderates bemüht, mit dem Besitzer eine gütliche Lösung zu finden."

Ebenfalls noch 2015 berichtete dieselbe Zeitung über ein für die regionalen Verhältnisse großes Projekt im ländlichen Oberösterreich. In der Gemeinde Ansfelden sollten demnach vier Baufirmen – darunter drei gemeinnützige – auf einem Areal insgesamt 350 Wohnungen errichten. Ein Grund für eine Verzögerung des Projekts sei *Petruswerk* gewesen, das „in eine finanzielle Schieflage" geraten und deshalb durch ein anderes Unternehmen ausgetauscht worden sei.

Und schon im November 2015 titelte die Zeitung: „Nächste Großpleite in der Linzer Immobiliengruppe Petruswerk". Fünf Projektgesellschaften für den erwähnten Salzburger „Wissenspark" seien wegen 21 Millionen Euro Schulden bei 15 Gläubigern in Konkurs gegangen. Zur Vorgeschichte hielt die OÖN noch fest:

> „Fernando hat mit dem Petruswerk 2008/09 die oberösterreichische Bau- und Immobiliengruppe Koop übernommen. Seither sind die Firmen Aktivbau mit 6,5 Millionen Euro Schulden und die Ex-Betreiberfirma des Hotels am Domplatz in Linz, Wilbirg, mit 1,6 Millionen pleite gegangen."

Im Juli 2009 hatte sie angesichts der Firmenübernahmen geschrieben:

> „Douglas Fernando verwendet die Gewinne für Missionsprojekte. Dazu brauche es aber Rendite, und darum sollten die neuen Töchter Arev und Aktivbau schnell wachsen, hatte er im Herbst gesagt."

In Deutschland macht sich wohl kaum jemand eine Vorstellung davon, wie berühmt-berüchtigt Douglas Fernando in Österreich, vor allem in Linz und Umgebung ist. Im OÖN-Archiv finden sich viele Artikel über ihn und seine Firmen.

Im April 2010 berichtete die Zeitung, Fernando habe für seinen erwähnten großen Einstieg in Österreichs Baubranche 25 Millionen Euro bezahlt und nun 300 Millionen für Projekte zur Vefügung. In Deutschland gehe es zudem um Investitionen in Höhe von 350 Millionen Euro. Auf die Frage, woher das viele Geld stammte, sagte Fernando: „Ich habe einen großen Freundeskreis bei Banken."

Er habe zudem schon 97 Millionen Euro aus Eigenmitteln investiert. Bei der großen Immobilienverwaltungsfirma *Arev* tauschte Fernando nach eigener Aussage den verbliebenen langjährigen Geschäftsführer und Mitgründer wegen strategischer Differenzen aus. Über sein Verhältnis zu den beiden abgelösten Firmengründern schrieb die OÖN im Juli 2010:

> „Es ist ein offenes Geheimnis, dass Douglas Fernandos hohe Renditeziele und die Art der Firmenleitung nicht mit Karl Weilhartners oder Josef Seifrieds Ansichten übereinstimmen."

Ein von Fernando eingesetzter Geschäftsführer kündigte Aktivitäten in Wien an, das für ihn „der Brückenkopf in den Osten" sein sollte. Die OÖN fasste zusammen:

> „Innerhalb von drei Jahren will sich Arev in Osteuropa etablieren, vor allem im Gesundheitsbereich. In Kooperation mit Orden sollen Immobilienprojekte geprüft und entwickelt werden."

Dieser neue Geschäftsführer wurde dann schon nach einem Jahr entlassen, und die „Fluktuation in den Führungsebenen" sei „hoch", hielt die Zeitung im April 2011 fest. In den folgenden Monaten gingen drei weitere Chefs der von Fernando übernommenen Firmen.

Schon im Februar 2011 erschien ein Artikel mit der Überschrift: „Der geheimnisvolle Kircheninvestor". Fernando sei „für viele Beobachter geheimnisvoll und rätselhaft". Der Porträtierte bestritt, ein Spekulant zu sein, sprach sich vielmehr gegen Spekulation aus, und ließ wissen, dass er mit seinen Gewinnen unter anderem „eine Business School in Indien" finanziere.

Parallel zum Verlust von Führungskräften machte sich *Arev* – laut OÖN „der größte Verwalter von gewerblichen Gebäuden in Oberösterreich" – offenbar immer unbeliebter. „Das Verhältnis zwischen der Kirche und dem 'Kirchen-Investor' Douglas Fernando ist getrübt", hieß es schon im Dezember 2011. Demzufolge bedauerte eine leitende Mitarbeiterin der Diözese Linz, die Fernando ihre Anteile an *Arev* verkauft hatte, die seitdem eingetretenen Veränderungen in der Firma. Die Diözese entzog *Arev* die Verwaltung zweier großer Liegenschaften. Dann wurden die Probleme bei der Tochterfirma *Aktivbau* offenbar. Im November trat der Konkurs ein, den Fernando fünf Monate vorher noch ausgeschlossen hatte. Auch *Arev* konnte sich nicht mehr über Wasser halten und wurde teilverkauft.

2012 geriet die österreichische Mutterfirma *Petruswerk* unter Druck: Ein Gläubiger stellte kurz nach Einstellung der Bauarbeiten auf der erwähnten größten Baustelle Salzburgs einen – später vom Gericht abgewiesenen – Insolvenzantrag für die damalige Aktiengesellschaft (die 2014 in eine GmbH umgewandelt wurde).

„Das Petruswerk ist Bürgschaften in Höhe von 25 Millionen Euro eingegangen", und zwar vor allem für das Salzburger Projekt, berichtete die OÖN. „Für die Bilanz 2011 bekam das Unternehmen vom Wirtschaftsprüfer nur einen eingeschränkten Bestätigungsvermerk."

Zur stillgelegten Großbaustelle hielt sie Fernandos Ankündigung fest, „das nötige Geld in Asien und den USA auftreiben zu wollen". Das nahm offenbar kaum jemand allzu ernst: „Fernando wird von Geschäftspartnern als 'uneinschätzbar' beschrieben. Die Vertrauensbasis sei zerstört, wird den OÖN von vielen Seiten bestätigt."

Im November sagte der Bürgermeister der Gemeinde Puch bei Salzburg, wo die Großbaustelle war: „Ich glaube ihm nichts mehr“, denn Fernando habe seit Juni mehrmals gesagt, dass es jeweils in ein paar Wochen weitergehen werde. 2014 drohte er mit einem Insolvenzantrag, weil *Petruswerk* der Gemeinde 400.000 Euro schuldete.

Schon 2012 ging auch *Arev*-Mitgründer Karl Weilhartner in die Offensive: „Innerhalb weniger Monate sei Fernandos ‘ruinöses Werken’ und die Brüskierung von Geschäftspartnern spürbar geworden“, zitierte ihn die Zeitung. Bald konnten er und der zweite Firmengründer „das rufschädigende Agieren von Fernando nicht mehr mittragen“. Weilhartner hatte bei *Arev* noch das Salzburger Großprojekt kennengelernt und sagte nun dazu: „Der Baubeginn ohne Finanzierungskonzept und der Verzicht auf den damals noch möglichen Rücktritt vom Grundstückskauf waren eine grobe Fahrlässigkeit.“

2015 trennten Weilhartner und ein Geschäftspartner sich von *Petruswerk* bei einem noch gemeinsam getragenen Unternehmen, dem in Salzburg eine Wohnanlage mit 350 Mietwohnungen gehörte. Um *Petruswerk* da auszuzahlen habe er sogar einen überhöhten Preis akzeptiert, sagte Weilhartner der OÖN, und weiter:

> „Das mussten wir in dieser Situation. Wäre das Petruswerk noch länger beteiligt geblieben, wäre es um das Projekt schlecht bestellt gewesen. Uns war und ist vor allem eine gute Bonität unserer Gesellschaft, der die Liegenschaft gehört, wichtig.“

Der allseits Kritisierte hatte der OÖN schon 2012 gesagt, er sei mit seinen Großprojekten nicht von den österreichischen Banken abhängig, die nun Vertrauen verloren hatten, denn er werde auch von deutschen und anderen Banken und Investoren unterstützt. Die vorläufige Bilanz von *Petruswerk Österreich* für 2012 wies laut einem Firmensprecher 1,2 Millionen Euro Gewinn auf.

Ebenfalls 2012 gab es sogar einen arbeitsrechtlichen Vorwurf: Ein Gläubiger habe *Aktivbau* bei der Staatsanwaltschaft Ried sozusagen angezeigt. „Es geht um Arbeitskräfteüberlassung, der Vorwurf lautet auf Betrug“, hielt die OÖN fest. Als ein knappes Jahr später die Arbeiterkammer Oberösterreich – so eine Institution gibt es in Deutschland nicht – ihr *Schwarzbuch Arbeitswelt* vorstellte, setzte sie die da schon geschlossene *Aktivbau* in der Rangliste der Firmen mit den häufigsten Arbeitsrechtsverstößen auf Platz zwei.

Die nun zwei Führungskräften gehörende *Arev* bemühte sich um einen Neustart. Die OÖN berichtete im April 2013:

> „*Arev* ist nun gerettet, den Managern ist folgendes besonders wichtig: 'Es gibt keinerlei gesellschaftsrechtliche Verbindung zum Petruswerk mehr.' Das dürfte auch der Oberösterreichischen Versicherung, einem langjährigen Geschäftspartner von *Arev*, ein Anliegen gewesen sein. (…) Die neuen Arev-Chefs sind gerade dabei, Vertrauen und Aufträge zurückzugewinnen. In der Petruswerk-Zeit hat das Unternehmen 2000 Verwaltungseinheiten verloren, vor allem von der Immobilienfirma Vivag und der Diözese Linz. 7000 Geschäfts-, Büro- und Wohnungseinheiten betreut Arev aktuell."

Im Oktober 2013 feierte *Petruswerk* in Linz zur Abwechslung ein gelungenes Großprojekt: die Donaupromenade, laut OÖN „300 teils exklusive Eigentumswohnungen" mit 50 Millionen Euro Baukosten. Allerdings waren 36 Wohnungen noch nicht verkauft: „Die Marienschwestern vom Karmel sollten das Paket kaufen, hieß es. Daraus wurde aber nichts." Wieder ein nicht zustandegekommenes Geschäft. Es kann sein, dass der Wohnungsverkauf auch danach nicht ganz zufriedenstellend lief, denn obwohl im Artikel über die Fertigstellung nicht von einem Firmensitz die Rede war, ist die Donaupromenade im Sommer 2023 die offizielle Anschrift von *Petruswerk*.

Doch wenige Monate später wieder ein Rückschlag: Die Tochterfirma *Wilbirg Tourismus-Betriebe GmbH* ging pleite. Die OÖN hielt fest:

> „Als Ursachen für den Konkurs wurden unter anderem uneinbringliche Forderungen und finanzielle Belastungen wegen verlorener Arbeitsgerichtsprozesse genannt. Bis März 2013 hat Wilbirg das Hotel am Domplatz betrieben. Der Eigentümer der Liegenschaft, die Diözese Linz, verlängerte den Mietvertrag damals nach vier Jahren nicht mehr."

Verlorene arbeitsrechtliche Prozesse, Entzug der Geschäftsgrundlage durch die Diözese, dazu offene Löhne bei mindestens der insolventen *Aktivbau* – das schlechte Bild, das Fernando jahrelang in Österreich abgab, wurde immer kompletter und vervollständigte sich dann, wie erwähnt, bis 2015 mit weiteren Pleiten, Ruinen und leeren Versprechungen.

Nach seinen entsprechenden Aktivitäten in Österreich versetzte der Wanderzirkus Fernando weiterhin mit Kapriolen das Publikum in Staunen. So berichtete die Tageszeitung *Nordkurier* im Februar 2020, dass der Hotelier Guido Gabriel seine beiden Schlosshotels am mecklenburgischen See Müritz verkaufen wollte, und dass die *Avila*-Gruppe nun schon zum zweiten Mal Interesse zeigte:

> „Der Verkauf an die Avila-Gruppe schien bereits am Jahresanfang 2019 laut Gabriel so gut wie 'in Sack und Tüten'. Avila betreibt bereits die Klinker Müritz-Klinik und plant neben einem Schwesternwohnheim auch einen 60-Millionen-Euro-Bau auf dem Gelände des ehemaligen Müritz-Hotels, der sich seit Jahren immer wieder verschiebt. Dass der Verkauf nicht zustande kam, habe an der millionenschweren Finanzierung gelegen."

Was dieselbe Zeitung dann im Februar 2022 unter der Überschrift: „Baustart für Nobel-Hotel verkündet – mal wieder" zum 60-Millionen-Projekt schrieb, zeigt, dass Fernandos leere Versprechungen weiterhin ein Running Gag sind:

> „Zumindest das noch im Sommer 2018 verkündete Ziel einer Eröffnung im Sommer 2020 hat der Investor verfehlt. Auf dem rund 40 Hektar großen Plangebiet geschah seither wenig. Sandberge türmen sich, Leitungen ziehen sich schlangenförmig durch den Baugrund. (…) Noch im Vorjahr hieß es, dass das Bauen im Frühjahr 2021 endlich beginnen sollte, damit der Komplex bis 2023 fertiggestellt würde. (…) Noch 2021 gab es ein Gespräch mit Investor Douglas Fernando, sagte Klinks Bürgermeisterin Jana Böckmann. Dort sei ein Baubeginn im November 2021 in Aussicht gestellt worden. Dieser Termin konnte nicht gehalten werden. (…) Inzwischen gibt es – wie schon in den Jahren zuvor – zum Jahresanfang einen anvisierten Baubeginn für das Frühjahr des laufenden Jahres."

Die Grundsteinlegung erfolgte aber erst im September. Es handelt sich um das erwähnte Luxushotel, das die Dorint-Gruppe betreiben soll.

Die unbeschuhten Immobilieninvestoren

Wie verhielten sich die als Bettelorden gestarteten Unbeschuhten Karmeliten zu all dem? Und welche Macht hatten sie in Fernandos deutschem und österreichischem Firmenkonglomerat im Lauf der Jahre? Die deutsche und die österreichische Ordensprovinz antworten ebenfalls nicht auf mehrere E-Mail-Anfragen. Beim deutschen Zweig helfen auch Anrufe und Nachrichten auf dem Anrufbeantworter nicht. Wenn jemand ans Telefon geht, ist es das Sekretariat einer Münchner Kirchengemeinde, das nicht so recht weiß, wann und wie der Ordensleiter erreichbar sein wird.

Wie erwähnt, gehörte die Berliner *Avila*-Mutterfirma zu Beginn laut Zeitungsberichten zu je einem Drittel den deutschen und den österreichischen Unbeschuhten Karmeliten. Der österreichische führende Karmelit Raimund Bruderhofer war zumindest 2004 und 2005 *Avila*-Bevollmächtigter. Zumindest ab 2007 leitete er den dreiköpfigen Aufsichtsrat der Aktiengesellschaft, dem damals neben dem erwähnten Greifswalder Kaufmann Mischke mit Paul Weingartner ein weiterer österreichischer Karmelit angehörte (der später auch Provinzchef war). Nach Bruderhofers Tod 2011 wurde der deutsche Provinzleiter Ulrich Dobhan aus Würzburg Aufsichtsratsvorsitzender. Weingartner war zudem von 2008 bis Ende 2013 Aufsichtsratsmitglied bei *Petruswerk* in Österreich.

2006 kam eine Stiftung ins Spiel. Sie heißt heute *Karmel Missionsstiftung Dr. Fernando* und hält 40 Prozent an der *Avila*-Gruppe, deren restlichen Anteile Douglas Fernando persönlich gehören. Laut dem Internetauftritt der österreichischen *Petruswerk* finanziert sie „nachhaltige Selbsthilfeprojekte“ in Asien, Afrika und Südamerika und erhielt ihre Anerkennung 2006 durch das Land Berlin. Die OÖN erwähnte hingegen 2010 und 2011, dass die „Missionsstiftung“ der Karmeliten, die schon damals 40 Prozent der *Avila*-Gruppe schulterte, in Linz ansässig gewesen sei. Die Selbstdarstellung jedenfalls besagt:

> „Errichtet wurde die Stiftung von Dr. Douglas Fernando und den Ordensprovinzen des Teresianischen Karmel in Deutschland und Österreich. Die eingesetzten Mittel stammen aus Renditen des nach ethischen Kriterien sicher und profitabel angelegten Stiftungskapitals und aus Spenden engagierter Mitstreiter, zu denen an erster Stelle die Avila-Gruppe zählt.“

Auch die Stiftung antwortet nicht auf E-Mail-Anfragen. Ihre Berliner Telefonnummer ist dieselbe wie die der *Avila*-Gruppe.

Im Sommer 2023 gibt die Stiftung folgende Akteure an: Im vierköpfigen Vorstand sitzen drei aktuelle oder ehemalige Führungskräfte der *Avila*-Firmen. Das dreiköpfige Kuratorium bilden neben Fernando der seit 2020 amtierende deutsche Provinzleiter Raoul Kiyangi (übrigens der erste afrikanische Provinzial der Unbeschuhten in Deutschland, der auch erst zwei Monate vor seiner Wahl Mitglied der deutschen Provinz wurde – ein weiteres Zeichen für das personelle Ausbluten des Ordens) und der Informatiker Markus Duda aus Birkenwerder, wo das einzige nicht-bayrische deutsche Kloster der Unbeschuhten steht. Und dann gibt es da noch den Stiftungsrat, der „aus den drei Kuratoren und dem Generalökonomen der Ordensgemeinschaft der Karmeliten in Rom, Pater Paolo De Carli OCD, besteht“. Die Überschneidung mit dem Orden ist also groß.

Allerdings trifft das nicht mehr auf dessen österreichische Provinz zu. Bei der Gesellschafterversammlung der Mutterfirma *Avila Management & Consulting* im Dezember 2022 wurde im Protokoll festgehalten: „Die lange geplante Realisierung des Austritts der österreichischen Karmeliten aus der Stiftung wurde abgeschlossen.“

Vorstand und Kuratorium der Stiftung wurden nun in diesem Zusammenhang neu zusammengesetzt, bis dahin waren also offenbar auch die österreichischen Karmeliten dort vertreten gewesen. Der Jahresüberschuss der Mutterfirma betrug 2021 übrigens 3,4 Millionen Euro. Er wurde auf neue Rechnung vorgetragen, also nicht ausgeschüttet.

Offenbar reichte es den Linzer Mönchen dann doch, und zwar schon seit Jahren. Im März 2014 berichtete die OÖN über den Orden:

> „Auf seinen Liegenschaften im Zentrum von Linz lasten seit dem Vorjahr Pfandrechte von bis zu 26 Millionen Euro. In den nächsten Monaten könnten noch einmal 55 Millionen dazu kommen.“

Zu den Liegenschaften gehörten demzufolge neben Kloster und Kirche auch einige „weltliche Gebäude“. Die Folgerung der Zeitung: „Die Karmeliten haften für Geschäfte der Petruswerk-Gruppe.“ Provinzial Weingartner bestritt das nicht und sprach Fernando sein Vertrauen aus.

Im Juni titelte die Zeitung dann: „Karmeliten ziehen die Notbremse“. Wegen der „bedrohlichen Entwicklung der vergangenen Monate“ bei *Petruswerk Österreich* wolle der Orden seine wirtschaftliche Involviertheit beenden. Zur Involviertheit gehöre auch die Miteigentümerschaft an der Stiftung. Die OÖN erklärte:

> „Die Entflechtung soll nun auf zwei Schienen laufen. Erstens wird Avila einige Immobilien in Deutschland verkaufen, um Schulden abzubauen. Zweitens gibt es eine Umschuldung: Jene Kredite, die der Orden für die Projekte der Gruppe aufgenommen hat, werden von Avila übernommen.“

Der (wieder) neue Provinzial Roberto Maria Pirastu sagte, er habe nie eine Gefahr für den Orden gesehen, da es in der *Avila*-Gruppe genügend Werte gebe. Die Entflechtung der beiden werde seit Jahren vorbereitet, schrieb die Zeitung ohne Nennung einer Quelle.

Interessanterweise hatte die OÖN Pirastu schon 2011 angesichts der damals angekündigten großen Bauprojekte gefragt, ob die Karmeliten da irgendwie hafteten. Er antwortete, für Kredite gelte das nicht, und Investitionen seien an Immobilien gebunden, wodurch das Risiko berechenbar sei. Zudem mache *Petruswerk* „keine Spekulationsgeschäfte". Das alles ist im Nachhinein wohl Ansichtssache.

Der vom Orden mit der Entflechtung beauftragte Anwalt berichtete der Zeitung im Dezember 2014 von „anspruchsvollen Gesprächen" mit *Petruswerk* und Banken. Ziel sei „die Konzentration des Ordens auf seine Kernkompetenzen".

Wer da nun nur an religiöse Aktivitäten denkt, liegt falsch. „Die Karmeliten verdienen ihr Geld aus Immobilien und Beteiligungen", hielt die OÖN schon 2011 fest. Im Februar 2018 wurden sie konkreter:

> „'Unsere Besitzungen sichern die Existenz der Klöster. Nur bei ausreichenden Erträgen können wir unsere Aufgaben erfüllen', sagt der Provinzial, Pater Alexander Schellerer. Im Linzer Zentrum ist das Herzstück des Immobilienvermögens der Karmeliten, dem Orden gehören hier neben Kirche und Kloster das Atrium-Einkaufszentrum und ein Gebäudekomplex mit Wohnungen, Büros, Ordinationen."

Hinzu kam zeitweise die Verwaltung „einer ertragsstarken Büro-Immobilie in der Linzer Garnisonstraße, in der Betriebe, Kanzleien und Bildungseinrichtungen untergebracht sind". Die Verwaltungsfirma hatte der Orden Anfang 2009 *Petruswerk* abgekauft, indem er 99 Prozent der 35.000 Euro Stammkapital übernahm. Er verkaufte sie ihm aber 2018 wieder zurück.

Nicht zu vergessen ist, dass die von den deutschen und österreichischen Ordensprovinzen mitgegründete Stiftung seit langem mit 40 Prozent am Grundkapital der *Avila*-Mutterfirma beteiligt ist. Das ist seit 2008 eine Beteiligung in Höhe von vier Millionen Euro. 2007 und 2008 hatte die Firma ihr Kapital von 300.000 Euro in zwei Schritten auf 10 Millionen Euro erhöht, und zwar durch Nachgründungsverträge. Ein Wirtschaftslexikon definiert diesen Begriff als: „Verträge, welche die Aktiengesellschaft in den ersten beiden Jahren nach ihrer Errichtung mit einem bestimmten Personenkreis, nämlich Gründern oder Aktionären, die mit mehr als zehn Prozent an der Gesellschaft beteiligt sind, abschließt und aufgrund derer die Gesellschaft Anlagen oder sonstige Vermögensgegenstände zu einer zehn Prozent ihres Grundkapitals übersteigenden Vergütung erwerben soll."

Die Stiftung für Hilfsprojekte investierte somit Millionen Euro in Immobiliengeschäfte in Deutschland oder Österreich. Ihre Einnahmen bestehen, wie erwähnt, aus Kapitalrenditen und Spenden. Da erstere in den Jahren 2007 und 2008 bei der erst 2006 gegründeten Stiftung noch nicht viel ausgemacht haben werden, könnte es sein, dass die Karmeliten auch hier Geld zuschossen. So viel jedenfalls zum Thema Bettelorden.

Doch ihren auf selbstgewählte Armut verweisenden Namen relativieren die Unbeschuhten mittlerweile. Wie gesagt, begründen sie sich auf eine Reform des Karmelitentums im Mittelalter. In ihrem Internetauftritt *www.karmelocd.de* erklären sie:

> „Als äußeres Zeichen der Reform Teresas galten die Hanfsandalen, was den Schwestern und Brüdern der Reform den Namen die 'Unbeschuhten' Karmelitinnen und Karmeliten gab. Inzwischen haben wir gelernt, dass Teresa und Johannes vom Kreuz von ihrer geistlichen Ausrichtung her die Ideale der damaligen Unbeschuhten nur bedingt teilten, denn ihnen kam es nicht auf den rigor – die Bußstrenge – an, sondern auf die Verinnerlichung der Liebe Gottes zu ihnen, zu jedem Menschen. Von dieser Neuausrichtung her bezeichnen wir uns heute lieber als Teresianischer Karmel."

Der andere Karmelitenorden schreibt hingegen in seinem Internetauftritt *www.karmeliten.de*:

> „Die Karmeliten gehören zu den so genannten Mendikantenorden (Bettelorden). Wir leben von dem, was wir durch unsere Arbeit verdienen und was uns durch Spenden gegeben wird."

Die Unbeschuhten weisen darauf hin, dass sie von einer gewissen Insichgekehrtheit beseelt sind. Sie leben in „kontemplativ-apostolischen Gemeinschaften", Haupttätigkeit sei die „Weitergabe des Glaubens", das „spirituelle Apostolat", mit dem Hauptanliegen „Förderung des geistlichen Lebens". Die Lebensform der Karmelitinnen bestehe sogar aus „eremitischen Elementen":

> „Als kontemplative Gemeinschaften übernehmen sie keine pastoralen oder karitativen Aufgaben nach außen, sondern sehen ihre Hauptaufgabe im absichtslosen Dasein vor Gott, das zugleich zum Mittragen der Nöte und Anliegen der Mitmenschen wird."

Bei so viel Kontemplation besteht aber offenbar die Gefahr, auf quasi innovative Gedanken zu kommen und einen Immobilienkonzern zu gründen, der zu Gunsten armer Menschen in aller Welt mit hochpreisigen Projekten

Millionen scheffelt. So könnte es Douglas Fernando gegangen sein, der eine lange Vorgeschichte in Linz hat. Schon 2001 – also offenbar kurz vor der Gründung von *Avila* in Deutschland – habe er dort „als Vertreter der Württembergischen Versicherung“ das Einkaufszentrum Atrium City Center eröffnet, dessen Geschäftsführer er nun sei, schrieb die OÖN 2011. Das dem Karmelitenorden gehörende Einkaufszentrum habe eine Rendite von vier Prozent erzielt. „Mindestens 250.000 Euro im Jahr fließen laut Fernando in Sozialprojekte.“ Im Zuge der vom Orden betriebenen Entflechtung verlor Fernando 2014 diesen Posten.

Was trieb den karmelitisch inspirierten „Theologen und Wirtschaftswissenschaftler“ (Eigenbezeichnung) dazu, sich in millionenschwere Immobilienabenteuer zu stürzen? Seinen Doktortitel erwarb er 1996 an der sogenannten Freien Universität Berlin mit einer Arbeit zur „Entwicklung einer Meta-Spiritualität aus der Sicht eines christlich-buddhistischen Dialogs“. Entscheidender für seine geschäftliche Tätigkeit war dann offenbar ein spezifischer Dialog zwischen unternehmerischem und religiösem Handeln. So erklärt *Petruswerk Österreich* in seinem Internetauftritt:

> „Die Aktivitäten der Avila-Gruppe belegen: Man kann wirtschaflich erfolgreich agieren und dabei sozial und menschlich handeln. Nicht umsonst entlehnt die Gruppe ihren Namen von der Heiligen Teresa von Avila, deren Vater als Kaufmann erfolgreich war und einen Teil seines wirtschaflichen Erfolgs Bedürftigen zukommen ließ.“

Die vielfältigen *Petruswerk*-Aktivitäten, vor allem die in Österreich, belegen, dass der wirtschaftliche Erfolg immer wieder auf unsoziale Weise zustande kam. Wir können angesichts einiger Geschehnisse das Zitat sogar komplett umwandeln: Die Aktivitäten der *Avila*-Gruppe belegen, dass man wirtschaftlich erfolglos agieren und dabei unsozial und unmenschlich handeln kann. Dass es im Ansatz des Konzerns ein fundamentales Problem gibt, legt seine Selbstdarstellung im Internet nahe:

> „Thematische Schwerpunkte setzt die Immobiliengruppe bei den anspruchsvollen Wohnimmobilien, die Avila teils als Eigentumsobjekte realisiert, bei Studentenwohnparks, betreuten Einrichtungen und Wohnparks für Senioren.“

„Anspruchsvoll“ und „Eigentum“ stehen im Allgemeinen für „teuer“. Betreute Einrichtungen funktionieren dank staatlicher Finanzierung. Dass *Avila* da etwas Besonderes in sozialer Hinsicht leistet, etwa indem es für billige Mieten sorgt, behauptet der Konzern nicht mal selbst. Und die genannten Wohnparks reagieren schlicht auf einen gewachsenen Bedarf, mit dem viel Geld gemacht wird. Die Zahl der alten Menschen steigt in Deutschland, und da gibt es eine zahlungskräftige Klientel. So schrieb etwa die vor allem in Berlin eher unbeliebte Aktiengesellschaft *Deutsche Wohnen* in ihrem Jahresbericht für 2020, sie betrachte „Pflegeimmobilien" (wozu auch betreutes Wohnen gehört) „aufgrund der demographischen Trends als weiteres Wachstumsfeld". Die Zahl der Studierenden steigt ebenfalls, und durch die zunehmende Normalisierung von Auslandssemestern, ja sogar des Absolvierens eines ganzen Studiengangs im Ausland, weil Hochschulen als Anbieter auf einem zunehmend länderübergreifenden Bildungsmarkt agieren, erhöht sich der Bedarf nach Wohneinrichtungen für Studierende zusätzlich. In Berlin sind in den letzten Jahren einige große Wohngebäude mit teuren Wohnungen für Studierende entstanden. Angeheizt werden Nachfrage und Miethöhe vom generell heißgelaufenen Wohnungsmarkt in so ziemlich allen Großstädten und auch kleineren Universitätsstädten. Sozial wäre es, günstige Alternativen zu schaffen. In Berlin zeigt sich an einem neueren Großprojekt, was *Avila* in Sachen Wohnraum bietet.

Gentrifizierung im Namen der heiligen Maria

Der Mariendorfer Weg in Berlin-Neukölln ist eine ordentlich breite Straße, kein Weg. Das wäre auch seltsam, denn früher stand hier ein Geburts- und Kinderkrankenhaus. Die alten und großen Gebäude sind der Ausgangspunkt des sogenannten Wohnparks St. Marien.

> „Ende 2014 konnte das Petruswerk das ehemalige Gelände der Geburtsklinik am Mariendorfer Weg mit einer Größe von rund 37.500 Quadratmetern erwerben und entwickelte in Zusammenarbeit mit dem Bezirk ein Wohnungsbauprojekt, in dem nun über 600 neue Mietwohnungen entstehen",

schreibt die Firma im Internet. Die denkmalgeschützten Gebäude wurden „saniert, umgebaut und teilweise restauriert", eines davon noch um einen Neubau ergänzt, so dass es nun einen Innenhof umschließt. Alle Gebäude auf dem Gelände, das sich über mehr als 100 Meter die Straße entlangzieht, sind nach hinten versetzt und durch eine Grünanlage sowie streckenweise eine zwei bis drei Meter hohe Mauer von der Straße getrennt. Die beiden großen haben zwei Obergeschosse und große Fenster, daneben steht am östlichen Rand des Geländes die ehemalige Direktorenvilla, die nun eine Kita beherbergt.

Nördlich der alten Häuser war viel freies Land. Dort hat *Petruswerk* parallel zur Straße vier würfelförmige „Einpunkthäuser" errichtet, die drei Obergeschosse mit je zwei Wohnungen samt Balkonen plus ein mit Terrassen versehenes Dachgeschoss haben. Im Sommer 2023 ist das westlichste offenbar noch nicht ganz fertig, die anderem Häuser sind aber bewohnt. Zwischen den Häusern befindet sich eine Grünanlage mit vielen jungen Bäumen mit geweißeltem Stamm sowie kleinen Klettergerüsten für Kinder. Straßen gibt es keine, nur Fußwege.

Hinter den Einpunkthäusern steht nun, ebenfalls parallel zur Straße, das langgezogene „Kammgebäude", das von oben aussieht wie ein Kamm mit fünf Zinken, und laut Plänen rund 230 Wohnungen umfassen sollte. Es hat fünf Obergeschosse mit vielen Balkonen. Westlich davon, am Grundstücksrand an der Eschersheimer Straße, hat Petruswerk ein 21-stöckiges Haus errichtet. Da befindet sich auch die Einfahrt zur Tiefgarage, die fast so groß wie das ganze Gelände ist.

Nördlich des Hochhauses und des Kammgebäudes endet das Grundstück an der Häuserzeile der Silbersteinstraße. Da war aber offenbar eine Lücke, denn in diese Häuserzeile hat *Petruswerk* ein weiteres Gebäude gesetzt: ein „Studentenwohnheim" mit über 130 Wohnungen, das aber keine begehbare Verbindung zum beschriebenen Areal zu haben scheint.

Beim Gang über das ruhige Gelände treffe ich auf einen wohl noch keine 40 Jahre alten Menschen mit einem Baby im Tragetuch, der gerade eines der Treppenhäuser des Kammgebäudes betreten will. Die Familie zahle 1500 Euro Miete für eine Drei-Zimmer-Wohnung mit 70 Quadratmetern, erfahre ich. „Gentrifizierung total", lautet der trockene Kommentar. Es gebe hier viele Familien mit Kindern, aber manche seien nur eingezogen, weil sie nichts anderes gefunden hätten. Kurz darauf hält ein Auto am westlichen Grundstücksrand, ein paar Leute packen Sachen aus. Eine ebenfalls wohl zwischen 30 und 40 Jahre alte Person bestätigt, im Kammgebäude zu wohnen. Als sie sagt, dass sie 18 Euro pro Quadratmeter bezahlt, verzieht sie das Gesicht, was wohl ausdrückt, dass sie eher unfreiwillig eingezogen ist.

Gentrifizierung ist ein mittlerweile ziemlich bekannter stadtsoziologischer Begriff für den schleichenden Austausch der Bevölkerung einer Wohngegend durch eine wohlhabendere Klientel. Selten ist die Ankunft dieser Bessergestellten in einer unterpriviligierten Gegend so deutlich sichtbar wie hier. Zwischen dem Hochhaus und der nördlich des Areals gelegenen Silbersteinstraße befindet sich in der Eschersheimer Straße eine Eckbrache, auf der außer Unkraut anderthalb Dutzend Autoreifen und ein stark demoliertes Unfallauto zu sehen sind. Laut der Aufschrift auf einem offenbar als Büro genutzten Baucontainer residiert dort ein KFZ-Sachverständiger. Schräg über die Kreuzung lockt in einem Altbau ein „Club für Paare, Damen und Herren“ mit „Wellness und Erotik rund um die Uhr“. Ein Billigsupermarkt an einer anderen Ecke der Kreuzung komplettiert das Bild.

Und dann die Silbersteinstraße, wo das sogenannte Studierendenheim seinen Eingang hat – sie ist eine der berüchtigsten Straßen Berlins. So hielt etwa der *Tagesspiegel* im Oktober 2018 fest: „Die Silbersteinstraße hat die höchste Feinstaubbelastung Deutschlands“.

In der Reportage berichtet ein Briefträger von Husten und schwerem Atmen. Eine Anwohnerin muss angeblich mehrmals am Tag ihre Brille von feinem Staub befreien. Die Gründe laut Artikel: Eine Ecke weiter kreuzt die Silberstein- die große und viel befahrene Hermannstraße; schlechter Luftaustausch bei bestimmtem Wetter; relativ viele Kohleöfen in den Häusern; und die Stadtautobahn, die südlich des *Petruswerk*-Areals sehr nah ist. „Nach kurzer Zeit in der Silbersteinstraße können Besucher mitunter am eigenen Leib spüren, wovon die Anwohner sprechen – für empfindliche Menschen wird es deutlich mühsamer, Luft zu holen“, schließt der Artikel.

2022 habe sich die Berliner Luftqualität zwar deutlich verbessert, berichtete der Rundfunk Berlin-Brandenburg im Februar 2023. Den höchsten Jahresmittelwert bei Feinstaub habe aber wieder die Silbersteinstraße gehabt.

Wer zum Studieren nach Berlin zieht, hat normalerweise wohl noch nie etwas von der Silbersteinstraße gehört. Und zahlt dann in dieser Fast-Innenstadtlage – die Straße liegt direkt am S-Bahn-Ring – 500 Euro für ein Zimmer. Diese Miethöhe bestätigen mir unabhängig voneinander zwei Leute, die aus dem Haus kommen. Eine Person berichtet, als Paar eine der wenigen Zwei-Zimmer-Wohnungen zu mieten – für 1000 Euro. Das seien immerhin Komplettpreise, und die Wohnungen seien gut und möbliert. Gemeinschaftsräume gebe es nicht. Petruswerk schreibt hingegen im Internet von „großzügigen Gemeinschafts- und Aufenthaltsflächen“. Dabei handelt es sich um einen Mehrzweckraum, eine Gemeinschaftsküche und „Aufenthaltsbereiche“ im Erdgeschoss des siebenstöckigen Gebäudes, wo auch ein Familienzentrum untergebracht ist.

500 Euro warm für eine Wohnung mit 22 Quadratmetern – das schockiert im Berlin des Jahres 2023 wohl nicht mehr allzu viele Leute, zumal

in der Miete Möbel, Internetanschluss, Strom und ein Kellerverschlag enthalten sind. Für Studierende ist das aber ein hoher Preis. Ich habe selbst mal in einem Studierendenwohnheim gewohnt. Die möblierten Zimmer waren höchstens 12 Quadratmeter groß, Küche und Duschen teilte ich mir mit neun anderen Leuten. Dazu gab es einen (bis auf ein paar Tische leeren) Aufenthaltsraum. Die Miete mit heutigen Mieten zu vergleichen ergibt wenig Sinn, denn das ist lange her. Allerdings würde ich heute als Student viel lieber 250 Euro für ein 11 Quadratmeter großes Zimmer plus gemeinsam genutzte Räume bezahlen, als 500 Euro für eine eigenständige Wohnung mit 22 Quadratmetern. Dieses Haus zielt also auf eine zahlungskräftige Klientel ab. Beziehungsweise nutzt *Petruswerk* es aus, dass ein Studium heutzutage offenbar von mehr Leuten als früher als Investition in die eigene Zukunft angesehen wird, was mit einer höheren Zahlungsbereitschaft einhergeht. Bezeichnend ist da die Begrüßung im Internetauftritt der nun treffender „Studentenwohnhaus", also nicht mehr Wohnheim, genannten Einrichtung: „Du studierst in Berlin? Eine WG ist Dir zu anstrengend?"

Sicherlich wohnen viele Studis nicht aus Spaß in einer WG, sondern weil es billiger ist. Wer es sich leisten kann, WGs prinzipiell zu anstrengend zu finden, zieht dann bei *Petruswerk* ein, wo für die ganz geldsorgenfreien Studierenden ganz oben, im sechsten Obergeschoss sogar zwei 78 Quadratmeter große Drei-Zimmer-Wohnungen bereitstehen. Es ist sinnvoll, auch an Studis mit Kind(ern) zu denken, denen eine Ein-Zimmer-Wohnung nicht ausreicht. Allerdings dürften solche Menschen typischerweise kaum die Mieten bezahlen können, die Petruswerk verlangt.

Das ganz große Mietenrad dreht die Firma im Hochhaus auf dem St. Marien-Gelände. Im Sommer 2023 begann die Vermietung, die Preise standen im Internet. Die horrenden Summen werden mit der Zahl der Geschosse immer horrender. Im ersten Obergeschoss wird für eine Drei-Zimmer-Wohnung mit 88 Quadratmetern eine Nettokaltmiete von 1650 Euro genommen, also 18,75 Euro pro Quadratmeter. Dieselbe Wohnungsgröße gibt es im 10. OG für 2085 Euro, im 12. OG für 2155 Euro, im 14. OG für 2243 Euro undsoweiter. In den Obergeschossen 18 und 19 gibt es jeweils zwei Vier-Zimmer-Wohnungen mit 118 Quadratmeter Wohnfläche, darin ein knapp acht Quadratmeter großer Balkon. Die Nettokaltmiete liegt zwischen 3238 Euro (27,44 pro Quadratmeter) und 3311 Euro (28,06 pro Quadratmeter). Die Heizkosten liegen durchgängig um die zwei Euro, die Betriebskosten um die drei Euro pro Quadratmeter, was hohe Werte sind, wobei das im Energiebereich heutzutage nicht unbedingt die Schuld der Vermieterin sein muss. Die Warmmieten in diesem Haus betragen also zwischen knapp 24 und 33 Euro pro Quadratmeter. Zu diesen Preisen könnten viele Menschen aus der Silbersteinstraße wohl nur Küche und Badezimmer mieten und müssten in der Badewanne schlafen.

Ein bisschen günstiger war die im Sommer 2023 noch freie Maisonettewohnung in einem der nebenstehenden Punkthäuser. Für 135 Quadratmeter in Erd- und Untergeschoss – darin eine Terrasse mit knapp 23 Quadratmetern – betrug die Nettokaltmiete 2158 Euro (16 pro Quadratmeter), mit Betriebs- und Heizkosten 2670 Euro (19,78 pro Quadratmeter).

Dass das Projekt Wohnpark St. Marien eine nennenswerte soziale Komponente vermissen lässt, wurde früh aus berufenem Mund kritisiert. So berichtete die Zeitung *Berliner Woche* im April 2019 über eine Informationsveranstaltung des Bezirksamts Neukölln über dieses und ein anderes Bauprojekt im Mariendorfer Weg. Demzufolge hatte die Immobilienfirma *Buwog* auf der anderen Straßenseite schon den Bau vieler Wohnungen begonnen.

> „Die beiden Projekte unterscheiden sich in einem wesentlichen Punkt“, hielt die Zeitung fest. „Die *Buwog* hat sich verpflichtet, 25 Prozent der Wohnungen im fast fertigen und 30 Prozent im noch zu bauenden Teil für Menschen mit Wohnberechtigungsschein zu reservieren. Sie zahlen dann 6,50 beziehungsweise acht Euro Quadratmetermiete (kalt). Bei den anderen Wohnungen liegen die durchschnittlichen Preise bei 13 Euro. Beim *Petruswerk* bewegt sich das Mittel ebenfalls bei 13 Euro, aber es gibt keine einzige geförderte Wohnung. Stadtentwicklungsstadtrat Jochen Biedermann (Grüne) bedauert das. Doch er sei erst seit zweieinhalb Jahren im Amt, das *Petruswerk* habe aber bereits 2014 das Gelände gekauft und die Baugenehmigung ohne soziale Auflagen bekommen.“

Buwog ist kein Unternehmen mit sozialem Anspruch, sondern vielmehr ein ehemaliger österreichischer Börsenriese, der 2018 von Deutschlands größtem Immobilienunternehmen *Vonovia* zu einem Preis von über fünf Milliarden Euro übernommen wurde. Der Firma wurden die Sozialwohnungsquoten vom Bezirksamt aufgezwungen. Offenbar hatte *Petruswerk* die Baugenehmigung von der vorhergehenden Bezirksregierung erhalten, aber wieder jahrelang den Baubeginn nicht hinbekommen.

Auf meine Anfrage bestätigt Neuköllns Bezirksstadtrat für Stadtentwicklung Biedermann im Sommer 2023 seine Kritik an *Petruswerk*:

> „Bezahlbarer Wohnraum fehlt weiterhin massiv. Deswegen ist es natürlich ein Problem, wenn bei einem Bauvorhaben dieser Grö-

> ße keine einzige günstige Wohnung entsteht. Ich habe mit meinem Amtsantritt dafür gesorgt, das Berliner Modell der kooperativen Baulandentwicklung konsequent anzuwenden. Heute würden bei dem Projekt 30 Prozent mietpreis- und belegungsgebundene Wohnungen entstehen."

Dass das Konzept des Wohnparks St. Marien „in Zusammenarbeit mit dem Bezirk" erarbeitet worden sei, wie *Petruswerk* im Internet an mehreren Stellen schreibt, erklärt Biedermann so: „Für das Projekt musste Planungsrecht geschaffen werden. Daraus folgt zwangsläufig eine 'Zusammenarbeit mit dem Bezirk'." Auswirkungen auf die Nachbarschaft, etwa in Sachen Gentrifizierung, kennt er nicht, hält aber fest: „Aus meiner Sicht erfolgt zu wenig Interaktion zwischen dem Neubauprojekt und der Umgebung." Zu seinen Erfahrungen mit kirchlichen Immobilienfirmen teilt Biedermann mit:

> „Generell arbeiten wir mit vielen kirchlichen und karitativen Einrichtungen eng und vertrauensvoll zusammen. Beim Thema Immobilien verhalten sich aber auch kirchliche Organisationen nicht immer so, wie ich es mir wünschen würde."

Dank Petruswerk dürften das so einige Kommunen in Deutschland und Österreich unterschreiben.

5. Lebensabend ohne Nächstenliebe

In der Seniorenwohnanlage einer evangelischen Stiftung in Berlin herrschen erschreckende Zustände, doch Kirchenfunktionäre wollen davon nichts wissen

Wenn Dorothee Albrecht zeigt, wo sich ihre Nachbarschaftsgruppe alle zwei Wochen trifft, dann führt sie von ihrer Zwei-Zimmer-Wohnung durch die langen Gänge des Hauses Osloer Straße 78 in Berlin-Wedding zu einer Sitzecke neben einem Fahrstuhl. Zwei kleine Tische und fünf Stühle stehen da vor einem bunten Wandbild, durchaus einladend. Aber für ihre Zwecke ist dieser Ort nicht geeignet, sagt die große 67-Jährige mit dem weißen Haar:

> „Die Nachbarschaftstreffen haben einen richtig guten Zuspruch, da kommen bis zu 20 Leute. Wir haben irgendwann gar keinen Aushang mehr gemacht, weil dann vielleicht zu viele kämen. Wir haben ja keine vernünftigen Räumlichkeiten."

Die Anzahl der hier stehenden Stühle variiere, aber vor jedem Treffen müssten etliche weitere von anderen Sitzecken des weitläufigen Hauses geholt werden, zudem weitere Tische. Dabei kann das Mobiliar aus massivem Holz von den meisten Menschen, die hier wohnen, gar nicht getragen werden. Die Osloer Straße 78 ist Teil einer offiziellen Seniorenwohnanlage.

„Hier hat schon eine 87-jährige Nachbarin Tische geschleppt, das muss man sich mal vorstellen", klagt Albrecht. Während sie redet, knallt mehrmals der Aufzug laut. Manchmal funktioniere er nicht, so dass die Möbel auch noch über einen Umweg geholt werden müssten, berichtet Albrecht. Probleme mit den Fahrstühlen gebe es seit langem. Noch vor kurzem sei eine Bewohnerin mit dem Fahrstuhl steckengeblieben und habe nach einer Stunde vom Technischen Hilfswerk und einem Notdienst befreit werden müssen, erzählt sie bei unserem Treffen im Frühling 2022. Am 23. Januar 2023 berichtet dann die Fernsehsendung *Supermarkt* des Rundfunk Berlin-

Brandenburg (RBB) über die Wohnanlage, weil in einem der Häuser der einzige Fahrstuhl über zwei Monate lang nicht funktioniert hatte, wie die Hausverwaltung zugab.

Laut ist es in der Sitzecke allein schon wegen des für einen großen Flur typischen Halls. Darauf weist auch der 60-jährige Bewohner Joachim Liedtke hin, den wir später treffen:

> „Selbst ich als Jüngerer ohne Verständigungsschwierigkeiten habe da manchmal Probleme, Gesprächen zu folgen, weil es so unheimlich hallt. Wenn man schlechte Deutschkenntnisse hat, versteht man da gar nichts. Und Leute mit Hörgeräten haben da natürlich auch Schwierigkeiten, weil es aus allen Richtungen kommt."

Zudem sei es hier kalt und zugig, schildert Albrecht:

> „Erst im vergangenen Winter, nach drei Jahren Insistieren, haben wir erreicht, dass der Hauswart den Heizkörper neben der Sitzecke des Flurs zugeschaltet hat, damit wir nicht zu sehr frieren."

Auf die Idee, dass diese Sitzecke ein angemessener Ort für Nachbarschaftstreffen in einer Seniorenwohnanlage ist, kommt wohl niemand außer der *Stiftung Hospitäler zum Heiligen Geist und Sankt Georg*, der die Häuser gehören, und der *Hilfswerk-Siedlung GmbH*, die die Hausverwaltung erledigt. Dabei handelt es sich hier um eine Einrichtung mit wohltätigem Zweck, sie soll nämlich laut Satzung „bedürftigen älteren Mitbürgern einen angenehmen Lebensabend sichern". Weiter heißt es in der Präambel:

> „Die Stiftung will in ihrem Zeugnis und ihrem Handeln Wesens- und Lebensäußerung der Kirche Jesu Christi sein und Gottes Barmherzigkeit den Menschen durch Wort und Tat weitergeben."

Die Stiftung ist durch ihre Satzung zudem an die evangelische Kirche gebunden und Mitglied in deren Diakonischem Werk. Die zwischen Osloer, Reinickendorfer und Iranischer Straße gelegene und mit einer Teilzeitpfarrstelle ausgestattete Wohnanlage mit einem parkähnlichen Innenhof ist ihr einziger Daseinszweck. Die Stiftung geht zurück auf mittelalterliche Kranken- und Armenhäuser. An diesem Standort ist sie aber noch nicht so lange. Das älteste der fünf großen Häuser, die den Innenhof von drei Seiten umschließen, ist 125 Jahre alt, drei andere wurden mit der Förderung des sozialen Wohnungsbaus in den 1970ern gebaut, 1993 kam ein Neubau dazu. Rund 440 Wohnungen für alte Menschen gibt es hier, zusätzlich rund 50 für Familien. 2022 veröffentlichte die Stiftung ein Internetvideo zur

Selbstdarstellung, in dem zwei in Hauswände gemeißelte Inschriften zu sehen sind: „Sorgt für die müden Armen“ und „Im Alter in Ruhe geborgen“.

Dorothee Albrecht war auch angetan, als sie 2014 hier einzog. Die damals 60-Jährige hatte nach einer Wohnung für einen stressfreien Lebensabend in einem sozialen Umfeld gesucht. Aufgrund ihrer guten Erfahrungen mit dem christlichen Heim, in dem ihre Mutter gelebt hatte, hoffte sie auch hier auf „mehr Menschlichkeit“ als bei anderen Vermietern.

> „Die Struktur, die Idee des Hauses ist eigentlich eine sehr schöne“, findet sie. „Wenn man durch die langen Gänge mit den Sitzgruppen geht, bekommt man eine Ahnung davon, dass sich mal jemand wirklich ein Kopf gemacht hat, wie ein Seniorenhaus kommunikativ sein kann.“

Doch die Bedürfnisse alter Menschen seien längst unter die Räder gekommen. Albrecht kann stundenlang über Missstände sprechen. Zusammengefasst: Soziale Infrastruktur gebe es in der Wohnanlage kaum noch, und Anliegen der Mieterschaft würden verschleppt oder ganz ignoriert.

Der größte Dauerbrenner ist wohl die erschwerte Nutzung eines Raums, der offiziell Cafeteria heißt, für die Kaffeekränzchen der Nachbarschaftsgruppe Osloer Straße 78. Er befindet sich im Erdgeschoss und ist von der Terrasse im Innenhof einsehbar. Darin stehen Tische und Stühle, eine Durchreiche schafft die Verbindung zu einer kleinen Küche. Die sogenannte Cafeteria erinnert nicht an eine Kantine oder einen anderen gastronomischen Betrieb, sondern ist ein ganz normaler Aufenthaltsraum, wie es sie in vielen Wohneinrichtungen gibt.

Albrecht zeigt Fotos von Treffen der Nachbarschaftsgruppe auf der Terrasse im Sommer 2021: „Ein Nachbar ist jünger, hat aber Multiple Sklerose und ist körperbehindert. Dem gehört das Elektromobil.“ Versammelt sind da mindestens ein Dutzend Menschen. Auch eine Handvoll Rollatoren ist zu sehen. „Das da hinten ist die Frau Lohse, die jetzt 97 Jahre alt wird“, erklärt Albrecht. Zu den Treffen hätten die alten Leute zusätzliches Mobiliar von woanders auf dem Gelände auf die Terrasse geschleppt. Die Cafeteria steht Albrecht zufolge fast immer leer, wird ihnen aber verweigert – zumindest samstagnachmittags, wenn alle Interessierten am besten Zeit haben.

Bizarrer Kampf um die Nutzung eines Aufenthaltsraums

Der Kampf um die Cafeteria zieht sich seit 2018 hin und kann als bizarr bezeichnet werden. Früher traf sich die lose Gruppe einige Male montags in diesem Raum, doch da konnten immer wieder manche Leute nicht kommen. Also beantragte Dorothee Albrecht bei der Hausverwaltung die Verlegung auf den Samstag. Darin schrieb sie auch, dass das Stiftungsvorstandsmitglied Ulrich Davids bei einer Mieterversammlung wenige Monate vorher angeregt hatte, „Nachbartreffen wie zum Beispiel ein Seniorencafé wiederzubeleben. Es müssten sich nur Mieter finden, die das hauptverantwortlich tragen." Schon in diesem Schreiben finden sich an mehreren Stellen bedenklich stimmende Ausführungen:

> „Am Wochenende sind etliche der Hochbetagten, ganz ohne Termine, besonders einsam. Wir möchten mehr Nachbarn aus der viel beklagten Isolation holen. In den letzten Jahren sind, bedingt auch durch eine neue Bewirtschaftung der Anlage, die innovierenden, Lebenskaft stärkenden Anregungen, die besonders für alte Menschen unverzichtbar sind, deutlich geringer geworden und wurden zum Teil auch von der Verwaltung selbst eingestellt."

Die Hausverwaltung obliegt der *Hilfswerk-Siedlung* (HWS), dem Immobilienunternehmen, das vor allem der Evangelischen Kirche Berlin, Brandenburg, schlesische Oberlausitz und deren Diakonischem Werk gehört. Das zweitgrößte Immobilienunternehmen der evangelischen Kirche in Deutschland verlangte für die Samstagstreffen zunächst ein Nutzungskonzept, obwohl es sich nur um eine Terminverlegung handelte. Sogar von den Kosten für Wasser, Strom und Heizung sprach sie im ersten Antwortschreiben. Dann sagte sie ohne Erläuterung, die Cafeteria solle nur benutzt werden, wenn die Hauswarte in der Wohnanlage sind. Die sind samstags aber nur bis zum frühen Nachmittag da. Über 70 Bewohnerinnen und Bewohner alleine aus der Osloer Straße 78 unterschrieben eine Petition für die Nutzung des Raumes am Nachmittag, doch erfolglos.

Fast ein Jahr nach dem Antrag auf Terminverlegung wandte sich ein Bewohner an die Antidiskriminierungsberatung Alter oder Behinderung der *Landesvereinigung Selbsthilfe*, ein Verband, der sich für Menschen mit Behinderungen und chronischen Erkrankungen einsetzt. Die Beratungsstelle schrieb innerhalb von drei Monaten drei zweiseitige Briefe an die Hausverwaltung. Darin mahnten die Fachleute unter anderem ein „Leitbild selbstbestimmter Teilhabe im Alter" an. Die Hausverwaltung hingegen erging sich in Ausführungen, warum diese Treffen nicht notwendig seien, zum Beispiel: „Ein gemeinsames Kaffeetrinken findet alle drei Monate mit der Pfarrerin statt.“ Zum Teil sind ihre Ausflüchte gar nicht nachvollziehbar. Die Beratungsstelle zieht mir gegenüber im Sommer 2022 das Fazit:

> „Die Kommunikation mit der Hilfswerk-Siedlung GmbH verlief zu Beginn schnell und ausführlich. Zu bedauern ist jedoch, dass die Hilfswerk-Siedlung kein klärendes Gespräch oder eine alternative Lösung angeboten hat.“

Im Juli 2019 wandte sich derselbe Bewohner an die Stiftungsaufsicht des Berliner Senats. Doch auch deren Vermittlung blieb weitgehend fruchtlos, wie ihr Schriftwechsel mit der Stiftung zeigt. Der Stiftungsvorsitzende schrieb der Stiftungsaufsicht, der Mieter wolle „Räumlichkeiten für seine eigenen Tätigkeiten erreichen“. Die würden aber nur für Zeiten vergeben, in denen eine „Hilfestellung der Hauswarte möglich“ sei, erklärte er ohne Begründung. In ihrem letzten Schreiben bat die Stiftungsaufsicht um „eine Lösung der Problemlage“ – es ging auch um ein Konzept gegen vom Mieter beklagten „Vandalismus“ –, sie erhielt darauf aber nie eine Antwort, wie sie mir bestätigt.

Mittlerweile ging es auch um Protokolle von Sitzungen des Stiftungsvorstands, in denen nach eigener Aussage über die Raumvergabe und eventuell alternative Pläne für den Raum gesprochen worden war. Deshalb wandte sich der Bewohner ebenfalls noch 2019 an die Berliner Datenschutzbehörde, die auch für die Informationsfreiheit zuständig ist. Die Stiftung unterliegt als landesunmittelbare Stiftung des öffentlichen Rechts dem Berliner Informationsfreiheitsgesetz, wollte die angefragten Dokumente aber nicht herausgeben, weil sie Personendaten und Geschäftsgeheimnisse enthielten. Die Datenschutzbehörde teilt mir auf Anfrage schriftlich mit, „dass die nicht näher begründete Ablehnung rechtswidrig ist“. Sie führt weiter aus: „Im weiteren Verlauf konnten wir zumindest die Zusage erreichen, dass die Sitzungsprotokolle anonymisiert an den Petenten herausgegeben werden.“

Doch der Mieter hat auch fast vier Jahr später keine Dokumente bekommen, und das, obwohl er 2022 per E-Mail und mit Bezug auf das Berliner Informationsfreiheitsgesetz auch die Stiftungsaufsicht des Berliner Senats darum gebeten hatte. Die von der Datenschutzbehörde nahegelegten rechtlichen Schritte gegen die Stiftung hat er aus Angst vor einem hohen zeitlichen und finanziellen Aufwand gescheut – und weil es auch weiterhin genug Ärger mit Stiftung und Hausverwaltung gab.

Diese Odyssee durch mehrere Einrichtungen brachte aber eine Neuerung für die Nachbarschaftsgruppe: In einem Brief an die Antidiskriminierungsberatung schrieb die Hausverwaltung, die Gruppe könne sich in einer der Sitzgruppen auf den Fluren treffen. So begannen im Oktober 2019 die Treffen im beschriebenen zugigen, lauten und zu kleinen Flurbereich.

2021 beantragte der erwähnte Mieter Joachim Liedtke wieder die Nutzung der Cafeteria am Samstagnachmittag – sie steht ja während der Gruppentreffen auf dem Flur leer. Nachdem die *Hilfswerk-Siedlung* ihn monatelang hingehalten hatte, schickte sie ihm eine nicht begründete Ablehnung, die aus einem einzigen dürren Satz bestand.

Ebenfalls von 2021 sind vier von Albrecht vorgelegte gleichlautende persönliche Erklärungen, in denen „Mieterinnen mit Migrationshintergrund" sich für Treffen in der Cafeteria aussprechen, um ihre häuslichen Kontakte und ihre Deutschkenntnisse zu verbessern, sowie um sich weniger ausgegrenzt zu fühlen. Sie kritisieren explizit die schlechte Akustik in den Sitzgruppen im Flur. Auch das brachte nichts. Eine Mieterin, die kein oder kaum Deutsch kann, wohne ganz nah an der Sitzgruppe, wo sich die Nachbarschaftsgruppe trifft, erzählt Albrecht. Sie komme aber wegen der schlechten Akustik nicht dazu.

Ewiges Licht und andere Farcen

Noch bevor Dorothee Albrecht mir die Cafeteria zeigt, führt sie mich durch die langen Gänge zu ein paar anderen Mieterinnen. Auf dem Weg dorthin kommen wir an einer Wohnungstür vorbei, wo um das Schloss herum Reste von Aufklebern zu sehen sind. Es handelt sich um die Überbleibsel eines polizeilichen Siegels, wie das noch zu lesende Wort „Polizeipräsident" zeigt.

> „Hier hat eine Person mehrere Tage lang tot in der Wohnung gelegen, was hier leider vorkommt", erklärt Albecht. „Es gibt in diesen Häusern etliche Zurückgezogene und Vereinsamte. Ich habe es in den sieben Jahren, die ich hier schon lebe, alleine auf diesem Gang zwei Mal erlebt, dass Mieter völlig alleine gestorben sind, und dass das erst durch den Leichengeruch entdeckt wurde. Der ist dann so intensiv, dass er über Wochen in den Gängen hängt."

Eine Bewohnerin auf einer anderen Etage kenne ebenfalls zwei Fälle. Das gebe einigen Leuten hier ein mulmiges Gefühl: Werde ich auch mal so enden?

„Dieses Haus ist so anonym geworden, dass die Leute ihre eigenen Nachbarn nicht mehr kennen“, findet Albrecht. „Jetzt wohnt hier ein neuer Mieter. Ich finde das so pietätlos, dass man die Tür nicht richtig saubergemacht hat.“

Wir besuchen etliche Gangmeter weiter die Bewohnerin Rita Buhrmeister, für die die Nachbarschaftstreffen besonders wichtig sind. Die stark gehbehinderte 86-Jährige sitzt auf dem Wohnzimmersofa ihrer hellen Zwei-Zimmer-Wohnung, neben sich den Rollator. Aber selbst mit dem kann sie kaum herumgehen. Ihre Wohnung habe sie seit einer Operation vor über einem halben Jahr nur einmal verlassen, berichtet sie.

> „Als ich vor 15 Jahren hierhergezogen bin, war alles ganz, ganz wunderbar und toll“, erzählt Buhrmeister. „Die Hausverwalterin war eine nette Dame. Die hat sich für alles eingesetzt und sich bei Problemen immer gleich bemüht.“

Auch mehr Feste habe es früher gegeben, dazu Ausflüge. Heute sei das Leben hier viel unpersönlicher. Da sie sehr religiös erzogen wurde, war einer der Gründe, warum sie hier einziehen wollte, die Tatsache, dass die Wohnanlage in ihrem sogenannten „Haus der Begegnung“ im Innenhof eigene Gottesdienste anbietet. Bis Weihnachten 2021 war sie Lektorin, machte also die Lesungen im Gottesdienst. In ihren 15 Jahren hier war sie fast jeden Sonntag dort.

Was das soziale Miteinander angeht, lobt Buhrmeister die Aktivitäten von Dorothee Albrecht und einem Mitstreiter für die nachbarschaftliche Vernetzung:

> „Wir trafen uns dann auch unten auf der Terrasse – wunderbar und herrlich schön. Da ist ein richtiges Café, das wir haben wollen, wenn mal schlechtes Wetter ist – das gehört ja zu unserem Haus. Aber wir kriegen nicht die Genehmigung dafür, und das kann keiner begreifen.“

Buhrmeister widerspricht der von der Verwaltung verschiedentlich schriftlich geäußerten Behauptung, es gebe in der Wohnanlage genügend andere Freizeitangebote für alle: „Es gibt ja gar nichts! Nun kann man Corona sagen, aber davor war es nicht anders.“ Zu Freizeitangeboten in anderen Häusern oder gar außerhalb der Wohnanlage zu gehen, kommt für sie ohnehin nicht in Frage: „Ja, wenn man noch laufen kann, kann man das. Ich kann es nicht mehr. Sie müssten mal sehen, wie ich hier aufstehe – da muss ich sieben Mal Anlauf nehmen, um hochzukommen.“

Treffen im Haus sind also für Buhrmeister essenziell, aber in der dafür vorgesehenen Cafeteria war sie in all den Jahren noch nie. Von Dorothee Albrecht wird sie manchmal im Rollstuhl zum Gottesdienst geschoben. Der werde übrigens nur noch schlecht besucht:

> „Ach, wir sind wenige, ein ganz kleiner Kreis", klagt die ehemalige Lektorin. „Wenn alle da sind, vielleicht 15 Leute. Und hier wohnen über 500 Menschen, das muss man sich mal vorstellen."

Auch Norma Stocker ist Kirchgängerin, und sie bestätigt, dass sie damit eine von ganz wenigen ist: „Beim Gottesdienst werden es immer weniger: acht oder sieben Leute. Ich finde das eine Farce." Stocker ist Jahrgang 1946 und hat fast ihr ganzes Leben im Stadtteil Wedding verbracht. Auch sie wohnt seit 15 Jahren in dieser Anlage. Sie hat hier möglichst viele Freizeitaktivitäten entfaltet, stört sich aber am Angebot. Seit langem gebe es fast nur noch Veranstaltungen im sogenannten Haus der Begegnung:

> „Da sind eben die Gottesdienste, und dann ist da einmal im Monat Lesestunde, da wird vorgelesen. Ich meine, Leute, die aktiver sind, brauchen sich nichts vorlesen lassen. Und eine Erzählstunde ist auch einmal im Monat. Die wird ganz wenig besucht, dafür interessiert sich keiner. Da sollen die Leute aus ihrem Leben erzählen, oder so. Jedenfalls ist das ja auch nur von der Pfarrerin. Nicht, dass die Leute von selbst irgendwas machen können."

Das ist einer der zentralen Kritikpunkte auch von Dorothee Albrecht: Selbstorganisierung sei bei Stiftung und Hausverwaltung unerwünscht. Die wenigen Angebote der Pfarrerin sollen ausreichen, beziehungsweise sollen zusätzliche eine Ergänzung und mit der Pfarrerin abgestimmt sein, wie eine wiederholt vorgebrachte Position der Stiftung lautet.

In anderen Wohnanlagen ist die Lage besser. Auch davon kann Norma Stocker berichten:

> „Ich kenne Leute in anderen Stiftungen. Neulich habe ich jemanden in der Kaiser-Wilhelm-Stiftung am Nauener Platz besucht. Da ist gleich links ein Raum, und da saßen sieben, acht Damen und haben gespielt. Ich bin dazu, weil ich die eine kannte, und ich sagte: Mensch, ihr habt es gut – ihr könnt hier sitzen und spielen, und kein Mensch hat was dagegen. So etwas ist bei uns nicht mehr erlaubt. Es ist einfach nicht mehr drin."

In der Wohnanlage der Lange-Schucke-Stiftung, gleich neben der Stiftung Hospitäler, gebe es ebenfalls wieder soziale Aktivitäten in Gemeinschaftsräumen, berichten Stocker und Albrecht. Hier hingegen werde das Angebot kleingehalten, bisweilen weiterhin mit der Ausrede Coronavirus. Nicht einmal die einst von der Stiftung selbst angebotenen Aktivitäten Bingo und Teppich-Curling (eine Sportart) seien wieder aufgenommen worden. Insgesamt bestärke das den Trend zur Vereinzelung. „Das ist schlimmer geworden, extrem schlimm“, findet Stocker. Sie begleite hin und wieder eine 97-Jährige, die noch selbstständig zu Fuß ist, zu den Gottesdiensten. „Wenn sie mich nicht hätte, hätte sie überhaupt keinen Kontakt mehr“, berichtet die unternehmungslustige Seniorin. „Das ist ganz schlimm für sie.“

Schon 2009 reichte Stocker zusammen mit einer anderen Bewohnerin einen Vorschlag bei einem von der Stiftung ausgerufenen „Ideenwettbewerb Mieterengagement“ ein, der den Wegfall des Mieterbeirats ein bisschen kompensieren sollte. Die Beiden wollten eine wöchentliche Sprechstunde anbieten, damit die Mietenden nicht nur auf die Hausverwaltung angewiesen waren. Laut einem Artikel in der Stiftungszeitung, die allen Haushalten zugestellt wird, war es der einzige eingereichte Vorschlag, umgesetzt wurde er aber nicht.

> „Die haben gesagt: Das ist ja prima, was Sie sich da ausgedacht haben, aber es wird doch nicht erwünscht und wird auch nicht frequentiert werden“, erinnert sich Stocker. „Wir fanden das unmöglich.“

Stockers Fazit der Situation in ihrer Wohnanlage:

> „Ich finde die Zustände hier besonders schlimm, weil es eine kirchliche Stiftung ist, und eigentlich Nächstenliebe geübt werden soll. Es wird aber nicht an die Menschen gedacht. Das finde ich sehr, sehr traurig.“

Von besonders lange zurückliegenden frustrierenden Erlebnissen kann die 87-jährige Erika Krüger berichten. Sie zog 1995 hier ein und wurde später in den damals noch existierenden Mieterbeirat gewählt. Der habe sich regelmäßig getroffen und Anliegen an die Hausverwaltung kommuniziert, doch vergeblich:

> „Wir haben nichts, aber auch gar nichts geschafft. Wir haben es nicht mal geschafft, dass die Autos vernünftig parken, mit dem Auspuff nicht zur Hauswand hin, was ja eigentlich vorgeschrieben war. Irgendwann haben wir gesagt: Es reicht jetzt, das Fass ist übergelaufen. Wir haben keine Unterstützung von der Verwaltung, kommen

> nicht mit den geringsten Wünschen oder Anforderungen durch. Wir sind dann alle geschlossen zurückgetreten."

Die von fünf Beiratsmitgliedern unterschriebene Rücktrittserklärung ist von 2008 und besteht aus einem einzigen Satz: „Der Mieterbeirat tritt mit sofortiger Wirkung geschlossen zurück, weil eine Zusammenarbeit mit der Verwaltung nicht möglich ist."

Seitdem gebe es keinen Beirat mehr, denn er sei nicht vorgeschrieben, erklärt Krüger. Die Nachbarstiftungen hingegen haben Dorothee Albrecht zufolge einen.

Krüger hat es noch erlebt, dass diese Wohnanlage dieselbe Hausverwaltung hatte wie die Seniorenwohnanlagen in der Nachbarschaft. „Dann kam die *Hilfswerk-Siedlung*, und von da an ist es eigentlich bergab gegangen", lautet ihr bitteres Fazit.

So habe die Verwaltung früher ein Büro vor Ort gehabt und sei täglich ansprechbar gewesen, wohingegen seit vielen Jahren jemand von der HWS nur wöchentlich für drei Stunden in die Wohnanlage kommt, wobei diese Sprechstunde immer mal wieder ausfalle. Die stiftungseigenen Hausmeister seien durch andere Firmen ersetzt worden.

Krüger bestätigt nicht nur, dass die Vereinzelung in der Wohnanlage stark zugenommen hat – unter anderem, weil kein Mieterbeirat mehr zumindest hin und wieder Kennenlerntreffen organisiert –, sondern betont einen weiteren Missstand. Schon beim Gehen durch die langen Flure des Hauses hatte Dorothee Albrecht darauf hingewiesen, dass alle Lampen eingeschaltet waren, obwohl es Mittag war. Krüger regt diese Stromverschwendung ebenfalls schon sehr lange auf: „Ich wohne jetzt seit 27 Jahren hier, und von Beginn an ist es für mich ein Thema gewesen, dass die Lampen ausgeschaltet werden müssen."

Ihr zufolge brennen die Lampen seit 27 Jahren rund um die Uhr. Auf die Beschwerden dagegen sei aber nie eingegangen worden, hält Dorothee Albrecht fest. Diese Stromverschwendung ist besonders bemerkenswert angesichts eines von der Hausverwaltung im Juli 2022 verschickten Rundschreibens, in dem wegen der allgemeinen Energiepreissteigerungen zum Energiesparen aufgerufen wird. Im September 2022 fand eine Unterschriftensammlung statt, weil das Problem in den meisten Häusern der Wohnanlage in der einen oder anderen Form gegeben ist. Laut einem Brief von Dorothee Albrecht und einem Mitstreiter an die Hausverwaltung unterschrieben Menschen aus rund 230 Haushalten den Protest gegen die Dauerbeleuchtung. In dem Brief ist zu lesen:

> „Die Mieter befürworten mit ihrer Unterschrift eine sinnvolle und auf Seniorenwohnhäuser abgestellte, erweiterte Beleuchtungsmöglichkeit, aber keine sinnlose und teure Dauerbeleuchtung.“

Gleichzeitig wird eine Vernachlässigung der Außenbeleuchtung kritisiert:

> „So waren beim Parkplatz und dem Zugang zur Osloer Str. 78 gleich zwei Außenlampen ausgefallen und wurden erst nach ca. 9 Monaten und diversen Mieterbeschwerden vor 2 Tagen repariert (bzw. mit Leuchtmitteln versehen).“

Bei zwei Außentreppen funktioniere das Licht ebenfalls nicht, und viele Lampen auf dem Gelände seien „sehr dreckig, zum Teil vermoost, manchmal sogar von Pflanzen überwachsen und erfüllen damit ihre Funktion nicht mehr ausreichend“.

Auch beim Thema Coronavirus fühlten sich die Bewohnerinnen und Bewohner alleingelassen, berichtet Dorothee Albrecht. In der benachbarten Seniorenwohnanlage sei es besser gelaufen: „Die Lange-Schucke-Stiftung hat veranlasst, dass ein Impfbus für die Senioren kommt. Bei uns gab es eigentlich überhaupt nichts.“

Dabei habe ein Mieter beim Berliner Senat erfahren, dass die Hausverwaltung mit einem simplen Anruf einen Impfbus für die Wohnanlage hätte bestellen können. Eine sehr alte Mieterin sei zum Impfen per Taxi durch die halbe Stadt gefahren, weil sie nur dort einen Termin bekommen habe, was für sie sehr anstrengend gewesen sei.

Nach außen hin gibt sich die *Stiftung Hospitäler* freilich sehr sozial – allerdings oft mit Falschinformationen. Dorothee Albrecht führt mich zu einer Schautafel der Stiftung an der stark befahrenen Osloer Straße. „Auf dem Gelände befindet sich eine Diakoniestation mit einem vielfältigen Leistungsangebot“, ist da zu lesen. Die ist aber 2017, also fünf Jahre vor meinem Besuch in der Wohnanlage ausgezogen. Ein paar Meter weiter befindet sich ein großes Schild am Haus mit der Aufschrift: „Diakoniestation“. Auch im Innenhof, im Schaukasten des Hauses der Begegnung, ist der längst weggezogene Pflegestützpunkt erwähnt. Dort ist zudem die Rede von Gästeappartements, die gemietet werden können, und einer Bibliothek. Auch die gebe es nicht mehr, sagt Albrecht. Diese verschwundenen Einrichtungen werden sogar an mehreren Stellen des Innenhofs auf Wegweisern ausgeschildert. Auch Norma Stocker sind die Fehlinformationen in den Schaukästen aufgefallen: „Auf einem Schild steht: Hier sind Sie gut untergebracht und können an zahlreichen Aktivitäten teilnehmen. Wo sind die? Das habe ich vor ein paar Tagen wieder gelesen. Es stimmt nicht.“

Laut dem Internetauftritt der Wohnanlage wurde hier noch 2022 „an allen Werktagen ein Mittagstisch angeboten". Auch das hat Albrecht in über sieben Jahren nie mitbekommen. Im Internet sind auch die Cafeteria, die angebliche Bibliothek und „Räume für Feierlichkeiten" aufgeführt, aber für private Feiern habe schon lange niemand mehr einen Raum bekommen, sagt Albrecht, was auch für die Cafeteria in ihrem Haus gelte. Wohl wegen meiner größeren *Deutschlandfunk*-Sendung zur Wohnanlage im November 2022 wurden die veralteten Inhalte aus dem Internetauftritt entfernt. Allerdings ist dort nun die Rede von einer „lebendigen Gemeinde", deren Gottesdienste „sich großer Beliebtheit erfreuen", was laut den erwähnten Kirchgängerinnen eine Falschaussage ist. Auch veraltete Wegweiser auf dem Gelände der Wohnanlage sind mittlerweile entfernt worden. Gästewohnungen wurden im Sommer 2023 aber noch immer in einem Schaukasten angepriesen.

Kirchenfunktionäre verweigern sich

Verlogene Kommunikation ist für Dorothee Albrecht ein Grundproblem dieser Stiftung. Das betrifft besonders Stellungnahmen von Vorstandsmitgliedern in dem langen schriftlichen Streit um die Nutzung der Cafeteria. „Wir haben leider die schockierende Erfahrung gemacht, dass da häufig Falschdarstellungen vorgenommen wurden", klagt die Seniorin. „Sogar von Superintendent Kirchner."

Martin Kirchner ist seit 2008 Superintendent, also oberster Funktionär des Evangelischen Kirchenkreises Berlin-Nordost und Vorsitzender des vierköpfigen Vorstands der *Stiftung Hospitäler*, in dem früher schon sein Vater saß. Er ist mit den Beschwerden der Nachbarschaftsgruppe seit langem vertraut, wie sein Schriftverkehr mit der Stiftungsaufsicht des Berliner Senats wegen der verweigerten Nutzung der Cafeteria von 2019 zeigt. Darin, wie auch in anderen Schriftverkehren lassen sich tatsächlich Fehldarstellungen von Vorstandsmitgliedern und Hausverwaltung gegenüber Mietern und Externen nachweisen. Ein Interview zur mangelhaften sozialen Versorgung in der Wohnanlage lehnte Kirchner auch stellvertretend für die anderen Vorstandsmitglieder ab, als ich 2022 im Auftrag des *Deutschlandfunk* anfragte.

Er ist nicht der einzige in die Sache involvierte Kirchenfunktionär. Noch bevor Dorothee Albrecht und ein Mitstreiter externen Institutionen ihr Problem mit den Nachbarschaftstreffen schilderten, hatten sie sich 2019 an den damaligen Propst Christian Stäblein gewandt, den Stellvertreter des

Bischofs. Der teilte ihnen daraufhin schriftlich mit, er habe die Stiftung entsprechend ermahnt. Bald darauf wurde Stäblein selbst Berlins evangelischer Bischof. Im Juni 2022 nahm er an einer Jubiläumsfeier der *Stiftung Hospitäler* in der Wohnanlage teil und leitete den Festgottesdienst. Dorothee Albrecht berichtet, dass sie dem Bischof kurz danach per Post ein großes doppelseitiges und dicht bedrucktes Flugblatt geschickt habe, das sie bei der Jubiläumsfeier mit ein paar Leuten verteilt habe. Die Überschrift lautet: „Hilferuf von Seniorenmietern!" Einige der Zwischenüberschriften lauten: „Unterdrückung von Kommunikation und aktiver, demokratischer Teilhabe im Alter"; „Das Verhalten von Vorstand und Verwaltung ist autokratisch, bevormundend und ignorant"; „Dramatischer Abbau von sozialen Kontaktmöglichkeiten". Die Antwort darauf kam von der persönlichen Referentin des Bischofs per E-Mail und darf wohl als eiskalt bezeichnet werden:

> „Bischof Stäblein hat sich bei Superintendent Kirchner eingehend über die von Ihnen erhobenen Vorwürfe erkundigt. Er hat dadurch erneut den Eindruck gewonnen, dass die von Ihnen angesprochenen Themen seitens der Stiftung und der Hausverwaltung angemessen geregelt sind. Bischof Stäblein bittet nun seinerseits im Sinne einer guten geistlichen Gemeinschaft darum, aufeinander zuzugehen und auf die von Ihnen gewählte konfrontative Form der Kommunikation zu verzichten, die Stiftung, Hausverwaltung und auch den Bischof selbst in unangemessener Weise darstellen."

Als ich dazu 2022 für den *Deutschlandfunk* eine Stellungnahme anfragte, sagte mir die Pressesprecherin des Bischofs, er wolle nicht erklären, was er mit dem Vorwurf „konfrontative Form der Kommunikation" meine, und wo er sich unangemessen dargestellt sieht. Doch nicht nur durch diese Arroganz werden die Zustände in der Wohnanlage zu einem Skandal der evangelischen Kirche. Ihr Immobilienunternehmen, das generell mit seinem sozialen Engagement wirbt, scheint in dieser Wohnanlage eine größere Rolle zu spielen als Hausverwaltungen sie normalerweise haben, denn die Stiftung, der die Wohnanlage gehört, hat nicht einmal ein eigenes Büro, und ihr Vorstand arbeitet offensichtlich nur nebenberuflich. Doch auch die Hausverwaltung lehnte ein Interview zu den Beschwerden der Nachbarschaftsgruppe ab. Die Pressestelle schrieb mir im April 2022:

> „Uns ist es bekannt, dass sich vereinzelte Mieter*innen seit Jahren bei allen möglichen öffentlichen Stellen und Personen über die Stiftung und über uns als Fremdverwalter beschwert haben. An unserer

> Haltung und Sichtweise hat sich nichts geändert. In diesem Sinne besteht kein weiterer Klärungs-, Vermittlungs- oder Handlungsbedarf."

Es ist also der blanke Hohn, dass zeitgleich in der Stiftungszeitung in einem nicht namentlich gezeichneten Artikel der Satz zu lesen war:

> „Ich glaube fest, dass es für uns Menschen zum Glücklichsein dazugehört, zu spüren: Ich kann mich selbst und die Welt um mich herum ändern, wenn ich das möchte."

Auch der „angenehme Lebensabend", dem die Stiftung laut ihrer Satzung verpflichtet ist, ist in dieser Wohnanlage für viele Menschen nicht gegeben. Die interviewten Bewohnerinnen berichten sogar in verschiedenen Zusammenhängen Dinge, die gemeinhin Sozialabbau genannt werden. So habe es früher pro Haus eine „Hausmeisterfamilie" gegeben, die da auch gewohnt und eine tägliche Sprechstunde angeboten habe – heute sind es zwei Hausmeister für die ganze Wohnanlage.

Hinzu kommen offensichtliche Vernachlässigungen der Infrastruktur und bisweilen auch der Instandhaltung. So kritisieren Dorothee Albrecht und Norma Stocker, dass die Balkongitter lange Zeit wegen der abgeblätterten Farbe hässlich ausgesehen hätten. Die benachbarte Lange-Schucke-Stiftung sehe deutlich besser aus, da werde mehr für die Instandhaltung getan. „Viele Mieter machen die schlimmsten Sachen selbst weg", sagt Albrecht. Wände und Tür habe sie selbst mal streichen lassen, die Stiftung habe immerhin die Materialkosten übernommen. Der Mieter Joachim Liedtke berichtet, dass vor seinem Umzug innerhalb der Wohnanlage 2019 die neue Wohnung saniert worden sei. Die Badewanne habe er aber mit Klebstoff verschmutzt übernommen, der sich nicht entfernen lasse, was unansehnlich sei. Ein Hausmeister habe davon Fotos gemacht, der Missstand halte aber noch an. Beim Rundgang übers Gelände im Frühjahr 2022 weist Albrecht auf von Vögel verdreckte Sitzbänke hin, die jeder, der sich draufsetzen will, immer selbst sauber machen müsse. „Das ist nicht seniorenfreundlich", hält sie fest. Passenderweise landet während dieses Gesprächs Vogelkot auf ihrer Schulter. Zudem funktioniere die Springbrunnenanlage seit drei Jahren nicht mehr. „Eine Nachbarin, die sich sehr für die Reparatur eingesetzt hatte, ist inzwischen darüber verstorben", klagt die 67-Jährige. Blumenkästen würden von Mietern angelegt. Vor ihrem Haus mit über 100 Wohnungen steht nur ein halbes Dutzend Fahrradständer, die noch dazu zum Teil nicht seniorengerecht sind, weil die Fahrräder angehoben werden müssen, um in die Klemmen zu kommen.

> „Die Menschen wissen gar nicht, wohin mit den Fahrrädern", hält die rüstige Seniorin fest. „Sie müssen die kompliziert in den Keller bringen. Viele Nachbarn nehmen die Fahrräder mit in die kleinen Wohnungen. Ich habe schon kurz nach meinem Einzug mit dem Verwalter darüber gesprochen. Auch die Pflegedienste wissen nicht, wo sie ihre Fahrräder abstellen sollen."

An Autoparkplätzen in der Tiefgarage herrsche hingegen kein Mangel. Zudem gebe es in den Häusern viele ungenutzte Räume aus der Zeit des betreuten Wohnens bis in die frühen 2000er, als auf jeder Etage Betreuungskräfte Büros hatten, zudem ehemalige Abstellkammern und Hauswartbüros. Da wäre doch Platz für Fahrräder und Rollatoren.

Doch auch als ich 2022 nach über zwei Monaten nochmal zu einigen dieser und zu anderen Punkten für den *Deutschlandfunk* eine Anfrage an den Stiftungsvorsitzenden Kirchner schicke, weigert er sich, inhaltlich zu antworten, und schreibt mir unter Bezug auf die erwähnte Pressesprecherin des Bischofs:

> „Die Pressestelle unserer Landeskirche hat mir vor Kurzem mitgeteilt, dass in einem Gespräch mit Ihnen deutlich gemacht wurde, dass wir weiteren Interviewanfragen Ihrerseits nicht nachkommen möchten. Ich bitte Sie zu akzeptieren, dass auch ich mich an diese Absprache halte. Bitte haben Sie Verständnis, wenn ich zukünftig nicht mehr auf Ihre Mails antworte."

Im März 2023 schrieb mir die HWS unverständlicherweise, die seit Jahren anhaltende Kritik an den Lebensumständen in dieser Wohnanlage sei eine „Einzelmeinung". Die Anlage werde „weiterhin durch zwei Hauswarte und unter anderem auch die Stiftungspfarrerin optimal betreut". Diese drei böten auch Sprechstunden an. Mit ihnen lassen sich freilich keine Dinge besprechen, die das Mietverhältnis betreffen.

Zu allem Übel setzte die Stiftung ihre wöchentlichen, sowieso manchmal ausfallenden Sprechstunden in der Wohnanlage ab dem Spätsommer 2022 aus, offenbar weil der Zuständige die Hausverwaltung verlassen hatte. Erst im Mai 2023 wurden sie wieder aufgenommen, allerdings nur zweiwöchentlich. Als ich die *Hilfswerk-Siedlung* im März 2023 darauf ansprach, verwies sie darauf, dass sie in ihrem Geschäftssitz sowie telefonisch und „digital per Mail oder App" erreichbar sei. Bei einer Seniorenwohnanlage überzeugt der Hinweis auf Online-Angebote und das im weit entfernten Stadtteil Zehlendorf gelegene Büro allerdings nicht.

Zum Kampf um die Nutzung der Cafeteria teilte die *Hilfswerk-Siedlung* mit:

> „Wie in einer Seniorenwohnanlage üblich und sinnvoll, können die stiftungseigenen Räume innerhalb der Arbeitszeit der Hauswarte (Schließdienst) genutzt werden."

Die ende samstags um 15 Uhr. Diese Begründung haben Stiftung und Hausverwaltung im Lauf der Zeit immer wieder für die Verweigerung von Kaffeekränzchen am Samstagnachmittag vorgebracht. Warum die Nachbarschaftsgruppe, die seit Jahren über einen Schlüssel für den in ihrem Wohnhaus gelegenen Treffpunkt verfügt, die Hauswarte brauchen soll, erschließt sich umso weniger, als die Hausverwaltung 2019 selbst schriftlich nahelegte, sich statt in der Cafeteria in einer Sitzgruppe auf dem Flur zu treffen, wo die alten Leute jedes Mal schwere Möbel schleppen müssen.

„Das hat überhaupt nichts mit einer verantwortlichen Verwaltung einer Seniorenwohnanlage zu tun", schimpft Dorothee Albrecht. Ihre Mutter habe mal in einer ähnlichen Einrichtung gelebt. „Da gab es Etagentreffen und Haustreffen. Es gibt einen engen Kreis und dann weitere Kreise. Viele Hochbetagte werden in ihrem Radius immer eingeschränkter – dieser ganz enge Kreis ist das Allerwichtigste." Stiftung und Hausverwaltung kümmert das offenbar nicht, denn sie verweisen bei Kritik an der Vergabepraxis für die Cafeteria stets auf die anderen Angebote in der Wohnanlage. Davon abgesehen, dass kostenpflichtige Frisier- und Kosmetiksalons sowie Gesprächsangebote der Pfarrerin etwas anderes sind als ein nachbarschaftliches Kaffeekränzchen, überzeugt das nicht, weil schon in der Osloer Straße 78 über 100 Menschen wohnen, ein Kennenlernen, beziehungsweise Bekämpfen von Vereinzelung also schon auf Hausebene sinnvoll ist. Zudem ist der Verweis auf Angebote, die für die ganze Wohnanlage gelten, haltlos, weil diese Angebote heillos überlaufen wären, wenn sie von vielen Menschen genutzt würden. Ein Kaffeekränzchen für Hunderte Personen? Es ist offensichtlich, dass Treffen in den einzelnen Häusern sinnvoll sind, nicht zuletzt auch, weil für Menschen wie Rita Buhrmeister selbst der kurze Weg zum Haus der Begegnung im Innenhof eine beträchtliche Belastung darstellen kann, zumal bei schlechtem Wetter. Die Hausverwaltung hingegen schrieb der erwähnten Antidiskriminierungsberatungsstelle für alte Menschen 2019: „Eine Teilung nach Häusern scheint uns nicht sinnvoll."

Zweckentfremdung einer Seniorenwohnanlage

Dabei hatte auch die Beratungsstelle darauf hingewiesen, dass die anderen Aktivitäten – von Stiftung und Verwaltung immer wieder angeführt wird die Sportart Teppich-Curling, die allerdings noch im Sommer 2022 mangels Betreuung nicht angeboten wurde – kein Ersatz für die Nachbarschaftstreffen in der Cafeteria sind. Sie erhielt damals eine Antwort, die zu denken gibt: „Inzwischen hat der Vorstand bereits andere Pläne für den Raum entwickelt, welche wir aktuell prüfen."

Dieser Satz alarmierte die Nachbarschaftsgruppe. Er war der Grund dafür, dass ein Mieter Einblick in die Vorstandsprotokolle erbat, der ihm aber jahrelang verweigert wurde, trotz Einschalten der Berliner Datenschutzbehörde. Was kann eine Stiftung mit einem Gemeinschaftsraum in ihrer Wohnanlage, die alten Menschen einen angenehmen Lebensabend sichern soll, anderes vorhaben?

Im Sommer 2023 stellte ich bei der Recherche für dieses Buch selbst einen Antrag auf Akteneinsicht gemäß Berliner Informationsfreiheitsgesetz, und zwar bei der Stiftungsaufsicht des Berliner Senats, wo alle nötigen Dokumente vorliegen. Zwar wurden Daten, die über die „Betriebs- und Geschäftsgeheimnisse" der Stiftung Auskunft geben, nicht veröffentlicht, beziehungsweise geschwärzt, aber einige wichtige Informationen sind den Protokollen der Vorstandssitzungen von 2018, 2019 und 2022 doch zu entnehmen.

So wünschte sich die damalige Pfarrerin im März 2018 eine Videoüberwachung wegen ein paar Vorfällen von „Vandalismus", was die Stiftung seitdem trotz derselben Bitte seitens der Nachbarschaftsgruppe verweigert. Ein Vorstandsmitglied schlug, auch wegen Berichten über „ungebetene Gäste" in der für die Öffentlichkeit problemlos zugänglichen Wohnanlage, vor, eine Strategie zu erarbeiten, um „Ängsten der Anwohner entgegenzuwirken". Der Vorschlag fiel nicht auf fruchtbaren Boden.

Im April desselben Jahres sprach sich die *Hilfswerk-Siedlung* dagegen aus, wieder einen Mieterbeirat einzuführen, nachdem das kurz zuvor bei der bis heute letzten Mieterversammlung vorgeschlagen worden war. Die Gründe dafür sind im veröffentlichten Protokoll zum Teil geschwärzt. So wird aber immerhin die Vermutung bestätigt, dass die HWS eine große Rolle bei der Gestaltung der Wohnverhältnisse spielt. Sie hatte sich nämlich auch gegen die Videoüberwachung ausgesprochen.

Im Juni 2019 hielt die Pfarrerin fest, dass „Lektorentreffen und Erzählcafés" stattfänden sowie die Beteiligung an den Gottesdiensten „kontinuierlich“ wachse. Die „Bibeltreffen“ seien aber mangels Teilnahme eingestellt worden. Im Juli 2022 hielt die Nachfolgepfarrerin fest, dass an den Gottesdiensten „regelmäßig 9-15 Mieter*innen“ teilnähmen, an Feiertagen bis zu 20.

Hinsichtlich der Nutzung der Cafeteria halten die Vorstandsprotokolle ein paar interessante Einblicke bereit. So wurde im November 2018 festgehalten, dass die Vorsitzende der gewählten Seniorenvertretung des Berliner Bezirks Mitte – die Dorothee Albrecht eingeschaltet hatte – empfohlen hatte, die Cafeteria samstagnachmittags zur Verfügung zu stellen. Der Stiftungsvorsitzende Kirchner aber bezeichnete demgegenüber eine Nutzung des Raums am Vormittag als „zumutbar“ und verlangte „ein Konzept zur Nutzung der Räumlichkeiten“. Ein Konzept zu verlangen, ist vollkommen absurd angesichts des Wunsches nach bloßer terminlicher Verlegung eines schon etliche Male stattgefundenen Kaffeekränzchens, noch dazu, wenn alte Menschen in einer Seniorenwohnanlage einen Raum nutzen wollen, der genau für Kaffeekränzchen konzipiert ist und auch noch Cafeteria heißt. Im März 2019 berichtete die HWS dem Vorstand, solch ein Konzept angefragt zu haben, und hielt zur Reaktion von Dorothee Albrecht und einem Mitstreiter fest: „Die Mieter konnten diese Anforderung nicht erfüllen und haben mit Gegenfragen und Vorwürfen reagiert.“

Der entsprechende Schriftwechsel liegt mir vor. Tatsächlich drückten die beiden Wortführenden der Nachbarschaftsgruppe neben einer kurzen Erläuterung der Treffen ihr Unverständnis aus, was sie denn in solch ein Konzept schreiben sollten, wo sie doch nur um einen anderen Termin für bereits stattfindende Kaffeekränzchen gebeten hatten. Eine Antwort haben sie angeblich nie erhalten. Das Protokoll bestätigt: „Die Hilfswerk-Siedlung hatte daher entschieden, den Kontakt vorerst ruhen zu lassen.“ Gegenfragen und Vorwürfe zu klären, sieht diese Hausverwaltung offenbar nicht als ihre Aufgabe an.

Wohl zur Rechtfertigung der harten Haltung in Sachen Cafeteria erwähnte dann jemand, dessen Name im Protokoll geschwärzt ist, die „vielen Freizeitangebote“ in der Wohnanlage: „Fitnessgruppen, Spielegruppen für Bingo und Teppichcurling, sowie Einrichtungen wie Friseur, Massage, Fußpflege und Kosmetik“.

Wer keine Lust auf Bingo hat, für Fitness und Curling zu sehr körperlich eingeschränkt ist, und noch dazu nicht ständig als Freizeitbeschäftigung Geld für Körperpflege ausgeben will, hat also Pech.

Anschließend machte laut Protokoll jemand – der Name ist geschwärzt – den Vorschlag, „die mögliche zukünftige Wohnung als Gästewohnung zu nutzen". Das bleibt zunächst für Uneingeweihte unverständlich. Dann schlägt jemand „alternativ" vor, „die Cafeteria für gemeinsame Projekte mit der Kindertagesstätte zu nutzen", die ein paar Monate später in einem Gebäude der Wohnanlage eröffnen soll. Und dann der entlarvende Satz: „Der Vorstand beauftragt die Hilfswerk-Siedlung, den Umbau zur Gästewohnung zu prüfen."

Somit ist bewiesen, dass der Vorstand zumindest Überlegungen anstellte, den Aufenthaltsraum in eine Wohnung, eventuell in eine (sicherlich zu vermietende) Gästewohnung umzuwandeln, oder auch ihn der Kita zur Verfügung zu stellen. Dieses Gespräch fand unter dem Tagesordnungspunkt „Nutzung der Cafeteria" statt.

Im Juni redete der Vorstand wieder darüber, dass die Nachbarschaftsgruppe kein Konzept vorgelegt habe, und welche alternativen Freizeitbeschäftigungen es angeblich gab. Übrigens teilte die Hausverwaltung im Juli der Antidiskriminierungsberatungsstelle mit: „Dieses Konzept entsprach zu unserer Überraschung nicht den tatsächlichen Aktivitäten." Was damit gemeint war, ist unklar, aber nach dieser Darstellung sah die Hausverwaltung die Beschreibung der Kaffeekränzchen formal durchaus als Konzept an, der Stiftung teilte sie aber mit, sie habe kein Konzept erhalten.

Im Vorstandsprotokoll von Juni folgen dann jedenfalls fünf geschwärzte Absätze – wohlgemerkt wieder unter dem Tagesordnungspunkt „Nutzung der Cafeteria". Geschwärzt werden aber nur Ausführungen zu wirtschaftlichen Belangen sowie Namen bei Entscheidungsfindungen. Somit wird klar, dass die Cafeteria irgendwie wirtschaftlichen Belangen dienen sollte. Im Protokoll der August-Sitzung findet sich dann der Satz: „Der Vorstand wünscht, dass, wie in der letzten Sitzung besprochen, eine Nutzung durch die Kindertagesstätte weiterhin angestrebt wird."

Somit deutet alles darauf hin, dass die Stiftung die Cafeteria der Kita zur Verfügung stellen wollte und dafür eine finanzielle Gegenleistung erwartete. Das klingt nicht direkt nach einem Grund, Kaffeekränzchen fernzuhalten. Aber wenn ein Raum regelmäßig von Kleinkindern genutzt werden soll, wird wahrscheinlich eine gewisse Ausstattung nötig sein, die nicht jedes Mal hin und her transportiert werden kann, etwa Sportutensilien. Somit könnte jegliche Nutzung der Cafeteria durch eine größere Gruppe zumindest ein Stück weit mit einer regelmäßigen Nutzung durch die Kita konfligieren.

Der Vorwand, die Nachbarschaftstreffen sollten nur bei Anwesenheit der Hauswarte in der Wohnanlage stattfinden, entpuppt sich als solcher auch durch ein Foto vom Eingang zum Gymnastikraum der Wohnanlage, den mir Dorothee Albrecht im März 2023 geschickt hat. Dort hängt nämlich ein Zettel mit der Aufschrift:

> „Die Benutzung des Turn-/Gymnastikraums erfolgt ausdrücklich auf eigene Gefahr. Die Haftung durch die Stiftung Hospitäler zum Heiligen Geist und St. Georg ist ausgeschlossen."

Dabei sind die Gymnastikgeräte in dem Raum laut Albrecht „in einem maroden, beziehungsweise gemeingefährlichen Zustand" und sollten besser entsorgt werden. Die Leute sollen also bedenkliche Sportgeräte eigenständig und auf eigene Verantwortung nutzen, und im Flur eigenständig Möbel schleppen, aber nicht eigenständig Kaffee kochen und trinken, ohne dass die Hauswarte irgendwo in der weitläufigen Anlage unterwegs sind.

Warum sollte eine Stiftung, deren Zweck die Bereitstellung von Wohnraum für ärmere alte Menschen ist, diesen Menschen einen zu den Wohnungen dazugehörigen Aufenthaltsraum streitig machen? Eine Antwort findet sich wohl in den Vorstandsprotokollen von 2022: März-Sitzung, Tagesordnungspunkt „Kapitalerhaltungskonzept", dreieinhalb Seiten geschwärzt; Juli-Sitzung, Tagesordnungspunkt „Kapitalerhaltungskonzept", fast eine ganze Seite geschwärzt; November, Tagesordnungspunkt „Kapitalerhaltungskonzept / Wirtschaftsplanung 2023", mehr als zwei Seiten geschwärzt; Dezember, außerordentliche Sitzung mit dem einzigen Tagesordnungspunkt „Wirtschafts- und Finanzplanung 2023", fast zwei ganze Seiten geschwärzt. Derartiges gab es 2018 und 2019 nicht.

Dass die *Stiftung Hospitäler* in finanziellen Schwierigkeiten steckt, ist kein Geheimnis. In einem großen Stiftungsporträt der regionalen Zeitung *Die Kirche* vom 19. Juni 2022 war zu lesen:

> „Kirchner spricht offen über die aktuellen Geldprobleme der Stiftung. Etwa 10 bis 15 Wohnungen müssten sie jährlich klimafreundlich renovieren lassen. Dadurch hätten sich Schulden in Millionenhöhe angehäuft."

Das ergibt wenig Sinn, denn energetische Sanierungen werden, vielleicht abgesehen vom Austausch von Fenstern, in so großen Häusern wohl nicht auf ein Dutzend Wohnungen pro Jahr aufgeteilt, und zudem dürfen die Kosten auf die Mieten umgelegt werden, aber vielleicht hat die Zeitung da etwas falsch verstanden. Sie fährt jedenfalls fort, Kirchner sei „in Verhandlung mit Banken und Geldgebern, um die Rückzahlung erträglicher gestalten zu können". Kirchner führt in dem Artikel zudem „Sparmaßnahmen vor 20 Jahren" an, als der Berliner Senat „Betreuungspersonal wie Krankenschwestern wegrationalisiert" habe. Damit meint er offenbar den Wegfall des betreuten Wohnens in der Wohnanlage, nachdem die Senatsverwaltung für Soziales die Zuzahlungen für Betreuungskräfte eingestellt hatte. Dadurch gingen der Stiftung wohl Einnahmen verloren, denn wie mir die Senatsverwaltung schreibt, gab sie den Bereich Altenpflege 2006 „im Zuge der Umsetzung eines Kapitalerhaltungskonzepts" auf. Anscheinend konnte die Stiftung dank staatlicher Hilfe betreutes Wohnen anbieten, an dem sie auch etwas verdiente. Nach Wegfall der Subvention konnte sie das Angebot nicht aufrechterhalten.

Wie groß die Geldprobleme sind, zeigen auch die Sommerfeste von 2022 und 2023. Da gab es im Innenhof wie jedes Jahr einen Gottesdienst, Kaffe und Kuchen, Musik, Ansprachen und Gegrilltes. Im Bericht der Stiftungszeitung vom Fest 2022 – das gleichzeitig die 750-Jahr-Feier der Stiftung war, die angeblich die älteste Stiftung Berlins ist – findet sich ein halbseitiger „Dank an die Sponsoren", ohne die das Fest nicht habe stattfinden können. Aufgezählt werden die Hausmeisterfirma, eine Versicherung, eine Abfall- und eine Dachbaufirma, eine kirchliche Bank und die Hausverwaltung selbst.

Beim Sommerfest im Juli 2023 kam es dann zu einem vielsagenden Gespräch zwischen dem Stiftungsvorsitzenden Kirchner und einigen Mieterinnen. Mir liegt ein von zwei Mieterinnen unterzeichnetes Gedächtnisprotokoll davon vor. Demzufolge reagierte der Superintendent auf Kritik an den Lebensverhältnissen in der Stiftung – neuerdings geht es auch um die Abmilderung der Belastungen durch eine Großbaustelle auf einem unmittelbar angrenzenden Nachbargelände – sehr dünnhäutig.

„Die Stiftung sei hoch verschuldet", zitieren die Mieterinnen Kirchner. „Wir könnten froh sein, da die Anlage ja kein Heim sei, sondern eine Wohnanlage, dass überhaupt noch ein Sommerfest stattfindet und es noch etwas umsonst zu essen und zu trinken gibt."

Auf den Vorwurf einer Mieterin, „dass es in keiner der Nachbarstiftungen so wenige Möglichkeiten und Angebote gebe wie bei uns", habe Kirchner geantwortet: „Wem es hier nicht passt, der kann ja rüberziehen." Das habe er später wiederholt.

Die Nutzung der Cafeteria an den Samstagnachmittagen anstatt der lauten und zu kleinen Sitzecke auf dem Flur „lehnte er entrüstet und kategorisch ab". Dazu habe es „schon genügend Schriftwechsel mit äußerst renitenten Personen gegeben". Der Hinweis einer Mieterin, „dass diese beiden im Namen vieler Mieter sprechen und schreiben", und „nur diejenigen sind, die die nötige Kraft aufbringen", focht Kirchner dem Bericht zufolge nicht an: „Er sagte, er wisse ja nicht, was wir für geschäftstreibende Dinge da tun. Wir könnten uns im Haus der Begegnung treffen, oder gar nicht. Dieser Raum stehe zur Verfügung, koste viel Geld und werde nicht genutzt."

So klingt es, als ob das Argument mit der Anwesenheit der Hauswarte doch nicht das entscheidende ist, sondern die Raumfrage eine prinzipiellere ist. Psychologisch interessant wäre es, wenn Kirchner tatsächlich einem Kaffeekränzchen eine kommerzielle Aktivität unterstellt und ihm einen Raum, der für Kaffeekränzchen da ist, verweigert, den er selbst kommerziell nutzen will, oder zumindest eine Zeit lang wollte.

Als ich Kirchner im Juli 2023 Fragen zu diesen Aussagen und zu seinen Ausführungen zur Verschuldung der Stiftung im Zeitungsartikel von 2022 schicke, antwortet er zunächst: „Wie bereits früher erklärt, bin ich zu keinerlei Kommentaren Ihnen gegenüber bereit."

Einige Stunden später schickt er doch eine inhaltliche Antwort. Zum Gespräch beim Sommerfest schreibt er: „Die von Ihnen angegeben Zitate von Mietern sind falsch und von mir so nicht getätigt worden." Und zur wirtschaftlichen Lage der Stiftung: „Seien Sie versichert, dass die wirtschaftlichen Verhältnisse der Stiftung geordnet sind."

Es gibt aber langjährige Indizien dafür, dass die *Stiftung Hospitäler* auf eine Weise Geld generieren wollte und will, die ihrem satzungsgemäßen Auftrag tendenziell entgegensteht. Diese Indizien stehen mit dem Flachbau in Verbindung, der dem Stiftungsgebäude Iranische Straße 6a vorgelagert ist und seit 2019 die Kita beherbergt.

In diesem Flachbau befand sich nämlich bis in die frühen 2000er eine Seniorenfreizeitstätte. Die Mieterin Erika Krüger berichtet, dass sie dort jahrelang zwei Mal pro Woche ein selbstorganisiertes Frühstück mit auf die Beine gestellt habe, das auch regen Zuspruch von Externen gehabt habe. Auch eine andere langjährige Mieterin berichtet davon. Es soll dort verschiedene Freizeitangebote gegeben haben, die auch seitens der benachbarten anderen Seniorenwohnanlagen und dem fast gegenüberliegenden Evangelischen Geriatriezentrum Berlin – wo es neben einem Krankenhaus auch ein Pflegeheim gab – gut angenommen worden seien. Die Freizeitstätte sei von einer vom Berliner Senat bezahlten Betreuerin geführt worden. Der Senat teilt mir mit, dass die Förderung von Seniorenfreizeitstätten in Berlin eine Aufgabe der Bezirke ist, also wurde diese Mitarbeiterin vielleicht vom Geld fürs betreute Wohnen bezahlt. Die Stiftung machte damit offensichtlich keinen Gewinn, denn laut der Senatsverwaltung für Soziales waren in den frühen 2000ern „Erträge und Aufwendungen einer Seniorenfreizeitstätte zu keiner Zeit Teil der Wirtschaftspläne". Sie fügt hinzu: „Ab dem Wirtschaftsplan 2004 finden sich keinerlei Hinweise auf eine Seniorenfreizeitstätte." Da der Senat seine Zahlungen für Betreuungskräfte ab 2000 nicht mehr leistete, könnte es sein, dass die Stiftung deshalb ein paar Jahre später die Freizeitstätte schloss.

Irgendwann zog dann der Pflegestützpunkt der Diakonie da ein. Die Büros dienten sowohl Beratungsangeboten als auch als Ausgangspunkt für Pflegedienstleistungen in der Wohnanlage, berichten mehrere Mietende. Es sei sehr sinnvoll gewesen, solche Fachkräfte so nah zu haben, da immer mal wieder Schwächeanfälle und ähnliches in der Wohnanlage vorgekommen seien.

Doch 2017 zog der Pflegestützpunkt aus. In einem Rundschreiben der Stiftung vom Februar 2018 steht: „Wie Sie vielleicht schon mitbekommen haben, wurden die Räumlichkeiten der Diakonie-Pflege Wedding in der Iranischen Str. 6 a gekündigt."

Daraus wird nicht klar, wer gekündigt hatte. Im selben Monat war das Thema aber in der bisher letzten Mieterversammlung zur Sprache gekommen, und nach Erinnerung von Dorothee Albrecht bestritt das anwesende Vorstandsmitglied nicht die Vorhaltung, die Stiftung selbst habe gekündigt. Ihr zufolge begründete das Vorstandsmitglied die Kündigung „mit der mangelnden Auslastung der Räume durch die Diakonie und mit geschäftlichen Überlegungen – man müsse auch wirtschaftlich denken". Die Mieterin Erika Krüger, der der Flachbau aus ihrer Zeit in der Freizeitstätte sehr gut bekannt ist, erinnert sich, dass der Pflegestützpunkt nicht alle Räume nutzte.

In der Vorstandssitzung von März 2018 wurde laut Protokoll die Frage behandelt, „ob für die erfolgreiche Vermietung der stiftungseigenen Wohnungen weiterhin eine eigene Diakoniestation benötigt wird". Die HWS sollte dazu eine „Standortanalyse" erarbeiten. Das Ergebnis war eine Verneinung der Frage, denn die „Betreuungsverträge der Stiftung" könnten auch von anderen Standorten aus erfüllt werden, und auch „Informations- und Beratungsleistungen" würden dort erbracht. Der Vorstand beschloss, keine neuen Betreuungsverträge mehr anzubieten. Wichtig zu wissen ist, dass es dabei vor allem um Beratung in rechtlichen und pflegerischen Dingen ging, sowie um die Vermittlung zu anderen Akteuren. Der Betreuungsvertrag der Mieterin Liliane Fischer von 2003 (den sie nach wenigen Jahren kündigte) enthält solche Leistungen und nennt das alles „soziale Betreuung". Das Protokoll schließt den Punkt mit der Bemerkung ab: „Eine Reaktion seitens der Hilfswerk-Siedlung ist dann erforderlich, wenn die

Diakonie-Pflege Reinickendorf gGmbH an die Hilfswerk-Siedlung herantritt.“

Diese Firma ist mittlerweile im *Evangelischen Jugend- und Fürsorgewerk* aufgegangen, einem gemeinnützigen Fürsorgeunternehmen. Eine Sprecherin bestätigt mir, dass die Stiftung dem Pflegestützpunkt 2016 kündigte, und fügt hinzu: „Es gab wohl andere Pläne für die Räume.“

Die Stiftung hielt die Diakonie-Station also für verzichtbar. Für die Vermietung der Wohnungen sei sie nicht nötig gewesen. Und da der Pflegestützpunkt die im Flachbau zur Verfügung stehenden Räume nicht alle nutzte, waren mit einer neuen Nutzung wohl mehr Mieteinnahmen zu holen: Eine Kita sollte her.

Die für 50 Kinder konzipierte Kita wurde im Juni 2019 eröffnet. Ihr Außenbereich mit Spielgeräten befindet sich neben dem Gebäude und somit direkt unter etlichen Balkonen der Wohnanlage. Seniorengerecht ist anders. Dorothee Albrecht berichtet von zwei Mietenden, die wegen des Kinderlärms zu bestimmten Zeiten Fenster und Balkontür nicht öffnen wollten.

Es ist in Summe bemerkenswert, dass in einer Seniorenwohnanlage zuerst eine Seniorenfreizeitstätte und dann ein Pflegestützpunkt geschlossen wird, um im selben Gebäude eine Kita unterzubringen. Zumindest den Leitgedanken der Satzung der *Stiftung Hospitäler zum Heiligen Geist und St. Georg* steht das entgegen. Zu bedenken ist dabei, dass wir hier nicht von einem Pflegeheim sprechen – die Freizeitstätte hätte, wie auch die Cafeteria in der Osloer Straße 78, von vielen Menschen eigenständig genutzt werden können. Es war nicht nötig, eine Betreuung zu organisieren. Das zeigt sich auch daran, dass laut zweier langjähriger Stiftungsmieterinnen in der Freizeitstätte nach dem Wegfall der senatsfinanzierten Stelle eine Zeit lang Veranstaltungen unter der Regie einer anderen Mieterin stattfanden, die damit auch selbst „Einnahmen erwirtschaftet“ habe. Doch für die Stiftung stand offenbar die Erzielung von eigenen Einnahmen im Vordergrund.

Nicht nur diese Entwicklungen haben dazu geführt, dass sich der Charakter der Wohnanlage verändert hat. Die Mieterin Erika Krüger berichtet, dass bei ihrem Einzug 1998 ein Mindestalter von 60 Jahren galt. In der seit 2006 gültigen Satzung ist das Mindestalter auf 50 Jahre festgesetzt. Der Mieter Joachim Liedtke berichtet, dass er 2004 im Alter von 42 Jahren eingezogen sei, nachdem ihm jemand von der Hausverwaltung nahegelegt habe, sich ein ärztliches Attest zu besorgen, das ihm eine Wohnung in einem Haus mit Fahrstuhl empfiehlt.

Laut Satzung darf die Stiftung „in einzelnen Fällen“ vom Mindestalter absehen. Im März 2021 erfuhr die Stiftungsaufsicht von der Hausverwaltung, dass 23 Wohnungen in der Wohnanlage an Menschen unter 50 Jahren vermietet waren, und ermahnte sie deshalb, dass sich diese Zahl nicht erhöhen dürfe. Die Stiftungsaufsicht will auf meine Anfrage nicht mitteilen, wie hoch diese Zahl sein darf, damit die Vorgabe „in einzelnen Fällen“ noch erfüllt ist. Sie teilt mir im Juli 2023 jedenfalls mit, dass sie in dieser Hinsicht weiterhin keinen Verstoß gegen die Stiftungssatzung sieht. Bezogen auf die rund 440 Wohnungen für alte Menschen – die rund 50 für Familien sind hier offenbar nicht zu berücksichtigen – sind 23 über fünf Prozent.

Interessant sind in dieser Hinsicht die Eindrücke, die die jahrelang im Flachbau untergebrachte externe Pflegeeinrichtung von der Stiftungsanlage im Lauf der Jahre gewann. Ihre Sprecherin schreibt mir:

> „In den Jahren zuvor wurden Wohnungen in dem Komplex vor allem an Personen mit Pflegebedarf vermietet. Diese hatten die Option, einen Service-Vertrag hinzuzubuchen, der in erster Linie das Thema Beratung abdeckte. Es gab zweimal wöchentlich Sprechstunden zum Thema Pflege. Diese Sprechstunden waren wenig nachgefragt, in den letzten Jahren gar nicht mehr. Ein Grund war sicher, dass der Vermieter das Vermietungskonzept geöffnet hat und es zunehmend Mieterinnen und Mieter ohne Pflegebedarf gab, mithin auch immer weniger Service-Verträge und letztlich auch keine wirtschaftliche Grundlage mehr, das Angebot weiterzuführen. Von anfänglich etwa 40 waren es zuletzt noch zwei Verträge.“

Die Beratungen wurden nach dem Wegzug des Pflegestützpunkts in einem anderen Raum der Wohnanlage durchgeführt und verschwanden dann Anfang 2023 ganz – bemerkenswert bei einer Einrichtung, die ursprünglich 440 Wohnungen für bedürftige ältere Menschen vorhalten sollte.

Doch auch darüber hinaus gibt es seitens Mitgliedern der Nachbarschaftsgruppe Osloer Straße 78 Kritik an der Vermietungspraxis. Seit etlichen Jahren werde auch an Menschen vermietet, deren geistiger Zustand eine „Vollbetreuung“ nötig mache, die also nicht mehr ganz zurechnungsfähig sind und das Zusammenleben mit Belästigungen, großen Verschmutzungen und Beschädigungen stören. Dorothee Albrecht kann entsprechende Erlebnisse mit zum Teil aggressiven Nachbarinnen und Nachbarn schildern. Auch Rita Buhrmeister, die stark gehbehinderte ehemalige Gottesdienstlektorin, hält fest:

> „Nichts gegen Kranke – aber Leute, die nun wirklich geistig nicht mehr ganz da sind und nur Hass und Zertrümmerung anrichten, gehören nicht hierher. Wir haben zwei, drei junge Leute, die Bevollmächtigte haben. Die tun mir leid, aber die gehören in ein Heim. Die zerschlagen hier alles! Der Eine wollte mich schon mal erwürgen!“

Die ebenfalls langjährige Mieterin Erika Krüger ist derselben Meinung. Ein Interviewter berichtet, in der Familie eine Person zu haben, die im Bereich der psychosozialen Betreuung arbeite und mal erwähnt habe, dass solche Menschen oft höhere Mieten bezahlen, da sie in einem Heim sowieso höhere Kosten hätten. Somit könnte die Stiftung ein finanzielles Interesse an ihnen haben. Auffällig ist, dass in der Satzung der benachbarten Lange-Schucke-Stiftung zu lesen ist, wer dort eine Wohnung bekommen will, müsse „sich selbst versorgen können“ und seinen „Gesundheitszustand“ mit einem ärztlichen Attest beweisen. In der Satzung der *Stiftung Hospitäler zum Heiligen Geist und St. Georg* hingegen lautet die Formulierung: „sich selbst versorgen können oder aber entsprechend versorgt werden“.

Das war früher anders. Die Mieterin Liliane Fischer legt mir ihre Mietverträge von 1998 und 2003, als sie innerhalb des Hauses umzog, vor. In beiden ist der Passus enthalten, der Vertrag sei „an die Voraussetzung sowie die Dauer der Fähigkeit zur selbständigen Haushaltsführung gebunden“.

Dorothee Albrecht hält fest:

> „In der Wohnanlage gibt es immer mehr ‘Problemmieter’, gleichzeitig aber keine sozialen Hilfsstrukturen mehr. Das potenziert die Probleme zu Lasten der Alt-Mieter. Deren Lebensgefühl und Alltag werden sehr schmerzhaft belastet.“

Im Jahresbericht der *Hilfswerk-Siedlung* für 2022, wo die Wohnanlage wegen ihres Jubiläums ausführlich thematisiert wird, sagt der Stiftungsvorsitzende Kirchner hingegen:

> „Es ist für die älteren Bewohner*innen Berlins nicht leicht, einen an ihre Bedürfnisse angepassten und gleichzeitig bezahlbaren Wohnraum zu finden. Bei uns ist das möglich. Die Stiftung wirkt damit wie eine Oase für dieses Quartier.“

HWS-Geschäftsführer Jörn von der Lieth schreibt im Vorwort über die Stiftung: „Ihre Mission ist die Versorgung der alten Menschen in Berlin.“ Weiter hinten im Geschäftsbericht ist zu lesen:

> „Die Pfarrerin leitet Gottesdienste und weitere Aktivitäten vor Ort. Die Gemeindearbeit ist ein wichtiger Teil des humanen Anspruchs

> der Stiftung, der immer den einzelnen Menschen mit seinen Nöten und Wünschen sieht."

Zwei Seiten weiter heißt es:

> „Die Stiftung Hospitäler zum Heiligen Geist und St. Georg ist heute ein Ort, wo Menschen ankommen und Geborgenheit finden. Es ist eine Insel der Begegnung im Großstadtgewühl, die dem Alleinsein eine würdige Alternative bietet. Hausgemeinschaften, neue Freundschaften, erfüllende Arbeitsplätze, ein Verbund der Lebendigkeit im Alltag, bei Kulturveranstaltungen, Gottesdiensten und sogar beim hauseigenen Glockengeläut – eine gesellige Gemeinde."

Aus Bischof Stäbleins Predigt bei der Jubiläumsfeier im Sommer wird zitiert:

> „Die Hilfswerk-Siedlung und der Kirchenkreis sorgen dafür, dass diese Wohnungen gut geführt und bezahlbar sind. (…) Die Stiftung Hospitäler zum Heiligen Geist und St. Georg hat sich stets allen Menschen zugewendet."

Wer die Realität hinter der Propaganda kennt, kann den Eindruck gewinnen, dass diese Stiftung ihren satzungsgemäßen Auftrag wenn schon nicht auf justiziable Weise, so doch zumindest ideell längst verraten hat, und das mit Unterstützung von Berlins evangelischem Bischof. Im Werbevideo der Stiftung von 2022 lautet der erste Satz: „Einsamkeit kann jedem passieren." In Bezug auf diese Wohnanlage handelt es sich dabei um eine Ankündigung.

Gegen Ende der Recherchen zu diesem Buch haben Stiftungsmieterinnen und -mieter eine Internetseite aufgesetzt, die der Kommunikation untereinander und nach außen dienen soll: https://seniorenimwedding.jimdosite.com.

6. Sozialistisch ist doch nicht sozial!

Wie das Wohnungsunternehmen der evangelischen Kirche Berlin-Brandenburg im Kleinen und im Großen den Mieterschutz untergräbt

Dorothee Albrecht, die kämpferische Mieterin der *Stiftung Hospitäler zum Heiligen Geist und St. Georg*, führt mich bei einem anderen Treffen im Sommer 2022 über ein Grundstück in einer ruhigen Wohngegend im zum Bezirk Spandau gehörenden Stadtteil Haselhorst: „Hier ist der Kindergarten, da der Neubau, der errichtet wurde, nachdem die Gemeinderäume abgerissen wurden. Im Hintergrund ist der Altbau, wo meine Mutter wohnte."

Hinter dem mehrstöckigen Neubau aus den 1990ern liegt, an den Kindergarten angrenzend, ein Gebäude, in dessen Obergeschoss früher Diakonissen in einer Wohngemeinschaft gelebt hatten, erzählt Albrecht. Später habe ihre Mutter als sogenannte Gemeindeschwester alleine die große Wohnung bewohnt und auch ihr Dienstzimmer dort gehabt. Und schon die Mutter bekam großen Ärger mit der *Hilfswerk-Siedlung GmbH* (HWS), der Wohnungsfirma der evangelischen Kirche Berlin, Brandenburg, schlesische Oberlausitz, die bei Albrechts heutiger Wohnanlage die Hausverwaltung stellt.

Mieterdrangsalierung mit Nebenkostenabrechnungen

Dorothee Albrecht ist in jungen Jahren aus der Kirche ausgetreten, hat aber schon damals eine christlich-soziale Praxis erlebt, an die sie sich gerne zurückerinnert. Als bei einer evangelischen Kirchengemeinde angestellte sogenannte Gemeindeschwester übernahm ihre Mutter viele Jahre lang medizinische und soziale Aufgaben. „Sie fuhr immer mit ihrem Fahrrad durch Haselhorst und gab zum Beispiel Insulinspritzen, begleitete Leute zum Arzt, oder half bei der Wundversorgung, wenn jemand aus dem Krankenhaus kam“, erzählt die Tochter heute. Auch für nicht-medizinische Dinge sei Marie Albrecht eine wichtige Anlaufstelle gewesen.

Doch Mitte der 1990er machte die pensionierte Gemeindeschwester schlechte Erfahrungen mit der *Hilfswerk-Siedlung*, die kurz davor das Grundstück, auf dem Albrecht seit 20 Jahren wohnte, von der dortigen Kirchengemeinde gekauft hatte. „Nach zwei, drei Jahren hat meine Mutter geklagt, dass sie gar nicht weiß, woher sie das Geld nehmen soll, weil sie immer wieder so hohe Nachforderungen leisten soll“, erinnert sich ihre Tochter. Den Erstmietern im Erdgeschoss des von der HWS errichteten Neubaus sei es ähnlich gegangen.

Demnach verlangte die HWS Nachzahlungen von mehreren Tausend D-Mark pro Jahr für die Hausnebenkosten. Albrechts Mutter habe vorher einen Bruttomietvertrag gehabt, wo also mit der Mietzahlung auch alle Hausnebenkosten abgegolten waren. Nach dem Kauf des Hauses durch die *Hilfswerk-Siedlung* sei ihr ein neuer Mietvertrag aufgezwungen worden. „Meine Mutter hatte wohl nicht verstanden, dass es da eine wesentliche Vertragsänderung gab“, meint Albrecht. „Da stand zwar dieselbe Miethöhe drin. Danach war aber festgehalten, dass es zusätzlich Nebenkosten für dieses und jenes gab.“ Marie sei arglos gewesen und habe dem evangelischen Wohnungsunternehmen vertraut. Angesichts der wiederholten Geldforderungen habe sie sich dann aber einen Anwalt genommen, der erwirkt habe, dass der neue Mietvertrag abgeändert wurde: „Er hat den Mietvertrag wegen arglistiger Täuschung angefochten.“ Im Herbst 1998 kam als Kompromiss ein neuer Mietvertrag zustande, der rückwirkend ab Jahresbeginn galt (und mir vorliegt).

Die Nebenkosten seien nicht nur unerwartet und hoch, sondern auch nicht ganz nachvollziehbar berechnet gewesen. Das habe auch die anderen beiden Mietparteien im Altbau betroffen, berichtet Albrecht. Sie hatte in Vertretung ihrer Mutter jahrelang mit diesen Streitigkeiten zu tun und fühlte sich von der HWS völlig unsozial behandelt. Auch vor Gericht ging es – „ein nicht endendes Elend, das Mutters Leben unsäglich belastete, und meines damit auch“. Derartiges habe es in den 20 Jahren davor nie gegeben, als das Haus der Kirchengemeinde gehört hatte. „Dabei war Mutter immer eine sehr engagierte Gemeindeschwester gewesen“, hält Albrecht fest, „sehr unmaterialistisch eingestellt und überaus beliebt. Sie hat viel ehrenamtliches gemacht, auch als sie in Rente war.“

Als Marie Albrecht 2017 starb, schrieb die Pfarrerin ihrer Haselhorster Gemeinde einen lobenden Artikel über sie. Bei der örtlichen Arbeiterwohlfahrt hatte sie schon 1990 einen wöchentlichen Mittagstisch für Bedürftige auf die Beine gestellt, bei dem sie auch immer mitkochte. Dafür erhielt sie 2009 eine Ehrung durch den Berliner Senat. Dennoch musste sie – übrigens zusammen mit einem Pfarrer, der im selben Haus lebte – jahrelang mit dem Wohnungsunternehmen ihrer evangelischen Kirche über hohe Geldforderungen streiten, zum Teil vor Gericht.

Ebenfalls betroffen war der frühere Mieter Dirk Brinkmeier. Er legt bei einem Treffen einen dicken Aktenordner vor, der die juristischen Auseinandersetzungen vieler Jahre mit der *Hilfswerk-Siedlung* enthält: „Hier zum Beispiel: Eine Nachzahlung der Betriebs- und Heizkosten von 1999 in Höhe von 2700 D-Mark. 2003 betrug die Nachzahlung 2079,46 Euro. 2006 waren es 1009 Euro."

Brinkmeier bezog die 83 Quadratmeter große Wohnung zusammen mit seiner Ehefrau im Januar 1995. Bis 2010 wohnte das Paar im Haus der HWS. Mit Ausnahme des ersten Jahres, als sie die geforderte Nachzahlung noch unkritisch leisteten, habe es bis zum Schluss jedes Jahr eine juristische Auseinandersetzung um die Höhe der Nebenkosten gegeben, berichtet Brinkmeier. Immer wieder sei das Paar von der HWS wegen derselben Dinge verklagt worden, habe die geforderten Summen aber letztendlich nie bezahlen müssen. Der Aktenordner enthält ein entsprechendes Urteil des Amtsgerichts Spandau von 2007. „Die Betriebs- und Heizkostenvorauszahlungen waren im Mietvertrag bewusst zu niedrig angesetzt", meint Brinkmeier. „Darauf gründen auch die Gerichtsurteile für uns." Die Abrechnungen, die er zeigt, muten tatsächlich seltsam an, denn schon in den ersten Jahren betrugen alleine die geforderten Nachzahlungen jeweils mehr als eine Monatsmiete.

Brinkmeier ist auch deshalb schlecht auf die HWS zu sprechen, weil seine Schwiegermutter noch immer dort zur Miete wohnt. Die hochbetagte Frau, die wie die Brinkmeiers jahrelange juristische Auseinandersetzungen wegen der Nebenkosten mit der kirchlichen Firma hinter sich hat, und ebenfalls stets gewonnen habe, müsse sich bis heute immer wieder wehren. „In der letzten Betriebskostenabrechnung waren zum Beispiel die Rauchmelder umgelegt und die Grünanlagenpflege deutlich überhöht in Rechnung gestellt", hält der Spandauer fest. In Deutschland müssen in allen Wohnungen Rauchmelder installiert werden, das darf aber einer Mieterin nicht in Rechnung gestellt werden. Die Schwiegermutter legte erfolgreich Einspruch gegen diese Kosten und die für die Grünanlagenpflege ein, berichtet Brinkmeier. Er argwöhnt aber: „Wenn ich mir überlege, wie viele Wohnungen die Hilfswerk-Siedlung hat, und wie viel Geld sie dadurch eingenommen hat, dass sie sich überall die Rauchmelder bezahlen lässt..."

Barmherzigkeit nur im Rahmen des Marktes

Wie viele Wohnungen der HWS gehören, wollte sie mir im September 2022 auf Anfrage für den *Deutschlandfunk* ebensowenig mitteilen wie eine Begründung für die Abrechnung der Rauchmelder und die Nebenkostenstreitigkeiten in Haselhorst ab den 1990ern. Ihre bemerkenswerte Antwort, die Bezug auf meine Recherche zur Wohnanlage der *Stiftung Hospitäler zum Heiligen Geist und St. Georg* nimmt, in voller Länge:

> „Ihre Anfrage verwundert uns sehr. Auf Ihre Anfragen zu einer unserer Stiftungsverwaltungen ist von der HWS, der Stiftung selbst, sowie von der EKBO [Evangelische Kirche Berlin, Brandenburg, schlesische Oberlausitz; gemeint ist die Sprecherin des Bischofs; R.H.] abschließend geantwortet worden. Der Vorsitzende der Stiftung hatte Ihnen bereits mitgeteilt, dass die Pressestelle unserer Landeskirche Ihnen in einem Gespräch deutlich gemacht hat, dass wir weiteren Interviewanfragen Ihrerseits nicht nachkommen möchten. Wir bitten Sie zu akzeptieren, dass auch wir zukünftig nicht mehr auf Ihre Mails antworten werden."

Das ist hanebüchen, denn meine Anfrage hatte nichts mit der Stiftung oder der EKBO zu tun. Knapp drei Jahre vorher war das noch ganz anders gewesen, als ich ebenfalls für den *Deutschlandfunk* eine erste größere Recherche zu kirchlichen Wohnungsunternehmen gemacht hatte. Damals, als ich ohne kritischen Hintergrund angefragt hatte, gab mit der HWS-Geschäftsführer Jörn von der Lieth sogar ein Interview.

Laut Geschäftsbericht 2022 besitzt die HWS 4800 eigene Wohnungen und 60 Gewerbe-Einheiten, dazu rund 2100 sonstige Einheiten wie Parkplätze und Gartenanlagen. Die Wohn- und Nutzfläche beläuft sich auf 315.000 Quadratmeter. Dazu verwaltet das Unternehmen knapp 2800 Wohnungen sowie knapp 450 Gewerbe- und sonstige Einheiten.

Diese Tätigkeiten geschähen „auch aus dem Prinzip der Barmherzigkeit" heraus, sagte mir der Geschäftsführer 2019. Ein Drittel der HWS-Wohnungen seien Sozialwohnungen, also mit Subventionen errichtet worden. Gewinne habe die Firma noch nie abgeführt. Und 2018 war bei ihr laut Jörn von der Lieth die durchschnittliche Mieterhöhung niedriger als bei den Wohnungsfirmen des Landes Berlin. Doch trotz dieser sozialen Ausrichtung und der vergleichsweise niedrigen Durchschnittsmieten bei der HWS – wobei, wie bei allen rund 70 Jahre alten kirchlichen Wohnungsunternehmen, zu bedenken ist, dass die alten Häuser sich ja längst ammortisiert haben – plädiert der evangelische Geschäftsführer mittlerweile seit Jahren gegen starke staatliche Regulierungen und für Marktmechanismen, um die städtische Wohnungskrise zu bekämpfen.

Das liegt zum Teil daran, dass die HWS aufgrund ihrer vielen Wohnungen von der Vergesellschaftung betroffen wäre, die ein Berliner Volksentscheid 2021 verlangt hat und über deren Machbarkeit 2022 und 2023 eine vom Berliner Senat berufene Fachkommission beriet (Ergebnis: Es ist machbar.). Vergesellschaftung bedeutet in diesem Fall, dass die Bestände von privaten, nicht gemeinwirtschaftlichen Firmen mit mindestens 3000 Wohnungen nicht einfach nur von einem Landeswohnungsunternehmen übernommen werden sollen, sondern dass eine neue Anstalt öffentlichen Rechts für ihre Verwaltung gegründet und eine Mitsprache der Mietenden institutionalisiert werden soll. Da den zu enteignenden Firmen viel Geld für die Wohnungen gezahlt werden soll, kann das Ziel auch als Zwangsverkauf bezeichnet werden, zumal es in der jüngeren deutschen Geschichte viel härtere Enteignungen gegeben hat.

Die *Hilfswerk-Siedlung* arbeitete jahrzehntelang unter dem Radar einer größeren Öffentlichkeit. In Hauptstadtmedien wird die Firma gewöhnlich als sozial beschrieben. Als 2019 bekannt wurde, dass sie aufgrund ihrer Größe enteignet werden könnte, sagte ein Sprecher des Volksbegehrens einer Zeitung, er kenne die Firma gar nicht. Später betonte die Initiative, es nicht unbedingt auf die HWS abgesehen zu haben.

Im September 2023 erschien aber tatsächlich eine Kritik an der Firma, und zwar im Mitgliedermagazin des Berliner Mietervereins. Darin wird sie aufgrund der Erfahrungen einer Vereinsanwältin mit Rat suchenden Mitgliedern als „ziemlich bärbeißig und unnachgiebig“ bezeichnet. Der Artikel führt zudem aus:

> „Eine Sozialwohnung in Spandau wurde kürzlich für 11,12 Euro nettokalt angeboten. Auf die Frage, welche einkommensschwachen Haushalte sich das leisten können – für den Bezug ist ein Wohnberechtigungsschein erforderlich –, antwortet das evangelische Wohnungsunternehmen, dass die Miete exakt der Wirtschaftlichkeitsberechnung im Sozialen Wohnungsbau entspricht. Im Einzelfall sei man aber bereit, die Miete zu senken.“

Nicht nur die Firma selbst verlangte 2019 im Fall eines erfolgreichen Volksentscheids für sich eine Ausnahme, da sie kein normales Immobilienunternehmen sei. Auch bei SPD und Grünen, die damals zusammen mit der Linkspartei Berlin regierten, erfuhr sie Zustimmung. Im Februar 2020 schrieb die *Berliner Zeitung* unter Bezug auf HWS-Geschäftsführer von der Lieth sogar:

> „Die Fraktionsvorsitzenden der Koalition hätten bereits schriftlich bestätigt, dass eine Vergesellschaftung von Wohnungsbeständen der HWS selbstverständlich nicht zur Debatte stehe, beziehungsweise dass die Hilfswerk-Siedlung bereits eine Form der Gemeinwirtschaft ausübe und daher nicht vom Gesetz erfasst werden darf."

Im Juni 2019 hatte die HWS bereits ein von ihr bestelltes Rechtsgutachten des Juraprofessors Christian Waldhoff präsentiert, der unter anderem zu dem Schluss kommt:

> „Die Vergesellschaftung eines privaten Wohnungsunternehmens mit religiösem Selbstverständnis verletzt das Grundrecht der Religionsfreiheit".

Doch die HWS kämpfte in dieser Sache bei weitem nicht nur für sich selbst. Als ich im November 2019 den Geschäftsführer von der Lieth interviewte, sprach er sich auf folgende Weise gegen die Zwangsverkäufe aus:

> „Unser Rechtssystem reicht aus, mit der Mietpreisbremse [ein damals noch recht junges Bundesgesetz; R.H.] oder mit Wucherparagrafen schwarze Schafe zur Rechenschaft zu ziehen. Enteignung ist grundsätzlich nicht das richtige Mittel, wie auch ein Rückblick zeigt. Wir haben ja gerade 30 Jahre Mauerfall. Verstaatlichung muss nicht das richtige Mittel sein."

Immobilienenteignung ist also DDR und deshalb abzulehnen. So wie Ganztagsbetreuung für Kinder, die in der DDR im Gegensatz zur alten BRD Standard war? Und was ist mit den ständigen Enteignungen für den Bau von Autostraßen, die eine sehr lange Tradition in der BRD haben? Doch das blieb nicht die einzige schiefe ideologische Äußerung. Von der Lieth nannte auch das typische Argument gegen die Immobiliensozialisierung, dass es zu wenig Wohnraum gebe, gerade auch angesichts des weiteren Wachsens der Stadt. Er führte dazu aus:

> „Wenn wir alle kein Brot mehr zum Essen haben, dann ist es keine gute Idee, alle Bäcker zu enteignen und die Preise runterzusetzen. Wenn wir kein Brot haben, dann müssen wir mehr backen und versuchen, möglichst viele Leute dazu zu bringen, zu backen und das Bäckerhandwerk zu lernen."

Allerdings gehen bei Hungersnöten zum Glück auch kirchliche Organisationen nicht so vor, dass sie erst mal Leute zum Backen überreden, sondern sie verschenken Brot. Doch die antisozialistische Ideologie beschränkt sich bei der HWS nicht auf unreflektierte, wenn auch harmlose Vergleiche sowie das Lob der sogenannten Mietpreisbremse der Bundesregierung, die, wie von manchen Fachleuten prophezeit, kaum etwas gebracht hat. Bei meinem Besuch in der Geschäftsstelle 2019 sah ich dort Unterschriftenlisten für die Volksinitiative „Neue Wege für Berlin“ ausliegen, die als Gegenentwurf zu Zwangsverkäufen staatliche Hilfen für eine Neubauoffensive mobilisieren wollte und sich auch gegen Mietobergrenzen wandte. Nach dem Nehmen der ersten Unterschriftenhürde 2021 sammelte sie nicht mehr weiter. Im HWS-Jahresbericht 2022 findet sie trotzdem lobende Erwähnung:

> „Der Verein ‘Neue Wege für Berlin e.V.’ hat sich mit dem Ziel gegründet, der Berliner Zivilgesellschaft Mittel an die Hand zu geben, um die entscheidenden Zukunftsfragen unserer Stadt sachgerecht, offen und parteiunabhängig diskutieren zu können. Ins Leben gerufen wurde der Verein von engagierten Berliner*innen aus Wirtschaft, Politik und Gesellschaft. Auch die HWS beteiligt sich mit Sachverstand und 70-jähriger Erfahrung bei der öffentlichen Aufklärungsarbeit.“

Das Wort „Aufklärung“ bedeutet, dass den über eine Million Menschen, die im September 2021 für die Zwangsverkäufe gestimmt haben, Unwissenheit unterstellt wird. Dass der Verein sachlich und parteiunabhängig ist, kann grundsätzlich in Zweifel gezogen werden. Der fünfköpfige Vorstand der Initiative bestand zu Beginn aus vier Mitgliedern von SPD, CDU und FDP mit einer großen Nähe zu großen Firmen, sowie dem Geschäftsführer des Vereins Berliner Kaufleute und Industrieller. Später war unter anderem eine Immobilienfirmenlobbyistin dabei.

Noch mehr schiefe Argumente gegen Immobilienzwangsverkäufe

Auch nach dem Sieg der Enteignungsinitiative – vor allem in den Innenstadtbezirken, wo die Wohnraumproblematik besonders groß ist – sprach sich von der Lieth dagegen aus. Schon das von ihm beauftragte Rechtsgutachten von 2019 argumentierte, die Berliner Landesverfassung lasse eine Anwendung von Artikel 15 des Grundgesetzes (der die Vergesellschaftung von Boden, Naturschätzen und Produktionsmitteln erlaubt) nicht zu. Im Dezember 2022 trat von der Lieth als Sachverständiger vor der Kommission auf, die der Berliner Senat zur Klärung der Umsetzbarkeit von Immobilienenteignungen berufen hatte.

Er argumentierte in seinem Vortrag ständig, die Lage sei nicht so schlimm: In Berlin gehörten 17 oder 18 Prozent aller Wohnungen dem Land, in Hamburg seien es nur 14 Prozent. Die Zahl der Haushalte, die Wohngeld oder Sozialhilfe beziehen, betrage nur ein Sechstel der Zahl der landeseigenen Wohnungen, für diese Bedürftigen sei also gesorgt. Bei der Vermietung von Wohnungen gebe es sowieso „gesetzliche Rahmenbedingungen, die für alle gleich sind: Sie dürfen den Mietspiegelmittelwert nehmen, plus zehn Prozent." Das seien 2021 durchschnittlich 7,50 Euro nettokalt pro Quadratmeter gewesen. In Hamburg habe der Wert fast neun Euro betragen. Unter den 15 größten Wohnungseigentümerinnen Berlins seien die sechs Landeswohnungsfirmen und zwei Genossenschaften, es gebe also kein Monopol, beziehungsweise keine Marktmacht, die von Immobilienfirmen ausgenutzt werde. Generell mache die Firmengröße keinen Unterschied, wie sich an großen Wohnungsunternehmen in öffentlicher Hand zeige. Das bezieht sich darauf, dass laut Volksentscheid die größten Immobilienfirmen enteignet werden sollen. Obwohl Höhe und Berechnung der zu zahlenden Enteignungsentschädigungen sehr umstritten sind, kritisierte von der Lieth zudem, dass die Zwangsverkäufe zu stark den Landeshaushalt belasten würden. Schon 2019 hatte er gegenüber dem Rundfunk Berlin-Brandenburg geunkt: „Dann hätte Berlin gar kein Geld mehr, nicht für Kindergärten, nicht für Lehrer, Beamte, für nichts."

Diesen Darstellungen zufolge ist der ganze, oft wütende wohnungspolitische Protest, den Berlin seit mindestens einem Jahrzehnt erlebt, die vielen Demonstrationen, Kampagnen und Nachbarschaftsinitiativen, ein großer Irrtum. Mit abstrakten Argumentationen sowie Vergleichen des bekanntermaßen armen Berlins mit Hamburg, einer der wohlhabendsten Großstädte Deutschlands, malte der oberste evangelische Wohnungsverwalter der Hauptstadtregion ein Zerrbild der Realität. Darin kommt nicht vor, dass Menschen lieber illegal hohen Mieten zustimmen, als keine Wohnung zu bekommen; dass landeseigene Firmen unabhängig von ihrer Größe und Rechtsform öffentlicher Kontrolle und Steuerung unterliegen, wie ein Mitglied der Fachkommission im Anschluss an von der Lieths Vortrag bemerkte; dass zumindest ein Teil der zu enteignenden Aktiengesellschaften jedes Jahr vierstellige Beträge pro Wohnung an ihre AktionärInnen ausschütten, nach einer Enteignung also der öffentlichen Hand neue Mittel in dreistelliger Millionenhöhe pro Jahr zufließen könnten; dass die zu enteignenden Firmen fast gar keine Häuser bauen; und dass es unabhängig von abstrakten Überlegungen über Marktmacht empirisch fundierte Kritik an den Aktiengesellschaften mit riesigen Wohnungsbestände gibt, die sich auch auf eine Analyse der Geschäftsmodelle dieser Firmen stützen kann, wie der prominente Stadtsoziologe Andrej Holm in derselben Anhörung zeigte.

Im einige Monate später veröffentlichten HWS-Jahresbericht für 2022 wird weiter massiv gegen die Sozialisierung großer Wohnungsbestände geschossen. Von der Lieth persönlich schreibt:

> „Der Wohnungsmarkt in Berlin war schon immer besonders, sei es zu Zeiten der geteilten Stadt oder im Bauboom nach dem Hauptstadtbeschluss. Mit dem Enteignungsvolksentscheid hat die Debatte in Berlin einen Tiefpunkt erreicht."

Dass weite Teile der Hauptstadtbevölkerung in einem wohnungspolitischen Irrtum leben, legt auch folgende etwas überhebliche Passage weiter hinten im Jahresbericht nahe:

> „Die HWS schreckt auch in schwierigen Zeiten nicht davor zurück, öffentliche Verantwortung zu übernehmen. Auch mit den politischen Kräften, die eine weitgehende Umgestaltung des Mietmarkts, sogar auf Kosten der sozial orientierten Unternehmen planen, bleiben wir im Dialog."

Ebenfalls deutlich fällt die Kritik an der eigentlich armseligen Wohnungspolitik der Bundesregierung aus:

> „Der Koalitionsvertrag sieht vor, Mieterhöhungen künftig stärker zu beschränken. In angespannten Wohnungsmärkten soll der Mietanstieg von derzeit 15% auf 11% über drei Jahre begrenzt werden. Eine solche Regelung würde die Hilfswerk-Siedlung GmbH für ihren Berliner Bestand treffen. Darüber hinaus sieht der Koalitionsvertrag eine Verlängerung der Mietpreisbremse vor. Dies stellt einen massiven Eingriff in die Vertragsfreiheit der Wohnungsunternehmen dar."

Auf einer Seite ihres Jahresberichts setzt die HWS sich konsequenterweise für das 2022 vom Berliner Senat ausgerufene *Bündnis für Wohnungsneubau und bezahlbares Wohnen* ein. Es soll der Enteignungsdebatte den Wind aus den Segeln nehmen, wird aber von kritischen Leuten als Rohrkrepierer angesehen, weil es auf freiwilligen Selbstverpflichtungen der mitmachenden Unternehmen beruht und nur zwei der vom Volksentscheid betroffenen Konzerne mitmachen. Im Sommer 2023, ein Jahr nach Verabschiedung der Selbstverpflichtungen, trat die skandalumtoste *Adler Group* aus dem Bündnis aus, nachdem sie Mieten stärker als vorgegeben erhöht hatte, und mit Deutschlands größtem Wohnungsunternehmen *Vonovia* brach auch der zweite vom Volksentscheid betroffene Konzern kurz darauf eine der Abmachungen.

Es gibt eine ganze Reihe von Argumenten für die vom Volksentscheid geforderten Zwangsverkäufe. Um nur mal zwei zu nennen, über die wenig geredet wird: Eine Viertelmillion Haushalte wäre die Sorgen vor kapitalistisch motivierter Gängelei, Umwandlung in Eigentumswohnungen und ähnlichem los, wenn ihre Häuser von der öffentlichen Hand bewirtschaftet würden. Entsprechende Beschwerden sind bezüglich einiger der betreffenden Firmen immer wieder bekanntgeworden. Zweitens ist hier das Thema Energiewende zu nennen. Die Immobilienwirtschaft hat da komplett versagt, viel zu wenige Gebäude sind energietechnisch nachhaltig aufgestellt. Dazu gehört, dass, auch wegen der entsprechenden gesetzlichen Vorgaben, kaum ein Mietshaus eine Solaranlage hat, die allermeisten Mietenden also nicht von den niedrigen Preisen der eigenen Stromerzeugung profitieren können. Mit jedem neuen Gebäude in öffentlicher Hand, zumal wenn die Mietenden dabei mitbestimmen können, wächst also das Potenzial, die Energiewende endlich auch in den Großstädten nennenswert voranzubringen und vielen Menschen die Energiekosten zu senken.

Das immer wieder auch vom HWS-Chef gegen Immobilienzwangsverkäufe vorgebrachte Argument, es bräuchte schlicht mehr Neubau, ist oft widerlegt worden. Von der Lieth zeigte in unserem Interview 2019 sogar selbst, wie absurd diese Ausflucht ist. Er sagte mir nämlich:

> „Man kann heute mit den vielen richtigen Anforderungen an Ökologie und Barrierearmut nicht mehr günstig bauen. Man kann ja auch kein günstiges Bio-Hähnchen kaufen."

Unter zehn Euro nettokalt pro Quadratmeter könne keine neue Wohnung vermietet werden. Die *Hilfswerk-Siedlung* baue deshalb relativ kleine Wohnungen. Die seien dann zum Teil so günstig, dass die Miete im Rahmen des Arbeitslosengeldes oder ähnlichem vom Staat übernommen werden könne.

Seit 2019 sind die Baupreise noch erheblich gestiegen. Die vom Mietspiegel vorgegebenen durchschnittlich 7,50 Euro nettokalt pro Quadratmeter bei neuen Mietverträgen, die von der Lieth in der Kommissionsanhörung lobend erwähnte, sind nun bei Neubauten in noch weitere Ferne gerückt. Es ist Unsinn, die Versorgung der Bevölkerung mit Wohnraum heutzutage vor allem durch Neubau gewährleisten zu wollen. Es ist übrigens auch wegen der fast kompletten Abwesenheit von ökologischem Denken in der Baubranche Unsinn, der Energie- und Ressourcenverbrauch in diesem Sektor ist fatal.

Für einen Unternehmenschef, der sich bei jeder Gelegenheit mit seinen sozialen, gar barmherzigen Geschäftstätigkeiten brüstet, ist es auffällig, wie antisozialistisch Jörn von der Lieth eingestellt ist. Als ein kirchliches und somit einer nicht (primär) profitorientierten Institution gehörendes Unternehmen, das zudem keine Gewinne ausschüttet, könnte die HWS es ja gut finden, dass andere Immobilienunternehmen in ähnliche Verhältnisse gezwungen werden sollen. Doch das große Wohnungsunternehmen der evangelischen Kirche Berlin, Brandenburg, schlesische Oberlausitz fühlt sich anderen großen Wohnungsunternehmen offenbar stärker verbunden als der Masse der Berliner Bevölkerung. In der erwähnten Fachkommission wurde festgehalten, dass in der Hauptstadt mehr als die Hälfte der Haushalte ein Anrecht auf einen Wohnberechtigungsschein und somit eine subventionierte Miete haben.

Vielleicht trifft hier die berühmte Feststellung von Karl Marx zu, dass das Sein das Bewusstsein bestimmt. Einem Artikel der *Berliner Morgenpost* von März 2019 zufolge bezifferte der Berliner Senat in seiner amtlichen Kostenschätzung für das Volksbegehren den Marktwert der HWS-Immobilien auf 985 Millionen Euro. Wir können davon ausgehen, dass der Wert seitdem noch gestiegen ist.

7. Stiften gehen auf Evangelisch-Berlinerisch

7.1 Gottes Liebe in einer eher gottlosen Stadt

Evangelische Sozialeinrichtungen haben von Berlin aus einen überregional verankerten Konzern geformt

Berlin ist eine ziemlich unreligiöse Stadt. Laut dem Amt für Statistik Berlin-Brandenburg waren Ende 2022 nicht einmal 13 Prozent der Bevölkerung evangelisch, und nur knapp über 7 Prozent römisch-katholisch, was bei beiden Konfessionen einen Rückgang um ein Drittel innerhalb von zehn Jahren bedeutet.

Kirchengemeinden sind also nicht sehr präsent, aber kirchliche Akteure sind im Sozialbereich sehr aktiv, und das ist unabhängig von der Zahl der Gläubigen. So kommt es, dass die evangelische Kirche indirekt sozusagen große Stützpunkte in der eher gottlosen Metropole hat.

Einer davon ist das Evangelische Geriatriezentrum Berlin (EGZB) im Stadtteil Wedding. Es handelt sich um das Gelände eines ehemaligen Kinderkrankenhauses in der Reinickendorfer Straße, schräg gegenüber von der Wohnanlage der *Stiftung Hospitäler zum Heiligen Geist und St. Georg*. Die campusartige Anlage hat eine Pforte mit Schranke und besteht laut Nummerierung aus 18 Häusern, wobei einige offenbar sozusagen zusammengewachsen sind, sie teilen sich nämlich dieselben Gebäude.

> „Das Evangelische Geriatriezentrum Berlin ist ein Unternehmen der Johannesstift Diakonie und gehört zu den modernsten Einrichtungen der Altersmedizin in Deutschland", ist in der Selbstdarstellung im Internet zu lesen. „Zu uns gehören eine Klinik für Akutgeriatrie und Frührehabilitation, eine Tagesklinik und ein Pflegestützpunkt."

Das Krankenhaus wird von der Universitätsmedizin Charité für die Lehre genutzt.

Das Zitat beschreibt den Stand im Sommer 2023. Auf der großen Schautafel in der Mitte des ungefähr rechteckigen Geländes ist zur selben Zeit noch der veraltete Stand zu sehen. Demzufolge beinhaltet der lange Backsteinbau, der fast die ganze rechte Längsseite einnimmt, nicht nur ein Hospiz und den Bundesverband Geriatrie, sondern in „Haus 14-18“ auch ein „Pflegewohnheim“. Das wurde aber 2020 geschlossen. Dazu später mehr.

Ein weiterer evangelischer Stützpunkt im seit jeher stark proletarisch geprägten Wedding befindet sich einige Straßenzüge weiter in der Müllerstraße, einer der Hauptstraßen des Stadtteils: das Paul-Gerhardt-Stift. Die Stiftung wurde 1876 von einem evangelischen Pfarrer gegründet und begann mit einem Diakonissenhaus zur Ausbildung christlicher Krankenschwestern, später kamen weitere Ausbildungsstätten dazu. Der langgezogene drei- bis vierstöckige Backsteinbau sieht nicht wie ein normales Wohnhaus aus, fügt sich in der Müllerstraße aber nahtlos in die Häuserzeile ein und fällt vielleicht am ehesten durch zwei große elektronische Anzeigetafeln auf, die zwischen Gehsteig und dem Hoftor stehen. Die eine zeigt das wechselnde Programmangebot des Stifts, die andere dient nur dem Auflisten der vielen Gesundheitseinrichtungen. Der gepflasterte und bepflanzte Innenhof ist ein ruhiger Gegenpol zur Müllerstraße. Er beinhaltet eine Bäckerei, ein Café, ein Stadtteilzentrum, eine Kapelle, eine logopädische und mehrere ärztliche Praxen sowie eine Apotheke. Am Übergang zu einer hinter dem Hof gelegenen parkähnlichen Anlage mit weiteren Gebäuden befindet sich eine Kindertagesstätte. Ganz hinten auf dem Gelände steht das Pflegeheim, das im Juni 2023 teilweise schon von Flüchtlingen bewohnt war, weil es sich in Abwicklung befand. Auch dazu später mehr.

Dieses nach dem nahegelegen Schillerpark benannte Pflegeheim wurde wie das EGZB von der *Johannesstift-Diakonie* (die sich selbst mit „JSD“ abkürzt) betrieben. Ein Vorläuferunternehmen der JSD pachtete das Gebäude vom Paul-Gerhardt-Stift ab 2006 für dreißig Jahre. Die Internetseite www.evangelisches-johannesstift.de/paul-gerhardt-stift war 2023 nicht mehr online, findet sich aber im Internet-Archiv von www.archive.org letztmalig in einer Version von Oktober 2021. Damals standen dort schlicht Links zu einigen der Einrichtungen auf dem Gelände, darunter zwei des Paul-Gerhardt-Stifts. Das Verhältnis zwischen Johannes- und Paul-Gerhardt-Stift darf seitdem wohl als zumindest zerrüttet bezeichnet werden. Auch dazu später mehr.

Einen besonders großen Stützpunkt hat das Berliner evangelische Firmenwesen für soziale Dienstleistungen im nordwestlichen Stadtteil

Spandau, der rein geografisch eher ein Vorort ist, da er durch eine verzweigte Seenlandschaft vom Rest der Stadt getrennt ist. Am nördlichen Rand Spandaus liegt in einem Wald das 1910 bebaute Hauptareal des Johannesstifts. Schon auf einem handelsüblichen Stadtplan sind da über 30 zum Teil größere Gebäude verzeichnet.

„Auf dem 75 Hektar großen Gelände an der Schönwalder Allee 26 in Berlin-Spandau leben und arbeiten etwa 1600 Menschen", gibt die Stiftung bekannt. Es umfasst neben den gesundheitswirtschaftlichen und Betreuungsangeboten auch eine Kirchengemeinde mit 650 Mitgliedern und einen Buchladen. Für die „Gemeinwesenarbeit" vor Ort ist extra jemand angestellt.

Laut Selbstdarstellung widmet sich die Stiftung „Menschen mit Assistenzbedarf". Sie „folgt dem Wunsch des Gründers Johann Hinrich Wichern, die Liebe zu Gott und den Menschen in Taten der Nächstenliebe zu verwandeln, wie sie durch Jesus Christus vorgelebt und gelehrt wurde". Wichern zitierte bei der Gründung 1858 die Bibel: „Lasst uns nicht lieben mit Worten, noch mit der Zunge, sondern mit der Tat und mit der Wahrheit." Heute schreibt die Stiftung: „Was der einzelne Mensch an Hilfe und Begleitung braucht, ist Maßstab für unser Handeln." Ihr Leitbild beinhaltet, sich für diverse ausgegrenzte Menschengruppen einzusetzen, klar zu kommunizieren, Bedürfnisse ernst und Beschwerden anzunehmen.

Den Stiftungsvorstand führt zwar eine Pfarrerin an. Die anderen drei Vorstandsmitglieder kommen aber vor allem aus dem kaufmännischen Bereich und haben schon entsprechende Leitungsfunktionen in Firmen oder Krankenhäusern innegehabt. So ein Vorstand könnte übertrieben erscheinen angesichts der nach eigenen Angaben nur 58 sozialversicherungspflichtigen Vollzeitstellen der Stiftung. Tatsächlich aber hat die Stiftung einen Konzern aufgebaut, der in Ostdeutschland und Niedersachsen viele Gesundheits- und Sozialdienste anbietet. 2007 gründete sie laut Selbstdarstellung „Tochtergesellschaften, die sich der Förderung der Bereiche Behindertenhilfe, Gesundheitswesen, Jugendhilfe und Altenhilfe sowie der Bildung angenommen haben".

Später war die Stiftung Mitgründerin der gemeinnützigen Aktiengesellschaft (gAG) *Johannesstift-Diakonie* (Eigenschreibweise: „Johannesstift Diakonie", aber ich bevorzuge eine korrekte deutsche Ausdrucksweise).

Das Johannesstift ist alleiniger Gesellschafter der JSD. Die bezeichnet sich selbst als „das größte konfessionelle Gesundheits- und Sozialunternehmen in der Region Berlin und Nordostdeutschland". Über 10.000 Angestellte leisten dort „moderne Medizin und zugewandte Betreuung" in unter anderem Krankenhäusern, Pflege- und Wohneinrichtungen, der Behinderten-, Kinder-, Jugend- und Familienhilfe sowie entsprechenden Ausbildungseinrichtungen. Während die Stiftung 2021 nur auf ein „Gesamtergebnis" von 11 Millionen Euro sowie „sonstige betriebliche Erträge" in Höhe von 14 Millionen Euro kam, hatte die JSD im selben Jahr zum Beispiel ein Anlagevermögen von 333 Millionen Euro und über 50 Millionen Euro an Bargeld und Bankguthaben. Die betrieblichen Erlöse summierten sich auf über 730 Millionen Euro.

Die JSD beruht auf einem Zusammenschluss von evangelischen Einrichtungen mit sozialen Zielen, die im 19. oder 20. Jahrhundert gegründet wurden. Sie boten etwa Wohnraum für alleinstehende Frauen, Hilfsangebote für Jugendliche, medizinische oder Betreuungsdienstleistungen, sie betrieben Krankenhäuser oder Ausbildungsstätten. Vor allem in den 2000er-Jahren taten sich immer mehr dieser Firmen und Vereine zusammen, auch Einrichtungen des Paul-Gerhardt-Stifts (PGS). Das PGS existiert aber weiterhin als eigenständige Einrichtung. In seinem Internetauftritt ist „Segen für die Stadt" ein eigener Menüpunkt, beziehungsweise ein offizielles Projekt des Stifts.

Das Johannesstift wiederum vermietet nicht nur den Großteil seiner Immobilien auf dem Spandauer Stiftungsgelände an die Konzerngesellschaften der JSD, sondern ist eine „Förderstiftung, deren maßgeblicher Zweck die Förderung der JSD gAG und aller Konzerngesellschaften und der durch diese verfolgten steuerbegünstigten Zwecke ist", wie im Jahresbericht für 2021 zu lesen ist. Dafür sammelt sie Spenden, Erbschaften und Fördermittel ein. 2021 kamen so zusammen: 2,7 Millionen Euro aus Erbschaften; 1,2 Millionen Euro Spenden (auch von anderen Stiftungen); und 285.000 Euro an Zustiftungen ins Stiftungsvermögen.

In den letzten Jahren hat die Stiftung aus eigenen Mitteln einen zweistelligen Millionenbetrag in einen Schulneubau unter der Überschrift „Schule ohne Grenzen" gesteckt. Und sie plante sowohl 2020 als auch 2021 „den Neubau eines Pflegewohnheims" auf ihrem großen Spandauer Areal.

Das klingt alles ziemlich honorig: Geld einsammeln, um Gutes zu tun. Doch das ist nicht die ganze Wahrheit. Um Gutes tun zu können, tut das Johannesstift manchmal auch Schlimmes. „Stiften gehen" hat hier die bekannte, wenn auch aus der Alltagssprache etwas verschwundene Bedeutung von: sich aus dem Staub machen, sich verziehen, sich drücken, oder laut Duden: „sich heimlich, schnell und unauffällig entfernen, um sich einer Verantwortung zu entziehen". In Sachen Wohnraum hat diese Stiftung zuletzt etliche Menschen im Stich gelassen und dem Markt ausgeliefert.

7.2 Mit 96 Jahren, da fängt das Umziehn an

Wie das Johannesstift mit der Schließung von Pflegeheimen alten Menschen zusetzte

Mit 66 Jahren fängt das Leben an, besagt ein Schlager, den wohl schon Millionen Menschen mit einem Lächeln im Gesicht gesungen haben. Ein paar Zeilen später kommt im Lied die korrektere Aussage: Jedenfalls ist mit 66 noch lange nicht Schluss.

Mit 96 sollte dann aber schon mal Schluss sein mit anstrengenden Dingen wie Umzügen, jedenfalls mit wiederholten, und wenn der betreffende Mensch nicht aus gesundheitlichen Gründen immer wieder verlegt werden muss. Doch Edith Englmeier war das nicht vergönnt. Die Berlinerin machte innerhalb von drei Jahren drei Umzüge mit, weil die *Johannesstift-Diakonie* (JSD) zwei Pflegeheime schloss.

„Da ich immer blinder wurde, zog ich im März 2019 ins Pflegeheim der Johannesstift-Diakonie im Evangelischen Geriatriezentrum Berlin (EGZB)“, erzählt die zwar körperlich eingeschränkte, aber geistig vergleichsweise wach wirkende Seniorin im Juni 2023. Gesichter könne sie nun schon lange nicht mehr erkennen, nur noch zwischen hell und dunkel unterscheiden. Zu diesem Zeitpunkt ist Englmeier 99 Jahre alt.

Im EGZB fühlte sie sich sehr wohl: „Mir hat die Umgebung gefallen, und die Leute waren nett. Ich bekam einen Rollstuhl und konnte über eine Rampe in den Garten.“ Englmeier ist religiös, und dass das EGZB es auch war, gefiel ihr. So sei sie dort jeden Mittwoch von einer Pfarrerin besucht worden. „Ich fragte sie, ob sie mich auf meinem letzten Weg begleiten wird, und sie sagte zu“, berichtet sie.

Bleiben konnte sie da aber nur zehn Monate lang, denn das Heim wurde geschlossen. Ein Grund sei ihnen nicht genannt worden, berichten Englmeier und ihr Verwandter Peter Karpale, der sich seit Jahren um sie kümmert. Die JSD bot einen Ersatzplatz im einige Straßenzüge entfernt gelegenen und nach dem dortigen Schillerpark benannten Pflegeheim im Paul-Gerhardt-Stift (PGS) an. „Das war für mich in Ordnung, denn es war nicht weit weg, und es befindet sich auf dem Gelände des Paul-Gerhardt-Stifts, das ich schon kannte", erzählt die Seniorin. So zog sie im Januar 2020 dorthin um, drei Monate vor ihrem 96. Geburtstag. Allerdings habe sie ihren Umzug selbst bezahlen müssen. „Es hat einen Tausender gekostet", hält Karpale fest.

„Ich bekam ein schönes Zimmer im vierten Stock", erzählt Englmeier weiter. „Nur das Badezimmer musste ich mir mit einer Nachbarin teilen." Die Nachbarin sei allerdings nach relativ kurzer Zeit gestorben, und es gelang zu organisieren, dass eine Freundin, die Englmeier seit ihrem zwölften Lebensjahr kennt, in die freigewordene Wohnung zog. „Das war schön, wir waren jeden Tag zusammen", berichtet sie. „Es gab sogar einen Zeitungsartikel über uns, weil wir schon so lange befreundet sind." Der fast doppelseitige Artikel in der Tageszeitung B.Z. beschreibt ein schönes Miteinander der beiden Freundinnen und enthält aktuelle sowie historische Fotos.

Im Heim Schillerpark sei viel unternommen worden: „Wir haben zwei Mal die Woche gesungen. Beim Spielen und Basteln konnte ich nicht gut mitmachen, weil ich nicht mehr viel sehen konnte. Aber Rätselraten ging, und ich war immer beschäftigt. Ich wurde auch immer wieder aufgefordert, mich zu bewegen, und ging dann herum." Die Pfarrerin kam weiterhin wöchentlich. „Da gab es auch eine Betreuerin mit einem Hund, Lucky. Während sie gearbeitet hat, habe ich mich um den Hund gekümmert."

Doch im September 2022 teilte die Heimleitung auf einer großen Versammlung mit, dass das Heim ebenfalls geschlossen werden würde. Die beiden oberen Etagen sollten schon zum Jahresende geräumt werden, die unteren beiden zu Ende 2023.

Kommunikationschaos um eine Heimschließung

Darüber gab es schon 2022 den einen oder anderen Zeitungsartikel, aber größeres Aufsehen zog die Angelegenheit im Februar 2023 auf sich. Ausgelöst wurde das wohl durch einen Artikel von *Focus online* mit der Überschrift: „Berliner Kirchenstift wirft 110 Senioren raus, bringt dafür Geflüchtete unter". Schon im ersten Absatz heißt es da: „Pikant: In dem Gebäude werden nun Flüchtlinge untergebracht, was wegen öffentlicher Zuschüsse viel lukrativer als Altenpflege ist."

Die Sache schon zu Beginn des Textes aus dieser Perspektive darzustellen geht in Richtung Unterstellung, dass da jemand die Flüchtlingsunterbringung gegenüber der Altenpflege bevorzuge. Dazu später mehr.

Tatsächlich pikant war jedenfalls, dass sich die Heimbetreiberin JSD und der Verpächter PGS in den folgenden Tagen als zerstritten zeigten und sich öffentlich bei der Darstellung der Hintergründe der Heimschließung widersprachen. Dabei gehören sie nicht nur beide dem Diakonie-Verbund an, sondern Einrichtungen der PGS waren, wie gesagt, in der gemeinnützigen Aktiengesellschaft aufgegangen, die seit 2019 *Johannesstift-Diakonie* heißt.

Im *Focus*-Artikel wird die JSD mit der Aussage zitiert, das PGS habe Eigenbedarf für das Haus angemeldet, und zwar bereits 2021. Hingegen habe schon im November auf dem PGS-Gelände eine Stellungnahme des PGS-Vorstehers kursiert, aus der *Focus* zitiert, die Schließung des Pflegeheims sei „auf Bitten der Johannesstift Diakonie" erfolgt. Zudem sei dort die Rede von einem Auslaufen des Vertrags Ende 2024, was nicht dazu passt, dass schon 2022 Auszüge stattfanden. Rätselhaft ist die Erwähnung von „Eigenbedarf" seitens der JSD, denn der liegt nicht vor, wenn eine Stiftung ein Pflegeheim rauswirft, um Flüchtlinge unterbringen zu können. Fakt war jedenfalls: Eine Vorgängereinrichtung der JSD hatte das Heim ab 2006 gepachtet, und nun konnten sich beide Seiten nicht mehr über die zu zahlende Pacht einigen.

Auf meine Nachfragen hin äußern sich die beiden Einrichtungen noch im Sommer 2023 widersprüchlich. Dis JSD schreibt mir:

> „Im Jahr 2021 veränderte sich die Situation für uns überraschend, da vom Vermieter, dem Paul-Gerhardt-Stift zu Berlin, für alle gepachteten bzw. gemieteten Gebäude der Johannesstift Diakonie an der Müllerstraße eine deutliche Erhöhungen der Miet- und Pachtzinsen gefordert wurden. Ein kostendeckender Betrieb wäre dadurch nicht mehr möglich gewesen."

Das PGS hingegen teilt mit: „Eine Erhöhung der Pacht wurde nicht verlangt. Zum Mietbeginn wurde ein Staffelmietvertrag vereinbart, der jedoch seitens des Betreibers nicht erfüllt wurde." Die JSD bestreitet daraufhin, dass es einen Staffelmietvertrag gegeben habe. Das PGS bekräftigt auf meine Nachfrage: „Der Staffelmietvertrag wurde nicht eingehalten, sodass das PGS die JSD mit erheblichen Mitteln subventionierte." Die widersprüchlichen Aussagen finden erst nach Wochen einen gemeinsamen Nenner, und der lautet: „Pachtvertrag mit einer Wertsicherungsklausel". Das ist kein Staffelmietvertrag, aber das PGS hatte wohl seit 2006 auf sein Recht verzichtet, die Miete zu erhöhen. Die JSD bestätigt mir:

> „Dass bis Ende 2020 keine Mieterhöhungen vorgenommen wurden, erfolgte immer im gegenseitigen Einvernehmen der Vertragsparteien. Die erstmalige Anpassung der Miete mit Verweis auf die Wertsicherungsklausel kam daher Ende November 2020 für uns eher überraschend.“

Nun musste die Hälfte der rund 100 zu Pflegenden schon 2022 raus, denn zwei von vier Etagen wurden zum Jahresende geschlossen. Allen sei angeboten worden, in andere Pflegeeinrichtungen der JSD umzuziehen, erfuhr *Focus*. „Dies wurde zu unserem großen Bedauern nur begrenzt wahrgenommen, hauptsächlich wegen der dadurch entstehenden fehlenden räumlichen Nähe zu Angehörigen“, wird die JSD-Sprecherin zitiert.

Bald widmeten sich große Berliner Medien dem seltsamen Diakonie-internen Konflikt. So schrieb die *Berliner Zeitung* unter Bezug auf die JSD über die Konsequenzen des Scheiterns der Pachtzinsverhandlungen:

> „Für den Mietvertrag des Pflegewohnheims sei eine gemeinsame Befristung bis zum 30. Juni 2025 ausgemacht worden mit der Möglichkeit, jeweils zu einem Monatsende, beginnend zum 30. Juni 2024, den Mietvertrag früher zu beenden.“

Die JSD-Sprecherin wurde mit den Worten zitiert:

> „Als sich abzeichnete, dass man keine alternative Immobilie für einen Umzug finden würde, wurden ab dem Frühjahr 2022 keine frei werdenden Plätze mehr nachbelegt.“

So wird ein Pflegeheim früher oder später defizitär. Ungefähr gleichzeitig veröffentlichte das PGS eine Stellungnahme zu dem Fall. Darin erklärt sie:

> „In einer Vereinbarung mit der Johannesstift Diakonie wurde im Dezember 2021 eine Gebäudenutzung bis Ende 2024 geschlossen. Im Sommer 2022 kam es auf Bitten der Johannesstift Diakonie zu einer vorzeitigen Änderung des bestehenden Mietvertrags. Darin wurde die Schließung des Pflegewohnheims im gegenseitigen Einvernehmen in zwei Etappen bis zum Jahresende 2023 beschlossen.“
> Das PGS fügte hinzu: „Die Johannesstift Diakonie stellt große Bemühungen an, geeignete Einrichtungen für die Bewohner:innen zu finden. Der geplante Neubau der Johannesstift Diakonie auf dem Gelände des Evangelischen Geriatriezentrums Berlin (EGZB) war nicht realisierbar.“

Gegenüber dem Rundfunk Berlin-Brandenburg (RBB) bezeichnete die JSD-Sprecherin aber dieses Aufmachen eines Zusammenhangs mit einem EGZB-Neubau als „vermessen". Sie führte aus, dass das PGS Anfang 2021 eine höhere Pacht für das Pflegeheim (und andere Einrichtungen wie die ambulante Pflege) gefordert habe, wodurch „ein kostendeckender Betrieb nicht mehr möglich gewesen" sei.

Tatsache ist aber, dass Edith Englmeier einen auf den 18. Oktober 2021 datierten unpersönlichen Brief vorweisen kann, in dem das Pflegeheim mitteilt, alle zu Pflegenden könnten in einen Neubau „auf dem Gelände des EGZB" umziehen, und zwar „Ende 2023/Anfang 2024". Dort könnten sogar alle ein Einzelzimmer bekommen. Offenbar stimmt der Zusammenhang also doch: Nachdem das PGS mehr Geld verlangt hatte, plante die JSD ein neues Heim und zog das Vertragsende für das Heim „Schillerpark" vor.

Doch das ging schief. Zwar gab es Planungen für einen Neubau auf dem EGZB-Gelände, bestätigt mir die JSD. „Allerdings stellte sich zu unserem großen Bedauern relativ zeitnah heraus, dass mit den vorgegeben Planungsvorgaben für ein Pflegeheim die Baukosten zu hoch gewesen wären", erklärt die Stiftungs- und Unternehmenssprecherin schriftlich. Sie fügt hinzu:

> „Weiterhin hätten für eine angemessene Größe die bebaubaren Grenzen derart ausgereizt werden müssen, dass besonders in den unteren Etagen wenig Tageslicht ins Gebäude gekommen wäre."

Somit erscheint das erwähnte Schreiben an die zu Pflegenden von Oktober 2021 unseriös, denn da wurde der Neubau ohne jegliche Unwägbarkeiten angekündigt, nur der Bezugstermin wurde als unklar bezeichnet. Nun steht das alte EGZB-Pflegeheim noch, in dem Edith Englmeier mal wohnte. Ein Umzug dorthin sei aber nicht möglich gewesen, teilt die JSD mit. Das Heim sei 2020 unter anderem wegen der „nicht mehr angemessenen baulichen Gegebenheiten für ein an die Bedürfnisse der Bewohnenden angepasstes Pflegewohnhaus" geschlossen worden. Einer der Gründe sei, dass Zwei-Bett-Zimmer „nicht mehr zeitgemäß" seien.

> „Erschwerend hinzu kam die Tatsache, dass sich die Bewohnenden zweier Zimmer, also in der Regel vier Personen, ein Bad teilen mussten. Auch normale ablauforganisatorische Konzepte zum Beispiel für die Nachtschicht ließen sich dort nicht mehr organisieren, was eine zusätzliche Belastung für die Mitarbeitenden darstellte."

Zynisch gestimmte Leute könnten nun schlussfolgern: Die Vernichtung von Wohnraum für sehr alte Menschen ist zeitgemäßer, als diese Menschen in Zwei-Bett-Zimmer zu verlegen, oder ihnen das zumindest anzubieten.

Zynismus kann sich auch aufgrund der Tatsache breit machen, dass die beiden oberen Etagen des Heims Schillerpark 2023 von Geflüchteten bezogen wurden. Der RBB ging in seiner Aufarbeitung der Angelegenheit der Frage nach, wie lukrativ das für das PGS ist. „Pro Bewohner und Tag zahlt das Landesamt für Flüchtlinge dem Stift nun eine Miete von etwa 25 bis 30 Euro", hielt der Sender fest. Das sei im Vergleich mit anderen Flüchtlingsheimen nicht viel. Eine anonyme Quelle aus der zuständigen Verwaltung des Berliner Senats wurde mit den Worten zitiert: „Das war preislich im unteren Drittel zu dem, was wir sonst so haben."

Das PGS, das mir die Miethöhe nicht nennen will, hat sich also offenbar nicht bereichern wollen. Und es hat auf die erwähnte direkte oder indirekte Unterstellung des *Focus* hin wiederholt betont, es habe das Pflegeheim nicht an die Wand gefahren, um lukrativere Flüchtlinge aufzunehmen, sondern dem Berliner Senat erst dann ein entsprechendes Angebot gemacht, als die JSD erklärt hatte, ausziehen zu wollen.

Zu bedenken ist dabei aber: Das Land Berlin zahlt dem PGS „pro Bewohner" zwischen 750 Euro und 900 Euro monatlich – nicht pro Zimmer. Wenn eine Familie sich ein Zimmer teilt, kann das exorbitante Einnahmen ergeben. Das PGS hielt in einer Pressemitteilung vom 1. März fest: „Seit Anfang Februar sind in den höheren Etagen des Pflegewohnheims Schillerpark 126 Geflüchtete aufgenommen worden."

In diesen beiden Etagen hatten nur rund 50 Pflegefälle gewohnt. Wenn wir davon ausgehen, dass das Pflegeheim nicht allzuviele Zimmer freigelassen hatte, wohnen nun im Durchschnitt zwei Geflüchtete in jedem Zimmer.

Letztendlich lässt sich ein unschöner Fakt nicht wegdiskutieren: Das PGS verlangte eine Miete, die den Betrieb eines Pflegeheims laut JSD unrentabel werden ließ, und kurz danach verlangte es im selben Haus vom Berliner Senat eine Miete, mit der es ein Flüchtlingsheim betreiben kann, die der Senat aber als niedrig ansieht. Entweder mit der Finanzierung von Pflegeheimen oder mit der von Flüchtlingsheimen oder mit beiden scheint etwas nicht zu stimmen.

Das Umzugsdrama nimmt seinen Lauf

Die Konsequenzen des diakonie-internen Zerwürfnisses waren für Edith Englmeier hart. Nachdem sie im September 2022 erfahren hatte, dass sie schon vor Jahresende aus ihrem Zimmer raus musste, bemühte sie sich erfolgreich um eines in der unteren Hälfte des Gebäudes, die ein Jahr später geräumt werden sollte. Die Kündigung ihres Betreuungsvertrags datiert auf den 25. September und galt zum 15. Dezember. Da die beiden oberen Etagen geräumt wurden, und die beiden unteren ja nicht leer waren, wirkt es, gelinde gesagt, unschön, dass so vielen Menschen mit erheblichem Pflegebedarf so kurzfristig gekündigt wurde. Die JSD-Sprecherin bestätigt, dass nicht alle in den unteren Etagen unterkommen konnten. Somit musste ein Teil der Pflegefälle das Heim mit einer kürzeren Kündigungsfrist als die drei Monate verlassen, die im deutschen Mietrecht die Regel sind. Nach mindestens fünfjähriger Mietdauer sieht das Mietrecht eine Kündigungsfrist von sechs Monaten vor, nach weiteren drei Jahren eine neunmonatige Frist. Für Pflegeverträge gilt das nicht.

Edith Englmeier jedenfalls zog kurz vor Weihnachten hausintern um. „Im ersten Stock hatte ich ein ganz kleines Zimmer, ich konnte kaum etwas mitnehmen“, berichtet sie. „Das war ein bisschen traurig. Und es geht ja auch um die Menschen. Man muss sich an andere Leute erst mal gewöhnen.“ Schließlich hatte sie fast drei Jahre lang im vierten Stock gelebt. Ein Teil der dortigen Nachbarinnen und Nachbarn verließ da schon das Haus. „Meine Jugendfreundin ist mit in den ersten Stock gezogen, sie wohnte dann um die Ecke“, kann Englmeier immerhin festhalten.

Andere Leute hingegen litten sofort massiv: „Die befreundete Pflegerin hat mir erzählt, wie die Frauen, die da schon jahrelang gewohnt hatten, bei diesem Umzug geweint haben. Ich habe dann auch geweint. Meine Freundin war ja dann weg.“ Nur ungefähr zwei Monate lang konnten sie zusammen im ersten Stock wohnen. Englmeier fand einen anderen Heimplatz, die Freundin zog zu einer Verwandten nach Brandenburg. „Wir telefonieren jetzt jeden Tag“, berichtet Englmeier. „Es war ein Vorteil, sie bei mir zu haben, denn sie hat mir immer alles vorlesen und sagen können.“

Ihr neues Heim steht ebenfalls im Stadtteil Wedding. Rund einen Monat vor ihrem 99. Geburtstag zog sie hier ein – der dritte Umzug innerhalb von etwas mehr als drei Jahren, und alle hatten eine Heimschließung der JSD als Ursache.

Ins neue Heim habe sie sich nur schwer eingewöhnen können, berichtet die Seniorin: „Es gibt hier weniger Freizeitangebote, und die Pfarrerin hat sich nicht mehr blicken lassen." Auch zu fast allen anderen Leuten aus dem vorherigen Heim habe sie keinen Kontakt mehr, nur die befreundete Pflegerin besuche sie regelmäßig. Immerhin kämen zwei Mal die Woche Leute, die ihr vorlesen. Auch ihr Verwandter Peter Karpale, der sich weiterhin um sie kümmert, lese ihr aus der Zeitung vor. Die beiden scherzen während des Interviews ein bisschen, Englmeier ist intellektuell noch verhältnismäßig stark präsent.

Dadurch leidet sie aber wohl auch mehr. „Vor einer Woche beim Kaffee und Kuchen sagte ein Mann zu mir: Bleiben Sie hier zum Singen!", berichtet sie. „Das machte ich. Dann haben die gesungen. Pff – da singt der Lucky besser." Also der Hund der befreundeten Pflegerin. „Ich habe Gesang studiert – das tat mir direkt weh." Englmeier sang nach dem Krieg in der Berliner Volksoper, erzählt sie, zum Beispiel in Puccinis *La Bohème*, und die Papagena in Mozarts *Zauberflöte*. Nach ihrer Heirat arbeitete sie dann lange als Schulsekretärin.

In dieses Heim ist sie gezogen, weil sie im Stadtteil Wedding bleiben wollte, und die *Johannesstift-Diakonie* ihr nur Plätze in weit entfernten Stadtteilen anbot. Englmeier ist auf die Nähe Peter Karpales angewiesen. Hinzu kommt: Beide haben ihr ganzes Leben in Wedding verbracht. Auch Englmeiers Eltern seien in Berlin geboren worden, hält sie fest. Stolz erhebt sie die Stimme: „Auch meine Großmutter wurde 1866 in Wedding geboren."

Diese Verwurzeltheit machte die wiederholten erzwungenen Umzüge für sie besonders heikel, denn in Wedding hat die *Johannesstift-Diakonie* nun kein Pflegeheim mehr. Englmeier hat kein Verständnis für das Agieren der JSD: „Das ist doch ein christliches Heim!" Sie fügt hinzu: „Auch für unsere Regierung habe ich kein Verständnis – dass die es zulässt, dass man alte Leute einfach rausschmeißt. Wir haben erlebt, was das für Tränen gekostet hat."

Nachtrag 1: Auf meine Nachfrage bezüglich der Kosten von Edith Englmeiers erstem Umzug bietet die JSD an, zumindest einen Teil davon zu übernehmen.

Nachtrag 2: Nach dem Interview schaue ich mir das EGZB-Gelände an, wo Englmeiers erstes Heim stand. Ich klingele beim im ehemaligen Heimgebäude untergebrachten Büro und sage, dass ich mich für einen Heimplatz interessiere. Die Person, die mir öffnet, entgegnet, es gebe hier kein Heim mehr, und rät mir, mich ans Heim Schillerpark zu wenden. Dass das ein halbes Jahr später endgültig schließen soll, scheint ihr nicht bewusst zu sein.

Nachtrag 3: Wenige Wochen nach dem Interview mit Edith Englmeier zeigt sich, dass ihre spontan geäußerte und vielleicht etwas naiv erscheinende Kritik an der Bundesregierung berechtigt ist. Anlässlich der Erhöhung des Eigenanteils bei den Pflegekosten merken kritische Leute an, dass die gestiegenen Löhne fürs Personal nicht der alleinige Grund dafür seien, sondern dass die Pflege keine ausreichende Grundfinanzierung habe, und dass weder die Bundes- noch die Landesregierungen dieses heiße Eisen anfassen wollten.

7.3 Erbe maximal versilbert

Wie das Johannesstift beim Verkauf eines Wohnhauses den Markt ausreizte

Armin Kuhn steht im ersten Innenhof des Hauses Anzengruberstraße 24 in Berlin-Neukölln und klingt frustriert: „Eigentlich lebten wir in dem Glauben, dank der kirchlichen, gemeinnützigen Stiftung diesem ganzen Immobilienmonopoly entgangen zu sein.“ Es ist der Frühling 2021, und kurz vorher hat das Johannesstift dieses Haus verkauft – an drei reiche Leute, wie Kuhn sagt. Das sogenannte Immobilienmonopoly ist in dieser attraktiven Innenstadtlage um die Ecke vom Neuköllner Rathaus seit Jahren Normalität, die Mieten, Haus- und Grundstückspreise steigen immer weiter.

Zu diesem Zeitpunkt wohnt der 40-Jährige seit fast sechs Jahren mit seiner Familie hier. Sie haben sich stets wohlgefühlt. Das Haus beherbergt links vom Eingang einen Feinkostladen, rechts einen Kiosk. In den 36 Wohnungen der drei hintereinanderliegenden Gebäude leben der Hausgemeinschaft zufolge rund 50 Menschen im Alter zwischen 0 und 76 Jahren, viele sind schon seit Jahrzehnten hier. Die durchschnittliche Nettokaltmiete betrage nur 5 Euro pro Quadratmeter. Das haben viele der Mietenden auch nötig, denn ungefähr die Hälfte sei schon in Rente, rund 30 Prozent schwerbehindert oder schwer erkrankt. Mindestens zehn Sprachen werden im Haus gesprochen.

Wohl fühlten sich die Menschen hier lange Zeit auch, weil das Haus dem Johannesstift gehörte. „Eine kirchliche Stiftung gab mir in Zeiten voranschreitender Gentrifizierung ein Gefühl von Sicherheit“, sagt Rahel Schönthal, die seit 2011 hier lebt und mit Kuhn zum Interview gekommen ist. Die 38-Jährige berichtet, dass es hier fast nur Ein- oder Zwei-Zimmer-Wohnungen gebe, die auch keinen hohen Wohnstandard böten, aber immerhin gut geschnitten seien. Sie ist zufrieden, zumal sie den Neuköllner Trubel und die Diversität der Bevölkerung hier schätzt.

Da hier aber auch permanent günstiger Wohnraum und billige Läden verschwinden, war die Hausgemeinschaft einigermaßen beruhigt, als die

Stiftung Ende 2019 zwar schriftlich ankündigte, das Haus zu verkaufen, aber dann laut Kuhn auf Nachfrage mitteilte, einen gemeinwohlorientierten Käufer zu suchen. „Wir haben dann auch einmal Leute im Haus angetroffen, die zur Besichtigung da waren und sagten, sie seien von einem kirchlichen Träger", erzählt er. Umso größer war Anfang Januar 2021 der Schock, als das Bezirksamt Neukölln allen Haushalten mitteilte, das Haus werde verkauft. Die Käuferin klang nämlich nicht nach einer gemeinwohlorientierten Firma.

Dabei handelt es sich um die *FAH Berlin Grundbesitz GmbH & Co. KG* mit Sitz in Hamburg. Sie wurde erst im April 2020 gegründet und hängt mit anderen Firmen zusammen, die zum Teil ebenfalls das Kürzel FAH im Namen tragen. Das Johannesstift bezeichnete sie laut einer Pressemitteilung der Hausgemeinschaft in einem Brief als „privater Bestandshalter aus Deutschland" und versicherte, „dass das Objekt auch weiterhin unter sozialen Gesichtspunkten betrieben wird".

Die Rechtsform GmbH & Co. KG bedeutet, dass die Firma neben den Kommanditisten, die nur mit ihrem Startkapital haften, auch einem sogenannten Komplementär gehört, der unbeschränkt haftet. Letzterer ist in diesem Fall die *Cavalett Beteiligungen GmbH*, deren Geschäftsführer Arne Olofsson auch einer der Kommanditisten ist. Olofsson ist Geschäftsführer mehrerer Firmen der Gruppe *German Real Estate*, die zusammen laut Selbstdarstellung „die gesamte Wertschöpfungskette innerhalb der Immobilienwirtschaft abdecken". Dazu heißt es dort: „Unsere Kernkompetenz liegt im Bereich der Identifizierung von Immobilien mit Wertsteigerungspotenzial und deren nachhaltiger Projektierung."

Über sich selbst schreibt Olofsson, er „prägt seit über 25 Jahren den Hamburger Immobilienmarkt". Seit 2015 ist er auch Geschäftsführer der *Tiburon Invest GmbH*, die ihren Firmensitz zusammen mit den anderen genannten Firmen hat und ihm alleine gehört. Tiburon ist das spanische Wort für „Haifisch". Das ist ein bemerkenswerter Name für die Firma eines Immobilienunternehmers, die ganz offiziell der Verwaltung – sprich: Mehrung – seines Vermögens dient.

Zweiter Kommanditist ist Frank Otto, der auch im Aufsichtsrat von Olofssons Aktiengesellschaft *German Real Estate* sitzt. Der langjährige Medienunternehmer ist ein schwerreicher Sohn des noch reicheren Versandhausgründers Werner Otto.

Der Dritte im Bunde bei der *FAH Berlin Grundbesitz GmbH & Co. KG* ist der ebenfalls in Hamburg ansässige Architekt und Designer Hadi Tehe-

rani, über dessen fast weltweite Tätigkeiten ein eigener Wikipedia-Artikel Auskunft gibt.
Diese Leute sind durch ihren Wohlstand, oder gar Reichtum, noch nicht als Immobilienkäufer verurteilenswert, zumal Otto seit langem für soziales und ökologisches Engagement bekannt und, wie auch Teherani, sogar Träger des Bundesverdienstkreuzes ist. Doch sie haben anscheinend einen erstaunlich hohen Preis für die Anzengruberstraße 24 bezahlt.

Der Kaufpreis betrug laut Armin Kuhn 4,75 Millionen Euro. Woher er das weiß, will er nicht verraten. Jedenfalls hat er ausgerechnet, dass sich dieser Kaufpreis angesichts der niedrigen Mieten im Haus erst nach 33 Jahren refinanziert (bei 2242 Quadratmeter Wohnfläche bedeutet das eine Ausgangsnettomiete von durchschnittlich 5,35 Euro pro Quadratmeter). Das gilt bei Hauskäufen als ein zu hoher Wert. So findet sich im Internet nach kurzer Suche ein Artikel einer Immobilienfinanzierungsfirma von Dezember 2019, der die Frage behandelt, in welchen Fällen ein Hauskauf sinnvollerweise langfristig aus den Mieteinnahmen finanziert werden kann. Dort ist zu lesen: „Der Kaufpreis sollte 30 Jahresnettokaltmieten nicht übersteigen."

In der Folge werden die entsprechenden Durchschnittswerte auf den Immobilienmärkten einiger Städte aufgelistet, wobei es am Ende heißt: „München ist keine so gute Wahl: Hier muss der Eigentümer 33 Jahre auf die Abbezahlung warten."

Arne Olofsson von der FAH Berlin Grundbesitz sagt mir gegenüber dazu im September 2023:

> „Den Kaufpreis nenne ich nicht. Aber er darf nicht nur in Beziehung zu den Mieteinnahmen gesetzt werden, denn mit einem Haus können auch Baurechte verbunden sein, zum Beispiel für den Dachausbau. Der Preis war nicht hoch."

Zu seiner Firma *Tiburon Invest*, übersetzt Haifisch, führt er aus:

> „Wenn Sie in einem spanischen Hafen sitzen, dann sehen Sie die ganzen kleinen Motorboote rausfahren, in denen die Leute angeln. Ich fand das einen schönen Anblick, und diese Boote werden oft Tiburon genannt. Es hat nichts mit Immobilienhai zu tun."

Die mit dem Kaufvertrag zusammenhängende Summe machte der Hausgemeinschaft jedenfalls Angst, wie Armin Kuhn erzählt: „Uns war von Anfang an klar, dass bei diesem Kaufpreis für ein Haus, das nicht im besten Zustand ist, die Mieten nicht einfach so gelassen werden können, um das

Haus vernünftig instandzusetzen.“ Zum Glück nutzte der Bezirk Neukölln sein Recht, in den Verkauf hineinzugrätschen und eine andere Käuferin zu suchen. So blieben der Hausgemeinschaft knapp zwei Monate Zeit, ein Unternehmen zu finden, das in den Kaufvertrag einsteigt, und zwar zum selben Preis, wie ihn die anvisierte Käuferin bereit war, zu zahlen.

Möglich war so eine Intervention des Bezirksamts, weil das Haus in einem sogenannten Milieuschutzgebiet liegt, wo die Zusammensetzung der Bevölkerung als bedroht und erhaltenswert angesehen wird. Seitdem das Bundesverwaltungsgericht im November 2021 die bis dahin genutzte gesetzliche Grundlage für das bezirkliche Vorkaufsrecht für nicht ausreichend erklärte, ist dieser Schutzmechanismus zwar außer Kraft gesetzt, denn die Bundesregierung müsste jetzt ein neues Gesetz beschließen, und das wird von der FDP bei Abfassen dieses Buches im September 2023 noch immer blockiert. Aber Anfang 2021 konnte die Hausgemeinschaft noch auf Basis der alten Rechtsprechung aktiv werden und kontaktierte einige Wohnungsunternehmen.

„Auch die städtischen Unternehmen und die Genossenschaften sagten: Das ist schon ein relativ hoher Preis, wenn man das gemeinwohlorientiert bewirtschaften soll“, erinnert sich Kuhn. Manche dieser Akteure hätten die Refinanzierungszeit für eine gemeinwohlorientierte Bewirtschaftung auf 20 bis 25 Jahre beziffert. Dennoch erklärte sich eine alteingesessene Berliner Genossenschaft bereit, das Haus zu kaufen. So konnte das Bezirksamt erwirken, dass die *FAH Berlin Grundbesitz* weitgehende soziale Garantien gab, um das Haus doch zu bekommen, worauf sie ein Recht hatte.

Der hohe Preis erscheint noch problematischer angesichts der besonderen Vorgeschichte des Hauses. Sehr lange gehörte es der erfolgreichen Textilunternehmerin Margarete Windschild, die es in sozialer Absicht vermietete. „Frau Windschild hatte das Haus schon in der Weimarer Republik gekauft“, erzählt die Bewohnerin Rahel Schoenthal. „Sie hatte eine sehr enge Beziehung zu ihm. Sie brachte auch einige ihrer Mitarbeiter hier unter und war sehr hilfsbereit, wenn es mal Mietrückstände gab. Es war ihr ein großes Anliegen, dass dieses Haus auch nach ihrem Tod in gute Hände kommt, so dass die Leute, die hier leben, auf lange Sicht ein sicheres Zuhause haben.“

Als Windschild 1995 hundertjährig, aber kinderlos starb, vermachte sie das Haus nicht anderen Familienangehörigen, um das Risiko zu vermeiden, dass es bei Streitigkeiten auf den Immobilienmarkt geworfen wird. So vererbte sie es dem Johannesstift. Das erzählte ihr Patensohn Harald Post der Tageszeitung *Taz*. Der erzürnte Kaufmann in Rente bezeichnete es als moralischen Vertragsbruch, dass die Stiftung das geschenkte Haus nun auf diese Weise verkauft hat. Seine Wut ist bemerkenswert, denn er sagte der *Taz*, er stehe „prinzipiell doch auf Seiten des Kapitals“. In der niederrheinischen Stadt Nettetal ist Post zu diesem Zeitpunkt seit über 20 Jahren Kommunalpolitiker für die CDU.

Dem Stift war die Problematik bewusst. Nachdem die Hausgemeinschaft unter anderem mit einer Kundgebung an die Öffentlichkeit gegangen war, und sich auch Abgeordnete mehrerer Parteien in den Fall eingeschaltet hatten, präsentierte es eine sogenannte Sozialcharta, an die der Verkauf gebunden war. Darin wurden für die Wohnungen und die beiden Läden gewisse Sicherheiten vor Mieterhöhungen, Kündigungen und ähnlichem garantiert. Allerdings bezeichnet die Hausgemeinschaft dieses Dokument als Täuschungsversuch, denn die meisten der enthaltenen Absicherungen ergäben sich aus der allgemeinen Gesetzeslage.

Armin Kuhn hat aufgrund dieser Form der Kommunikation das Vertrauen in die Stiftung restlos verloren: „Als wir uns die Sozialcharta genau angesehen haben, kam uns das schon sehr frech vor. Da stehen zum Teil wörtlich Passagen aus dem Gesetz drin, die uns als ein Zugeständnis verkauft wurden, obwohl das ohnehin geltendes Recht ist.“

In einer Pressemitteilung hielt die Hausgemeinschaft fest:

> „Nur vor Eigenbedarfskündigungen bietet die Sozialcharta ganze drei Jahre zusätzlichen Schutz zu der ohnehin geltenden Sperrfrist von zwölf Jahren. Auch den Gewerbemieter:innen bietet die Charta geringfügige zusätzliche Sicherheiten. Für zukünftige Mieter:innen gilt sie gar nicht.“

Durch die Vereinbarung, die die *FAH Berlin Grundbesitz* mit dem Bezirk auf dessen Druck hin abgeschlossen hat, um das Haus kaufen zu können, seien Eigenbedarfskündigungen nun für 30 Jahre ausgeschlossen, hält Kuhn fest.

Der im Interview stets abgeklärt wirkende Familienvater kennt sich mit diesen Dingen aus, denn er ist promovierter Stadtforscher und seit vielen Jahren in Berlins mietenpolitischer Bewegung aktiv. In der Zeit des Hausverkaufs ist er sogar Referent für Mieten und Wohnen bei der Linksfraktion im Bundestag. Besonders seiner Vernetztheit und Sachkenntnis dürfte es zu verdanken sein, dass seine Hausgemeinschaft Druck aufbauen konnte und sogar eine Genossenschaft fand, die das Haus kaufen wollte. Das gelang nicht allen Häusern, die in so eine Situation gerieten – und das waren viele. Kuhn kann alleine aus seinem Viertel schon einige aufzählen.

Zur Erinnerung: Die Nutzung des mittlerweile vom Bundesverwaltungsgericht außer Kraft gesetzten Vorkaufsrechts des Bezirks musste innerhalb von zwei Monaten zu einem Kaufangebot eines gemeinwohlorientierten Akteurs führen, und zwar zum selben Preis wie der von der eigentlich vorgesehen Käuferin angebotene. Da müssen die betroffenen Hausgemeinschaften, die Bezirksämter und die gemeinwohlorientierten Unternehmen spontan zügig arbeiten. Angesichts der Vielzahl solcher Fälle in der Goldgrube, die der Berliner Immobilienmarkt für in- wie ausländische Akteure darstellt, ist es unwahrscheinlich, dass das allzu oft zum Erfolg führt. Jochen Biedermann, Neuköllns Bezirksstadtrat für Stadtentwicklung von den Grünen, bestätigt mir das 2021 schriftlich:

> „Bei vielen Fällen gleichzeitig kommt das System an seine Grenzen, denn da ist ja nicht nur Neukölln betroffen. Die städtischen Wohnungsgesellschaften und die Genossenschaften brauchen Zeit, um jeden einzelnen Fall zu prüfen."

Hausbewohnerin Rahel Schoenthal kann die Lage anhand eines Erlebnisses konkreter skizzieren. Anfang Januar erfuhr die Hausgemeinschaft durch das Bezirksamt vom Hausverkauf. Sie machte sich gleich auf die Suche nach alternativen Käufern. „Es war erschreckend", erinnert sich Schoenthal. „Es war der 10. Januar, und die eine Genossenschaft sagte zu mir: 'Sie sind die Zehnte, die dieses Jahr anruft und nach einem Käufer sucht.' Da merkte man, dass in Neukölln gerade viel verkauft worden ist, dass der Druck enorm hoch ist, und dass die Genossenschaften überlastet sind."

Die Hausgemeinschaft konnte trotzdem innerhalb von weniger als zwei Monaten eine Genossenschaft – und damit ein, anders als eine GmbH oder KG, laut Satzung gemeinwohlorientiertes Unternehmen – für den Hauskauf finden. Warum schaffte das Johannesstift das ein ganzes Jahr lang nicht? Und warum standen zur Zeit des Verkaufs laut der Hausgemeinschaft seit langem drei Wohnungen leer – was den Wert eines Hauses erhöht –, obwohl Leerstand ohne besonderen Grund nach drei Monaten genehmigungspflichtig ist, und das Bezirksamt zum Zeitpunkt des Verkaufs von keiner solchen Genehmigung wusste? Diese und acht weitere Fragen will das Johannesstift nicht beantworten, als ich 2021 für den *Deutschlandfunk* über den Fall berichte. Die Pressesprecherin teilt mir stattdessen schriftlich mit:

> „Die Fragen, die Sie stellen, wurden etliche Male von uns beantwortet. Wir möchten Sie bitten, Ihre Informationen aus der vorhandenen Berichterstattung zu ziehen."

So eine Antwort ist unüblich. Wenn die Stiftung schon etliche Male dazu Stellung genommen hatte, dann bestimmt nicht immer telefonisch, so dass die Antworten einfach hätten kopiert werden können. Und wenn eine Institution schon eigens eine Pressesprecherin anstellt, dann ist es deren ureigenste Aufgabe, Antworten auf journalistische Anfragen zu formulieren.

Gegenüber zwei Lokalzeitungen hatte die Sprecherin gesagt, das Stift habe das Haus Wohnungsfirmen des Landes angeboten, die seien aber nicht interessiert gewesen. Bezirksstadtrat Jochen Biedermann teilt mir dazu schriftlich mit: „Da kann man nur entgegnen, dass Interesse recht viel mit den Preisvorstellungen auf Verkäuferseite zu tun hat."

Armin Kuhn hat immerhin eine Erklärung für den Verkauf an sich: „Die Stiftung sagt halt, dass sie kein Wohnungsunternehmen ist, sondern ein sozialer Dienstleister mit Pflegeheimen und anderen sozialen Angeboten. Das ist auch Zweck der Stiftung. Sie haben gesagt, dass sie das Haus verkaufen, weil sie das Geld für den Bau so einer sozialen Einrichtung benötigen." Damit könnte der spätestens 2020 anvisierte Neubau eines Pflegeheims auf dem Stiftungsgelände im Bezirk Spandau gemeint gewesen sein.

Auch der *Taz* hatte die Stiftung gesagt, dass „der Verkaufserlös des Hauses in ein soziales Projekt fließe". Harald Post, der Patensohn der Voreigentümerin, hielt demzufolge dagegen, das reiche nicht, denn Margarete Windschild habe stets gewollt, dass das Haus primär der Bewohnerschaft dient. „Ich kann Ihnen versichern: Sie kannte jeden ihrer Mieter persönlich", wird Post zitiert.

Zwei Jahre später ist immerhin Entwarnung angesagt. Armin Kuhn berichtet: „Die neue Hausverwaltung ist für uns ansprechbarer und kümmert sich besser um das Haus als die vorherige." Laut dem Bezirksamt hat die neue Eigentümerin die leeren Wohnungen ohne „besondere Vorkommnisse" vermietet, also hoffentlich innerhalb der gesetzlichen Frist. Und laut dem Grundbuchamt ist das Haus im Juli 2023 nicht in Einzeleigentum aufgeteilt. Das könnte ein Erfolg der Hausgemeinschaft sein. Die zusammen mit einer Genossenschaft und dem Bezirksamt der Käuferin abgetrotzten Zugeständnisse sind größer als die zunächst vom Johannesstift angekündigten.

Da das Johannesstift laut seiner Satzung „unmittelbar praktische Liebestätigkeit an Menschen ausüben" soll, stellt sich die Frage, ob wahre Liebe beim Verkauf dieses Hauses nicht zu einem anderen Vorgehen geführt hätte. Um Geld für einen guten Zweck zu generieren, hat die Stiftung ein Wohnhaus in einer stark nachgefragten Lage an eine Firma verkauft, die an keinen guten Zweck gebunden ist.

Fazit

Schlimmes tun, um Gutes zu tun – dieses Vorgehen ist die große Gemeinsamkeit aller hier geschilderten Fälle. Gibt es gemeinsame strukturelle Ursachen?

Als einen grundsätzlichen Missstand sehe ich an, dass die Kirchen, vor allem die katholische, es seit sehr langer Zeit gewohnt sind, mit viel Geld zu hantieren. Reichtum und seine Vermehrung sind da keine Schande. Kommerz ist normal. Das zeigt auch ein Fall in München.

Im Winter 2018/19 bekam die Erzdiözese München-Freising schlechte Presse. Da hängte eine Apotheke an Münchens zentral gelegenem Max-Weber-Platz ein Plakat ins Schaufenster, auf dem eine wütend blickende Nonne den Zeigefinger ausstreckte und sagte: „Da drüben gibt es drei Jahre Leerstand. Liebe katholische Kirche, bitte sanieren und vermieten."

Es ging um ein größeres Ladenlokal. Laut der *Süddeutschen Zeitung* hatte sogar die CSU des entsprechenden Münchner Bezirks schon im Februar 2018 die Stadtverwaltung gebeten, Druck auf die Erzdiözese zu machen. Auf Anfrage teilte mir das Erzbistum im November 2019 mit, der Leerstand sei in „erheblichen Schäden" begründet gewesen, die „umfangreiche Sanierungsmaßnahmen" nötig gemacht hätten. Im April sei eine Bäckerei eingezogen.

Zu seiner Wohnungspolitik hielt das Erzbistum fest, sein Siedlungswerk München habe im Juni 2019 beschlossen, in den folgenden drei Jahren auf Mieterhöhungen zu verzichten. Aus dem Unternehmen ziehe das Bistum keinen Gewinn ab. Dem 1949 gegründeten Siedlungswerk gehörten nach eigener Aussage fast 3000 Wohnungen. Knapp ein Viertel seien öffentlich gefördert.

Darüber hinaus besaß die Erzdiözese nach eigener Aussage rund 570 Mietwohnungen direkt, die für Einnahmen von 4,5 Millionen Euro pro Jahr sorgten. Davon müssten noch die Unterhalts- und Renovierungskosten abgezogen werden, wird mitgeteilt. Doch da diese Kosten wohl kaum 8000 Euro pro Wohnung und Jahr erreichen, schlägt das Bistum München offensichtlich aus Wohnungen Profit. Dazu passt folgende Stellungnahme:

> „Das Erzbistum München und Freising hat die prinzipielle Zielvorgabe, dass 30 Prozent der Wohnungen nach sozialen Maßgaben, dreißig Prozent an Mitarbeiter und 40 Prozent nach den marktüblichen Bedingungen vermietet werden sollen."

Bekanntlich sind aber die marktüblichen Bedingungen in München alles andere als sozial. In Bezug auf die genannten 570 Wohnungen im direkten Eigentum hielt sich das Erzbistum zu Gute: „In mehr als der Hälfte der Wohnungen liegt die Miete 15 Prozent unter der ortsüblichen."

Aber ortsüblich kann in München sehr viel Geld bedeuten, und wenn das betreffende Haus abbezahlt ist, kommen auch mit 15 Prozent weniger gute Gewinne zusammen.

Das Erzbistum München-Freising gab im Juni 2016 das Ergebnis seiner selbst durchgeführten Vermögensbewertung bekannt: 5,5 Milliarden Euro. Damit galt es, je nach Zählung – zum Beispiel (siehe Paderborn): Werden die Bischöflichen Stühle eingerechnet? –, als reichstes Bistum Deutschlands und damit vielleicht auch der Welt. In einer der seit langem teuersten Städte Deutschlands macht es trotzdem mit zumindest Hunderten Wohnungen ganz direkt Profit.

Wie normal das Mitmachen im Immobilienkapitalismus für kirchliche Unternehmen oft ist, zeigt auch ein kleines Beispiel aus Berlin-Wedding. Die *Aachener Siedlungs- und Wohnungsgesellschaft* besaß dort einige Jahre lang das große Eckhaus Usedomer Straße 23 / Jasmunder Straße 4. Eine dort wohnende Person berichtet mir, dass die Hausgemeinschaft eine geplante Modernisierung juristisch verhindern konnte. Das kann eigentlich nicht von Dauer sein, vermutlich war nur die Modernisierungsankündigung fehlerhaft gewesen. Aber offenbar verlor die ASW die Lust daran und verkaufte das Haus. Die im Juni 2017 ins Grundbuch eingetragene neue Eigentümerin *DWRE Alpha GmbH* war ein Tochterunternehmen der Aktiengesellschaft *Deutsche Wohnen*. Letztere machte zu diesem Zeitpunkt in manchen Teilen Berlins schon von sich reden, und 2018 kam der Diskurs auf, große Firmen wie die *Deutsche Wohnen* zu enteignen. So nannte sich dann auch die Initiative, die den erfolgreichen Volksentscheid erkämpfte: „Deutsche Wohnen und Co enteignen".

Im Januar 2019 wurden die geschätzt über 40 Wohnungen offiziell in Einzeleigentum aufgeteilt. Seitdem würden frei werdende Wohnungen zu horrenden Preisen abverkauft, wird mir aus dem Haus berichtet. Die sich gern als „bestandshaltendes Unternehmen" bezeichnende ASW trägt dafür eine Mitverantwortung.

Wer sozial gesinnt war, konnte schon 2017 wissen, dass es viele sozialere Firmen als die *Deutsche Wohnen* gab. Das Geschäftsmodell dieser Aktiengesellschaften besteht darin, auf weiter steigende Preise zu hoffen und ihre kreditfinanzierten neuen Immobilien dann dementsprechend mit immer höheren Bewertungen in der Bilanz zu führen. Die Refinanzierung des Kaufpreises durch die Mieteinnahmen spielt da kaum eine Rolle. Dieses spekulative Modell ist 2023 durch die stark gestiegenen Zinssätze in eine Krise geraten, was den entsprechenden Firmen auch anzumerken ist – sie haben Liquiditätsprobleme. Aber 2017 zahlten sie wohl ohne mit der Wimper zu zucken die damaligen Marktpreise. Zu vermuten ist, dass für die ASW nur das zählte.

Anders wäre es gewesen, wenn die Firmeneigner entsprechende Vorgaben gemacht hätten. Genau das forderte der katholische Theologe und Ökonom Bernhard Emunds, Leiter des Oswald-von-Nell-Breuning-Instituts für Wirtschafts- und Gesellschaftsethik der jesuitischen Philosophisch-Theologischen Hochschule Sankt Georgen in Frankfurt, 2021 in der christlichen Zwei-Wochen-Zeitschrift *Publik-Forum* von den katholischen Bistümern. Die Zeitschrift schrieb unter Bezug auf ihn:

> „Die Vorstände der kirchlichen Wohnungsunternehmen benötigten klare Vorgaben, welche nicht-finanziellen Ziele Vorrang haben sollten vor dem Erzielen hoher Renditen. Ohne diese Vorgaben würden die Siedlungswerke ‘als cashcows der Diözesen’ fungieren, so Emunds, ‘was einzelne Projekte mit einer beeindruckenden sozialen Komponente bekanntlich nicht ausschließt’.“

Eine Cashcow ist im Englischen etwas, das ständig Profit bringt. Der Mieterverein Köln hatte mir schon im Dezember 2019 mitgeteilt: „Aus der Praxis unserer Rechtsberater wissen wir, dass kirchliche Wohnungsfirmen insgesamt nicht besser sind als andere.“

Eine andere strukturelle Ursache für die in diesem Buch behandelten Missstände ist oft eine Mischung aus Verlogenheit und Arroganz. Das Mittun beim Wohnraumkommerz dient offiziell immer einem guten Zweck. Und der heiligt die Mittel. Eben Schlimmes tun, um Gutes zu tun. Beim Evangelischen Johannesstift war das im Kleinen zu beobachten, als es ein geerbtes Haus profitträchtig verkaufte, um mehr Geld für den Bau eines Pflegeheims zu haben; die finanziell angeschlagene Stiftung *Hospitäler zum Heiligen Geist und St. Georg* tut alles Mögliche, um den Betrieb aufrechtzuerhalten, anstatt sich ehrlich zu machen und notfalls mit einem harten

Schnitt für soziale Wohnverhältnisse zu sorgen; und bei den im Buch behandelten GmbHs liegt das offene Profitstreben klar zu Tage, das sie mit großer sozialer Rhetorik und einigen sozialen Projekten verbinden. Ein Extremfall ist *Petruswerk*. Es spricht nicht unbedingt etwas dagegen, Dienstleistungen für Reiche anzubieten, um damit viel Geld für Arme zu machen. Und der Gedanke, Geld nicht einfach zu spenden, sondern langfristig zu investieren, um so jährlich etwas spenden zu können, ist auch nicht unvernünftig. Aber beim offenbar reichen *Petruswerk*-Chef Douglas Fernando ist jedes Maß verloren gegangen. Seine Firmen schaden zumindest indirekt Armen und anderen Menschen in Deutschland mit der Rechtfertigung, an Arme auf anderen Kontinenten Geld zu spenden.

Das hat etwas von Realitätsverlust, und das sehe ich bei all den hier behandelten Fällen als Problem an. Dem scheint die Haltung zu Grunde zu liegen: Wir sind die Guten, ethischer als andere auf dem Markt, denn wir sind christlich.

Dieses Selbstbild führt immer wieder zu Arroganz. Am deutlichsten wird das im Fall der seit Jahren gegen Wände laufenden Mieterinnen und Mieter der Stiftung *Hospitäler zum Heiligen Geist und St. Georg*. Aber neben der Kölner Mieterin Aysel Alkan Walter beschweren sich auch Menschen in den Berliner Häusern Taborstraße 9 und Großbeerenstraße 17a über herablassendes Verhalten von ASW, beziehungsweise *Dewog*, und auch die schlechten Reaktionen auf Mängelmeldungen zeichnen so ein Bild dieser Firmen. Letzteres hat vielleicht auch eine eigene strukturelle Ursache: Es reicht nicht, vergleichsweise günstigen Wohnraum zur Verfügung zu stellen, er muss auch gut instandgehalten werden, und es muss auch genug Personal da sein, um ihn angemessen zu verwalten. Schon wenn *Dewog* und ASW (und andere) einen Teil ihres Reichtums in mehr Personal steckten, würden sie ihrem sozialen Auftrag ein Stück weit nachkommen.

Ein gemeinsamer Aspekt, bei dem ich keine Absicht behaupte, ist da bei evangelischen wie katholischen Akteuren die schlechte Behandlung von benachteiligten Bevölkerungsgruppen in größeren Wohnanlagen. Diese Klientel wehrt sich nicht allzu sehr, was ja auch ein Ausdruck gesellschaftlicher Benachteiligung ist. Diese Leute kennen oft ihre Rechte nicht (oder auch Pflichten, siehe die dargestellten Kündigungen aufgrund unabgesprochener Mietminderungen), können sich vielleicht nicht gut ausdrücken und haben, oft wegen der befürchteten Kosten, keine Lust auf Rechtsstreitigkeiten. Sowohl von der sehr aktiven kritischen Mieterin der *Stiftung Hospitäler* in Berlin als auch in den Kölner *Dewog*-Häusern hörte ich, dass dort praktisch niemand Mitglied in einem Mieterverein ist. Am wenigsten wehren sich Leute, deren Miete vom Staat übernommen wird, denn potenzielle Mietminderungen kommen nicht bei ihnen an. Ob alt, arm, ausländisch oder psychisch belastet – wer solchen Leuten Wohnraum bietet, hat eher wenig Widerstand zu befürchten, selbst wenn immer wieder Wasserrohre platzen, und gewöhnt sich vielleicht daran. Begünstigt werden kann das von der Mentalität: Die sollen froh sein, dass wir ihnen eine Wohnung geben.

Arrogantes Verhalten bekam auch ich selbst zu spüren. Dass einige Akteure mir keine Fragen beantworten wollten, ist im Journalismus nicht ungewöhnlich. Aber die zitierten mauligen, oder zumindest abweisenden schriftlichen Antworten auf Anfragen sind mir bei meiner vielfältigen journalistischen Arbeit nur in diesem Zusammenhang begegnet. Manche der hochmoralischen Wohnungsverwalter scheinen durch kritische Nachfragen gekränkt zu werden.

So schrieb mir der Berliner ASW-Niederlassungsleiter Markus Deml in seiner ersten Antwort zum Konflikt um die Großbeerenstraße 17a, dass es da keinen Konflikt gebe, was nicht zur Besetzung einer Wohnung und den Verhandlungen mit der Hausprojektgruppe passte. Auf mein verwundertes Nachhaken dazu begann seine Antwort mit den Worten:

> „Uns wundert es doch sehr, dass, wenn Sie zu einem Thema recherchieren, Sie das Ergebnis der Recherche bereits offensichtlich vorwegnehmen."

Nach weiteren Fragen verwies Deml mich an eine Anwaltskanzlei. Der zuständige Anwalt sagte mir dann aber, die ASW wolle mir keine Auskunft mehr geben. Bei der Recherche zu einem Folgeartikel ein paar Monate später beantwortete Deml dann wieder meine Fragen. Er endete mit dem Satz:

> „Ich würde mich freuen, diesmal einen wertfreieren Artikel von Ihnen zu lesen als beim letzten Mal Herr Hutter."

Es ist in Ordnung, einem Journalisten so etwas zu schreiben, allerdings machte Deml keine inhaltliche Korrektur an meiner Berichterstattung. Es war ein bloßer Tadel und damit Ausdruck von Arroganz.

Bei der Recherche zu diesem Buch dann eine Blockade: Die ASW bestritt, dass Helena R., deren Wohnung in Berlin-Wilmersdorf laut dem zuständigen Amtsgericht überteuert war, überhaupt ASW-Mieterin war. Auf meinen Hinweis, dass mir Gerichtsurteile dazu vorliegen, wiederholte die Pressesprecherin die Antwort und schickte die E-Mail in Kopie an Deml. Ich schließe daraus, dass dieses bockige Verhalten (auch) auf ihn zurückging. Tatsächlich war die Mutter von Helena R. Inhaberin des Mietvertrags. Die Tochter war aber in der Wohnung gemeldet, laut Amtsgericht lebte die Mutter zeitweise bei ihrem Lebensgefährten. Helena R. wurde von der ASW auch mitverklagt. Obwohl ich bei meiner Anfrage sogar die Hausadresse genannt hatte, blieb die ASW eine Antwort bezüglich der jahrelang vorenthaltenen Nebenkostenabrechnungen bis zuletzt schuldig.

Insgesamt zeigt sich, dass die Wohnungsfrage zumindest bei den hier behandelten christlichen Akteuren unterbelichtet ist. Traditionell engagieren sich die Kirchen für verschiedene benachteiligte Gruppen. Dauerhaft so viel wie möglich guten und günstigen Wohnraum bereitzustellen, gehört aber nicht dazu, auch wenn das gern behauptet wird.

Früher war das zumindest ein großes Stück weit anders, das ist aber im historischen Kontext zu sehen. Die christlichen Immobilienunternehmen sind größtenteils Ende der 1940er, Anfang der 1950er entstanden, als kriegsbedingt – zu den Zerstörungen kam das Problem der Versorgung von Millionen Flüchtlingen aus den Ostgebieten dazu – großer Wohnraummangel herrschte. Für die Kirchen, die nicht nur viel Geld hatten, sondern auch den Anspruch, etwas sowohl für konkrete Menschen, als auch für die Erzeugung von Gemeinschaftlichkeit zu tun, war es naheliegend, Unternehmen zu gründen und mit der Linderung der Wohnungsnot zu beauftragen. Wohnungsunternehmen werfen ja auch tendenziell spätestens langfristig Gewinn ab, beziehungsweise sind Immobilien langfristig wirkende Werte, und niemand denkt langfristiger als die Kirchen.

Mittlerweile zeigt sich, dass die hochproblematischen politisch-ideologischen Grundlagen der Kirchen voll durchschlagen. Das Grundproblem ist nämlich, dass sie keine umfassenden Lösungen für das, was früher die soziale Frage hieß, anstreben. Zumindest nicht im Diesseits. Die Kirchen orientieren sich nach wie vor am Leben nach dem Tod. Wer das Paradies auf Erden errichten will, macht ihnen ihre Schafe abspenstig und wird zum Feind. Das ist das Fundament für den althergebrachten leidenschaftlichen Antisozialismus, wie er aktuell beim Geschäftsführer der Berliner *Hilfswerk-Siedlung* festzustellen ist. Die traditionellen Hilfsprojekte für einen Teil der Armen und Schwachen verlängern letztendlich das Elend, wenn sie nicht mit gesellschaftlichen Lösungen einhergehen. Sie haben zudem eine historische Grundlage, die wohl wenig bekannt ist und sich ausgerechnet an einem Wohnungsprojekt besonders gut zeigen lässt.

Die nach eigener Aussage älteste „Sozialsiedlung" der Welt steht in Augsburg und heißt Fuggerei. 1521 errichtete Jakob Fugger (1459–1525), der wohl berühmteste der berühmten Augsburger Kaufleute dieses Namens, diese von Mauern umgebene Wohnstatt für Menschen, die unverschuldet in Not geraten waren. Heute wird sie von einer Stiftung geführt. Rund 140 Wohnungen gibt es da in langen Gebäuderiegeln mit nur einem Obergeschoss, es herrscht – auch mangels Autoverkehr – eine etwas dörfliche Atmosphäre.

Die Jahresmiete beträgt pro Wohnung 88 Cent – der Gegenwert eines Rheinischen Guldens, der zu Lebzeiten Jakob Fuggers einem Wochenlohn eines Handwerkers entsprach und seit Gründung der Fuggerei als Miete genommen wird. Derselbe Betrag wird zusätzlich für einen eigenen Fuggerei-Seelsorger fällig.

Jakob Fugger trug den Beinamen: „der Reiche". Er gründete den wohl ersten länderübergreifenden Konzern der Weltgeschichte, betrieb Rohstoff- und Sklavenhandel. Er prägte päpstliche Münzen und finanzierte eine Kaiserwahl, steht also auch für eine noch nie dagewesene politische Macht der Wirtschaft.

Die Gründung der Fuggerei fiel dabei nicht nur finanziell nicht ins Gewicht. Die Idee dahinter folgte einer christlich-ökonomischen Logik. Im kleinen Museum der Fuggerei hält ein Film über den Stifter fest:

> „Die Sorge um das Leben nach dem Tod beherrschte das Denken und Handeln der Menschen. Aus Dankbarkeit gegenüber Gott und für das Seelenheil stiftete Jakob Fugger, auch im Namen seiner verstorbenen Brüder Ulrich und Georg, 1521 eine Siedlung für in Not geratene Augsburger Bürger."

Zu einer Zeit, als offenes asoziales Gewinnstreben noch eine kulturelle Unmöglichkeit war, muss die Gründung der Fuggerei als Investition ins Seelenheil angesehen werden. Jakob der Reiche ging zweckrational vor, und zwar bezogen auf die allgemein akzeptierte Grundlage: Das letzte Hemd hat keine Taschen – nach dem Tod bringt mir mein Reichtum nur etwas, wenn ich ihn vorher für den Beweis meiner Rechtschaffenheit und Gottesgläubigkeit eingesetzt habe. Die Investition in die Fuggerei legte er sogar auf sozusagen nachhaltige Weise an, nämlich zu Gunsten aller seiner Nachkommen: Noch heute sind täglich drei Gebete, davon ein Ave Maria, auf die Familie Fugger Teil der Miete für das Wohnen in der Fuggerei.

Dieses Denken ist die Wurzel der sozialen und mildtätigen Aktivitäten der Kirchen. Sie streben nicht nach einer Lösung der Wohnungsfrage, sondern nach ihrem eigenen Seelenheil, oder auch, moderner ausgedrückt: nach Gewissensberuhigung. Zudem sollen Hilfsprojekte zur Festigung ihrer Position als moralische Autoritäten beitragen. Letztendlich haben sie den Charakter von Werbemaßnahmen. Das ist allgemein so, und zeigt sich auch bei den Wohnungsunternehmen, die unprofitable Projekte nur in Ausnahmefällen machen, sie aber gerne in ihrer Öffentlichkeitsarbeit in den Vordergrund stellen.

Die Kirchen fühlen sich gut beim Verteilen von Almosen und predigen im Angesicht der Armen: Geben ist seliger denn Nehmen. In Bezug auf Wohnraum gilt hingegen schon mal, was der sehr reiche und sehr gottesfürchtige Hiob im Alten Testament sagt, nachdem er all sein Vieh und all seine Kinder verloren hat:

> „Der Herr hat gegeben, der Herr hat genommen. Gelobt sei der Name des Herrn."

So regiert nicht nur auf dem immer kapitalistischeren Wohnungsmarkt, sondern auch konkret in christlichen Wohnungsunternehmen bisweilen die Willkür des Eigentümers: Der Hausherr gibt es, und manchmal nimmt er es eben auch.

Alibri

Hartmut Zinser

Untergang von Religionen und Säkularisierung

ISBN 978-3-86569-374-7, 140 Seiten, Abbildungen, kartoniert, Euro 16.-

Die Menschheitsgeschichte weist unzählbar viele Religionen auf. Doch anders als vielen ihrer Gottheiten nachgesagt wird, sind Religionen nicht unsterblich. Religionen, entstehen, verschmelzen mit anderen, sie werden ausgerottet oder verlieren ihre Plausibilität und verschwinden, gehen unter.
Das wissenschaftliches Interesse konzentriert sich meist auf die Entstehung von Religionen. Der Religionswissenschaftler Hartmut Zinser betrachtet im vorliegenden Band diesen Prozess des Untergangs erstmals genauer und untersucht einige der damit zusammenhängenden zentralen Fragen: Welche Rolle spielt die Konkurrenz mit anderen Religionen? Wie wirken sich religiöse Reformbewegungen aus? Welche Veränderungen sind auf Migration zurückzuführen? Wie unterscheidet sich der Untergang einer Religion von einem „Absterben", wie es von manchen Säkularisierungstheorien prognostiziert wird? Führt Religionsfreiheit zu einer Stabilisierung von Religionen oder begünstigt sie deren Wandel?

Johannes Fischler

New Cage

Esoterik 2.0 – Wie sie die Köpfe leert und die Kassen füllt

ISBN 978-3-86569-277-1, 297 Seiten, kartoniert, Euro 18.-

Der Umsatz der Esoterik-Industrie liegt in Deutschland bei rund 20 Milliarden Euro jährlich. Dabei kommen professionelle Geschäftsmodelle zum Einsatz, die sich kaum von Vermarktungsstrategien internationaler Konzerne unterscheiden. Denn in einer Welt, in der alles zur Ware gemacht wird, behandeln viele auch den eigenen Gemütszustand als Konsumgut. Fischler analysiert die Esoterik als marktkompatible Religion vor allem mit Instrumenten aus Psychologie und Marketing. Er zeigt, wie die Anbieter heute ihre Kundschaft binden, erklärt die Motivation der Besucher von Engelsfestivals und Selbstfindungsseminaren. Seine Analysen und Undercover-Recherchen gewähren einen tiefen Einblick in einen boomenden Markt und die davon profitierende Szene.

Karsten Krampitz

„Jedermann sei untertan"

Deutscher Protestantismus im 20. Jahrhundert. Irrwege und Umwege

ISBN 978-3-86569-247-4, 352 Seiten, kartoniert, Euro 20.-

Der Schriftsteller und Historiker Karsten Krampitz hat eine kritische Überblicksgeschichte der Evangelischen Kirche in Deutschland (EKD) und ihrer Vorläuferorganisationen geschrieben. Er verfolgt den Weg des deutschen Protestantismus durch die Moderne, nachdem die Weimarer Reichsverfassung die evangelischen Kirchen aus dem „landesherrlichen Regiment" in die Freiheit entließ. Dabei zeigt sich eine lange Kontinuität „nationalprotestantischer" Einstellungen durch Weimarer Republik und Drittes Reich hindurch bis in die Nachkriegszeit. Für die Zeit nach dem Krieg macht Krampitz deutlich, dass es auch in der Kirche keine Stunde Null gab. Erst in den Sechzigerjahren erfasst der gesellschaftliche Wandel auch die evangelischen Kirchen.

Bernd Harder

Verschwörungstheorien

Ursachen – Gefahren – Strategien

ISBN 978-3-86569-123-1, 165 Seiten, kartoniert, Euro 10.-

In „postfaktischen" Zeiten haben Verschwörungstheorien Konjunktur. Wenn im politischen und gesellschaftlichen Diskurs Tatsachen zur Nebensache werden, greifen Menschen verstärkt zu einfachen Erklärungen für vielschichtige Phänomene, suchen nach „Schuldigen" anstatt nach Ursachen. Bernd Harder zeigt anhand weit verbreiteter Verschwörungstheorien, wie diese funktionieren, welche Bedürfnisse dabei bedient werden und warum es so schwierig ist, die Anhänger davon zu überzeugen, dass sie falsch liegen.

André Sebastiani

Anthroposophie

Eine kurze Kritik

ISBN 978-3-86569-122-4, 176 Seiten, kartoniert, Euro 10.-

Anthroposophische Einrichtungen, ob Waldorfschulen oder Demeter-Höfe, sind etablierter Bestandteil der Gesellschaft. Gleichwohl unterliegt ihre ideologische Grundlage, dargelegt in den zahlreichen Schriften Rudolf Steiners und seiner heutigen Anhänger, seit langem der Kritik. André Sebastiani fasst die Kritikpunkte am anthroposophischen Lehrgebäude zusammen, untersucht ihren Einfluss auf die Politik und wirft einen Blick auf die sogenannten Praxisfelder, auf denen Anthroposophie sich gesellschaftlich niederschlägt: Pädagogik, Medizin und Landwirtschaft.

Alfred Binder

Jahwe, Jesus und Allah

Eine kurze Kritik

ISBN 978-3-86569-121-7, 165 Seiten, kartoniert, Euro 10.-

Der Band setzt sich mit den drei „abrahamitischen" Religionen auseinander, Religionen unseres Lebensalltags, Religionen mit Milliarden von Anhängern: Judentum, Christentum und Islam. Der Autor geht vor allem der Frage nach, was für die Wahrheit dieser Religionen sprechen könnte. Er untersucht auf verständliche Weise ihre Lehren und zeigt, warum diese noch immer viele Menschen ansprechen und manche sogar in psychische Abhängigkeiten führen.

Alfred Binder

Religion

Eine kurze Kritik

ISBN 978-3-86569-120-0, 172 Seiten, kartoniert, Euro 10.-

Diese Einführung in die Religionskritik kreist um die Frage, ob Religion – der Glaube an übernatürliche Welten – wahr sein kann. Alfred Binder setzt sich kritisch mit den gängigsten Argumenten auseinander, die für ihre Wahrheit sprechen sollen: Religion gibt es überall, ohne sie sei ethisches Verhalten nicht möglich, allein der Glaube vermittle Sinn im Leben, nur durch einen Jenseitsbezug ließen sich die letzten Fragen des Seins beantworten.